前南地区社会转型与社会发展研究

[克罗地亚] 白伊维（Ivica Bakota） 著

世界知识出版社

图书在版编目（CIP）数据

前南地区社会转型与社会发展研究 / [克罗地亚]白伊维（Ivica Bakota）著. —北京：世界知识出版社，2020.1
ISBN 978-7-5012-6154-3

Ⅰ．①前… Ⅱ．①白… Ⅲ．①社会转型—研究—南斯拉夫 ②社会发展—研究—南斯拉夫 Ⅳ．①D754.3

中国版本图书馆CIP数据核字（2020）第018866号

图字：01-2020-0148

责任编辑	狄安略
特邀编辑	陈思杨
责任出版	赵 玥
责任校对	陈可望
书　　名	前南地区社会转型与社会发展研究 Qiannan Diqu Shehui Zhuanxing yu Shehui Fazhan Yanjiu
作　　者	[克罗地亚]白伊维
出版发行	世界知识出版社
地址邮编	北京市东城区干面胡同51号（100010）
网　　址	www.ishizhi.cn
电　　话	010-65265923（发行） 010-85119023（邮购）
经　　销	新华书店
印　　刷	北京虎彩文化传播有限公司
开本印张	170毫米×240毫米 1/16 15¾印张
字　　数	260千字
版次印次	2020年4月第一版 2020年4月第一次印刷
标准书号	ISBN 978-7-5012-6154-3
定　　价	78.00元

版权所有　侵权必究

序 言
前南地区学者解读前南地区的力作

前南地区国家分布图

白伊维（Bakota Ivica）是年轻的克罗地亚学者，而克罗地亚是由南斯拉夫分离出来的。他写的这本书就是关于由南斯拉夫分离出来的六个国家近三十年的社会发展情况。一个外国人书写本国和本地区的书并且在中国出版，听起来有些怪怪的，甚至可以怀疑这样做的意义。然而，事实并非如此。作为长期从事中东欧社会发展教学与研究的学者和白伊维攻读博士学位的指导老师，我自认为有资格谈谈此书的学术价值。

2012年9月，白伊维考入北京大学国际关系学院攻读博士研究生，研究方向是中东欧的社会发展，我是他的指导老师。中东欧研究由原东欧研究而来，一直是北京大学国际关系学院（1996年前称国际政治系）硕士生和博士生的重点专业方向之一，培养出许多这方面的人才。但是，在白伊维之前，我们这个专业从来没有招收过来自研究方向对象国家的硕士生或博士生，换句话说，都是中国学生写东欧或中东欧方面的论文。应当说，无论是研究事件还是研究人物或者研究思想，这些论文中的绝大多数都是很优秀的，在中国学术界处于领先水平。但是，所有这些论文有相同的弱点，即都缺少对象国家的情感和对象国的第一手文献，如果有的话，也是中译文，更多的还是依靠英文文献，也有少数论文使用了俄文文献。对于中国学生来说，要求他们有这样的情感和使用这样的文献不现实和不公平。所以，在评价论文价值时，这种弱点基本上属于忽略不计的。不仅如此，如果把中东欧学术研究范围放大，在中国的中东欧学术界，也有一些老学者和中青年学者或留学过中东欧国家或学习过这些国家的语言，他们的著述可以使用研究对象国家的文献资料。总体来说，在中国这样的学者为数不多，而且他们都是从中国的角度进行研究，但其学术成果是中国东欧研究或中东欧研究的重要支撑。

巴尔干地区复杂，而前南斯拉夫所处的西巴尔干更为复杂。地理位置、地缘政治、种族民族、宗教文化、领土边界、内部政治、地区政治和国际政治等诸多因素迭加在一起。所以，这里从古到今都是大国争霸的重点，是近代国际关系体系的重要组成部分。但是，在历史发展中，这个地区几乎只有被动性，少有主动性；面对东西方的大国，只有顺从、屈从和盲从，而少有发言权甚至发言的机会。这种命运反映在学术研究上，那就是话语权也掌握在西方大国的学者手中。在有关东欧或中东欧的研究中，东欧或中东欧学者几乎少有发声，发了声也无人在意。总之，无论有一千条一万条理由，这种状况都不能不说是中东欧研究的缺憾，因为毕竟没有第一手的情感和第一手的文献。

在一定程度上，白伊维和白伊维的这本书至少弥补了中国中东欧研究在这方面的缺陷。白伊维是克罗地亚人，而克罗地亚就是从前南斯拉夫分离出来的。他生于南斯拉夫社会主义联邦共和国晚期,经历了克罗地亚独立和新国家的构建与发展,对此有刻苦铭心的记忆。他的父母一辈必定经历过南联邦整个时期,而他的祖父母一辈则必定经过二战前后的"两个南斯拉夫",亲人们口口传承下的故事会强化他的记忆。这一切是前南地区之外的学者不会有的,而这些又是白伊维写这本书的基础。不仅如此,这本书所依据的基本文献都是前南地区的。白伊维搜集了前南各国学者的相关著述,到前南地区各国的图书馆和档案馆查找了大量的相关文献资料。这一切也是前南地区之外的学者做不到的。单从这两点上说,白伊维的这本书对中国的中东欧研究就有不可低估的意义。由于本书是作者在其博士学位论文基础之上完善而成,由于作者非常详细地分别研究了前南地区六国近三十年来的社会转型、新国家构建和社会发展,说白伊维的这本书是"力作",我认为并不过分。当然,说是"力作"并不意味着此书完美无缺。实际上,它的提升空间是非常大的。比如,各章的体例和内容、语言文字乃至有些提法都有需要改进的地方。但是,这些并不影响一个来自前南地区国家的学者提供给中国学术界的研究成果的价值。

最后,我想特别地强调,白伊维的这本书是他用中文写的,研究这个问题与我招收博士研究的方向完全一致。我指导过几十名硕士、博士研究生,也指导了多名博士后研究人员,他们的论文或出站报告多半与中东欧有关。白伊维与其他人不同之处在于,他是克罗地亚人,在中文表达方面花费的气力更大。正因如此,他在博士论文答辩时,受到了评议专家的普遍好评,博士论文还获得北京大学国际关系学院优秀奖。如今,博士论文扩展成专著即将出版,我特别高兴。这篇小序权当祝贺。

孔寒冰
2018年1月25日于五道口寓所

目 录

序 言 1
导 言 1
 一、问题的提出与关键词辨析 1
 二、相关研究文献评析 15
 三、本书结构和研究方法 31
 四、研究的创新和不足 33

第一章　前南地区的社会发展现状 34
 第一节　南联邦的解体和新国家的建立 34
 第二节　战争与南联邦的分裂 41
 第三节　前南地区社会转型的特点 50

第二章　斯洛文尼亚的国家建构与社会发展 54
 第一节　国家建构与回归欧洲 54
 第二节　左右共治的政治转型 58
 第三节　协调市场的经济转型 61
 第四节　入盟后的社会发展 67

第三章　克罗地亚的国家建构与社会发展 75
 第一节　从主权独立到加入欧盟 75

第二节　从民族化到民主化的政治转型 82
第三节　从国家干预主义到放松管制的经济转型 91

第四章　塞尔维亚的社会转型和发展 99
第一节　民主化的政治转型 100
第二节　经济转型和经济发展 111
第三节　从对抗到对话的对外关系 114

第五章　黑山的社会转型、国家建构与社会发展 124
第一节　政治转型、国家建构与回归欧洲 124
第二节　经济转型与经济发展 143

第六章　波黑的国家建构与社会发展 148
第一节　艰难的建国进程 148
第二节　经济转型与经济发展 158
第三节　不统一的对外政策 162

第七章　北马其顿的国家建构与社会发展 171
第一节　国名争端 171
第二节　国家建构中的内外矛盾 177
第三节　社会转型与政治发展 181
第四节　经济转型和经济发展 187

第八章　科索沃的"独立"与"国家建构" 192
第一节　科索沃主权之争的渊源 192
第二节　战后"两方关系" 196
第三节　迈向实际独立和"建国"的进程 200
第四节　经济转型的障碍 204

结　语 208
附　录 215

参考文献 221
　一、克、塞、波黑、黑山文资料 221
　二、其他西文资料 231
　三、中文资料 240

致　谢 242

导　言

一、问题的提出与关键词辨析

经过欧盟2004年和2013年的"东扩",原属于南斯拉夫的克罗地亚和斯洛文尼亚成为欧盟的成员国,塞尔维亚、黑山和北马其顿已获得了欧盟候选国的地位,而尚未解决政治不稳定问题的波黑也递交了入盟申请,甚至自称独立的科索沃也以加入欧盟为对外政策的长期目标。经过南斯拉夫解体和最初十年的几场战争之后,前南地区所有国家都确立了"回归欧洲"的社会转型和发展方向。但是,由于受内外各种因素的影响不同,它们的回归程度和发展程度存在着很大的差别。斯洛文尼亚和科索沃是两个极端,前者不仅加入了欧盟、欧元区和申根区,而且已经进入在联合国的人类发展指数排名前30位的国家行列;后者仍在构建国家和解决发展的问题,与前南地区的其他国家相比差距很大。在其余国家中,克罗地亚只加入了欧盟,塞尔维亚和黑山正在与欧盟谈判入盟要求,波黑和北马其顿入盟的前景由于国内外的制约因素还是较远。

从整体上看,前南地区指什么?前南地区国家的共同点是什么?其社会转型有什么特点?各国在社会转型方面有哪些差别?产生这些差别的原因是什么?不同的民族主义思潮在这些国家社会转型中的地位和作用是什么?外部因素特别是北约和欧盟在这些国家社会转型过程中起了什么样的作用?前南地区回归欧洲的前景如何?全面论述、分析和研究这些问题有助于深入了解前南地区二十多年的社会发展的状况、存在的问题及其原因,揭示前南地区国家社会转型的各种影响因素以及与国际社会特别是北约、欧盟的互动关系,丰富和深化学术界对前南地区国家的研究。

（一）前南地区

"前南地区"，包括了1992年南联邦解体之后在地理位置上位于原来南联邦共和国而分离出去的国家。但是，由于"前南地区"的特殊性、各国家对它的不同认定，需要解释"前南地区"这个概念的来源、涉及的范围及其对这些国家各自政治认同形成的影响。

"前南地区"本来就是一个意义复杂的概念。第一，它涉及过去的地缘政治意义，"南"指的是已解体的南联邦，于是产生了这样的疑问，"南联邦"现在还有什么意义吗？由于前南地区国家的政治、经济和社会差距非常大，它还能否当作一个统一的地缘政治概念？在此方面，"前南地区"似乎是过渡性的概念。第二，那些主动选择欧洲一体化而放弃南斯拉夫一体化的国家，不愿意以"前南地区"作为它们自己的地缘政治定位。因此，根据斯洛文尼亚和克罗地亚的舆论，"前南地区"更多指的是社会领域的概念，即涉及遗留的社会问题，如仍然存在的社会文化的某些共同点。因此"前南地区"的概念也经过从地缘政治方面到社会方面的意义转型。第三，在词的使用方面，"前"是否还有什么意思？是"前南"还是"原南"？有些"前南地区"国家认为"原南"指前南地区国家的主权"源于"南联邦，因此反对使用"原南"这个名称。如何理解英文的Yugoslav（南的），Yugo-（南一），或者ex-Yugoslav（前南）的内涵？这是值得研究的。第四，最重要的是，前南地区这个概念与"西巴尔干"和"东南欧"两个新兴概念的关系如何？两者能否完全替代"前南地区"国家的范围和内容的意义？

19世纪30年代，克罗地亚民族复兴运动（即伊里利亚运动）的纲领提出南部斯拉夫民族社会和文化的统一；1848年"欧洲民族革命"后受奥匈帝国统治的斯洛文尼亚、克罗地亚和塞尔维亚民族开始主张奥匈帝国南部斯拉夫民族的社会一体化，这简称南部斯拉夫主义。到一战结束时，南部斯拉夫主义发生了变化。它不仅仅成为政治运动，主张南部斯拉夫民族脱离奥匈帝国并建立自己的国家，而且开始奉行南部斯拉夫地区的政治一体化和塞尔维亚王国联合。这导致了政治运动上南斯拉夫主义的形成，简称南斯拉夫主义。① 1918年11月，南斯拉夫委员会宣布在奥匈帝国南部建立起塞尔维亚人—克罗地亚人—斯洛文尼亚人国家，12月与塞尔维亚王国联合组建了塞尔维亚—克罗地亚—斯洛文尼亚王国。在新的国家中，塞族政治上形成了高度集权，引起了斯族和阿尔巴尼亚族的不满，克族政党开始奉行自治。1928年国王亚历山大实行了专制，要求加强民族间统一和打破塞克两民族分歧的僵局，因此，重提南斯拉夫主义并把国名改为南斯拉夫王国。到30年代中期，"第一南斯拉夫"的南斯拉夫主义已经失败了，塞族继续搞集权，克、斯等民族搞自治和独立，导致这些对立的倾向逐渐无法遏制。

在二战前夕，在与共产国际协商一致的基础上，南斯拉夫共产党（以下简称"南共"）开始主张南斯拉夫主义，设想通过民族解放和抵抗法西斯运动，建立社会主义联邦制国家。开始时，南共主张建立社会主义联邦制国家要高于南斯拉夫主义，二战后初期南共领导人考虑与保加利亚建立所谓的"巴尔干联邦"（即泛南斯拉夫主义），甚至主张跨斯拉夫族边境将阿尔巴尼亚纳入"巴尔干联邦"。毫无疑问，这些都是影响二战后南斯拉夫主义的地缘政治因素。因此，南斯拉夫被视为巴尔干的核心国，多民族的巴尔干地区成为南斯拉夫主义的"生存空间"。但是，1948年南斯拉夫和苏联的关系破裂后，南斯拉夫主义成为南斯拉夫的意识形态，建立社会主义联邦制国家成为南斯拉夫的基本价值。它的主要目标是南斯拉夫的社会一体化，建立南斯拉夫的国家认同和各共和国民族（ethnicity）认为的南斯拉夫公民（nationality）认同。20世纪60年代以来，由于南联邦民族间关系以及共和国与联邦间关系的复杂性，南斯拉夫主义逐渐失去了在南斯拉夫政治、经济和社会方面的指导作用。不仅如此，因共和国自治而造成的种族民族主义与南斯拉夫公民认同逐渐成为两种对立的主张。

地缘政治上的前南地区出现在1991年南联邦解体之后，由地处中欧的斯洛文尼亚，地处和自称中欧和南欧的克罗地亚，以及地处东南欧的波黑、南联盟（后来分裂为塞尔维亚和黑山）、北马其顿和科索沃组成，但科索沃的独立还没有得到普遍承认。与南联邦相比，"前南地区"的情况复杂得多。第一，

---

① 详细情况可参见：Branko Petranović, *Jugoslavenski federalizam, ideje I stvarnost*, Beograd: Radnička štampa, 1985, predgovor, pp. 9-34（[南]布·佩特拉诺维奇：《南斯拉夫联邦主义，主意与现实》，贝尔格莱德：人民出版社，1985年，克塞文版，前言：第9—34页）。

在历史文化方面上，斯洛文尼亚和克罗地亚不愿意认为它们是"前南地区"国家，而坚持自己属于"前奥匈文化区""中欧文化区"（Mitteleuropa）等。与前苏联波罗的海三国针对苏联时期的遗产一样，独立后的斯洛文尼亚和克罗地亚公众认为他们需要回归中欧，南斯拉夫时期是两国社会发展的一个失误。另一方面，塞尔维亚、黑山、波黑和北马其顿的公众对南联邦历史文化遗产的评价相对较高，甚至塞尔维亚和黑山自称南联邦的继承国。第二，地缘政治上，根据斯洛文尼亚和克罗地亚的看法，"前南地区"是一个过渡性的概念，包括尚未完成社会转型和参与欧洲一体化进程的国家。简单地说，加入欧盟之后，这些国家就走出了"前南地区"。

2004年，欧盟第五次扩大时，斯洛文尼亚同其他七个中东欧国家加入了欧盟，这更促使它脱离前南地区地缘政治定位。斯洛文尼亚成为中东欧成员国，2006年罗、保入盟后，尚未入盟的巴尔干国家成为"西巴尔干国家"。"西巴尔干"是由欧盟定义的地区，指的是尚未入盟的克罗地亚、塞尔维亚、波黑、黑山、北马其顿和阿尔巴尼亚。与"前南地区"相比，"西巴尔干"的问题更多。第一，这个地区政治、经济、社会的相似性和共同性有哪些？正如科拉斯特夫（Krastev）指出的那样，西巴尔干唯一的共同点就是都要融入欧洲一体化而已。第二，在地理位置上，克罗地亚一部分属于巴尔干地区，而由于巴尔干与"前南地区"的历史文化近义，它又拒绝承认自己是巴尔干国家。第三，"西巴尔干"也是一个过渡性的概念，2013年克罗地亚入盟，同时也离开西巴尔干。

"东南欧"也是一个越来越普及的说法，指的是地理位置处于东南欧的国家，包括"前南地区"国家加上阿尔巴尼亚、保加利亚和罗马尼亚。2000年年底，东南欧七个国家在萨格勒布签署文件，决定成立《东南欧稳定公约》（Stability Pact for South Eastern Europe）。2007年，原来中（东）欧自由贸易协定成为《东南欧自由贸易协定》（Eastern and South European Free Trade Agreement），其目标为加强东南欧地区国家的区域合作。除此之外，东南欧国家也共同成立了东南欧合作进程（South Eastern European Cooperation Process）、地区合作委员会（Regional Cooperation Council）等组织。这种说法的优点在于"地理中立性"，每个中东欧国家都接受这样的说法。可是，它本来是指经济框架，政治和社会方面上，"东南欧"还是一个空白概念。到目前为止,"东南欧"国家并没有组织共同政治倡议或政治交流的框架。此外,"东南欧"也是由欧盟"促进"的概念,即包括处于东南欧的欧盟成员国的政治经济框架。根据一些学者的意见,"东南欧"是转型后的概念。因此,前南地区国家经过了从"前南"到"西巴尔干"再到"东南欧"地缘政治区域转型的进程。它的政治意义仍在形成的过程中,基本是指包含入盟后和社会转型后的政治经济框架。因此,可以说"前南地区"国家后来成为了"东南欧"国家。同时,这种进程也包括从地缘政治地区到社会经济"交流区"的转型。因此,"前南地区"和"东南欧"的地缘政治意义可能也在不可逆转地下降。

那么,这三个地缘政治的概念中,哪一个更适合用来描述这个地区的特点呢?"前南地区"的特点是过渡性的(transitional)概念,地区共同点在于过去时,"西巴尔干"缺乏共同性,"东南欧"则主要还是一个经济概念。《东南欧自由贸易协定》和东南欧合作委员会在东南欧国家经济合作中发挥越来越重要的作用。但是,自2000年发起的"东南欧稳定公约"还有待于所有东南欧国家给予充分承诺和达成基本共识,因此其政治意义正在形成中。尽管如此,要把它们作为统一整体进行研究,本文认为,"前南地区"最合适,因为它包括政治、经济、社会等方面的延续性和共同性,在对这些国家社会转型进行研究时,只有"前南地区"包含了这些国家转型的起点和终点,即从"南斯拉夫"到"前南地区",再到"欧洲"的发展进程。

(二)社会转型

多党制的引入,民族之间冲突的爆发,各共和国宣布主权是南联邦社会发展的终点,同时也是"前南地区"社会发展的起点。在以后的二十多年里,前南地区社会转型、社会转轨、过渡、新国家建国进程、制度转轨与政权转轨等成为了研究"前南地区"社会发展的关键词。[①] 分析这些关键词的内涵及其区别,有助于理解"前南地区"社会转型的进程与内容。

在中文的基本词义上,转型(transformation)指的是变化、转换、变形和变质,转轨(transition)指的是过渡、变迁和转变。尽管如此,在中国学术

---

① 制度转轨,原德文"Systemwechsel"是德国学术界的普遍概念。关于政权转轨与制度转轨两个概念的区别,参见:Klaus Von Beyme, Dieter Nohlen, "Politische Theorien: Systemwechsel," in Deiter Nohlen, Hg., *Lexikon der Politik, Begriffe, Theorien, Methoden, Fakten*, Berlin: Directmedia Publishing, 2004, Bd.1, S. 1548。

界，它们常常被相互借代。同样，在英文词义上，"transformation"（转型）和"transition"（转轨，过渡）也是相近的。需要说明的是，前一个词强调（研究对象）内容的变化，即从什么样的转到什么样的；后一个词则强调转变的过程，即从哪个类型转到哪个类型。因此，在欧美学术界，"transition"更具规范性质，涉及转型起点、发展方向和终点，即从专制政治到自由民主的政治民主化，从计划经济到市场经济的市场自由化等。此外，原苏东地区学者普遍用"transition"（the transition, Transition）一词，指代"东欧剧变"或"苏联解体后转轨"的意思，或者各国剧变后的政治民主化和经济市场化。因此，"过渡前"就是1989年以前，"过渡国家"指的就是原苏东地区的国家等。为了避免误会，本文将"过渡"（转轨）视为与苏东剧变相关的历史阶段，使用"转型"（英文"transformation"）一词，描述政治、社会、经济等方面内容的变化。

　　社会转型是一个复杂的历史现象，也是一个矛盾的词语。要阐述社会转型的意义，首先需要解释"社会"的概念。西方古典政治哲学注重社会与国家的区别，并认为社会与公民社会和民间社会紧密相关。19世纪法国实证主义学派对整体社会发展进行了多方面的探讨，确立了转型理论的论域，划分了"整体社会"（society in the general sense）和"具体社会"（society in the strict sense）的意义。[①] 经过社会转型理论的发展，"社会"一词的含义依然是矛盾的（ambivalent）。一方面，20世纪50年代以来社会发展理论、现代化理论、社会转型理论都强调社会发展是政治、经济、文化等领域的整体发展；另一方面，后现代政治哲学以社会转型为单独的研究领域，不同于政治转型、经济转型、制度转型，也不是指这些转型的结合。要避免矛盾，英文"社会转型理论"常常用"transformation theory"，整体社会转型用"social transformation"，而具体社会转型用"transformation of the society"。在中国学术界，"社会转型"一般指的是整体社会转型，包括政治、经济、文化、（具体）社会等方面的变迁。这样的用法来自社会发展相关理论。社会转型可以描述整体进步，还可依据不同的衡量指标划分为经济发展、政治发展、文化发展等。但是，社会转型应是构成社会的各种要素的整体进步。为了叙述便利，

---

① 孙慕天、刘玲玲：《西方社会转型理论研究的历史与现状》，《哲学动态》1997年第4期，第40页。

导 言

本文将社会转型与整体社会转轨视为同一含义。

1. 制度转型与政权转变

到80年代,欧美学术界以"政权转变"(regime change)为核心概念,对所谓"第二波民主化国家"(拉美国家、西班牙、葡萄牙等)的社会转型进行研究,主要指出它们激进政治转变(即政权更迭或转变)和渐进经济转型(即市场自由化的长期进程)的特征,进一步分析政治转变与经济转型的互动及其对整体社会转型的影响。根据学者们的论述,一般来说经济转型先于政治转变,社会转型则后于政治转变,并作为经济和政治转型的最终阶段。1989年苏东剧变后,由于中东欧国家"多层面并同步性的"转型,德国学术界开始用"制度转型"(Systemwechsel)来描述"三种转型"(政治转型、经济转型、具体的社会转型)的同步性。学者们主要提出政权转变是制度转型的一部分,政治转型不同于政权转变。第一,制度转型不仅是政权转变,而且包括"三种转型"互动的成果。第二,与政权转变相反,政治转型是一种渐进的进程,一般包括几个阶段和涉及较长的时间。以塞尔维亚制度转型为例,其政治转型从南联邦解体,经过米洛舍维奇政权兴衰,直到2000年后民主化,进程长达二十多年。

2. 社会转型的类型

苏东剧变前社会转型理论把社会转型划分为政治转型和经济转型,其研究的主题是谁决定谁,即经济自由化取决于民主化还是民主化取决于经济自由化。苏东剧变的社会转型同时伴随着政治转型、经济转型以及制度转轨。①

政治转型还可以分为政体转型(institutional)和具体政治制度转型,如政党制度转型、媒体转型等。政体转型是指建立能代表自由民主体制的新机构,即负责任的(accountable)宪法、议会、政府、司法等机构。新机构能否代表民主自由体制的主要标志有三个:社会合法性(公众对政府的可信度)、独立(社会利益群体不能控制政府)和稳定(有透明的和有秩序的过程)。具体政治制度转型一般是指议会民主、多党制、媒体自由和公民社会的发展,而

---

① 根据默克尔的观点,除了政治和经济转型之外,苏联、捷克斯洛伐克和前南国家同时也经过制度转轨。参见:W. Merkel, "Teorija transformacije: Demokratska transformacija postautoritativnih drustava," *Politička Misao*, Vol. 36, No.3, 1999, pp. 121-150([德]沃·默克尔:《转型论:后专制社会的民主转型》,《政治思想杂志》1999年第36卷第3期,克文版;原德文的译者:莫·卡萨波维奇,第121—150页)。

7

前南地区社会转型与社会发展研究

议会选举、选举法、政府与媒体和公民社会间的关系是其主要指标。从纵向上看，政治转型不同要素的发展有先有后，有秩序有阶段。研究政治转型分期的学者把政治转型分为三个主要阶段，即专制政权的结束，建立民主政体（机构的民主化）和政体的巩固（民主的巩固）。① 根据这些学者的观点，苏东政治转型特别值得注意的问题是如何定义社会合法性、政治精英的转轨、政府与媒体的关系和多党制的引入以及执政党与在野党的关系。鉴于上述因素，前南地区国家政治转型可以划分为几个阶段，参见图1。

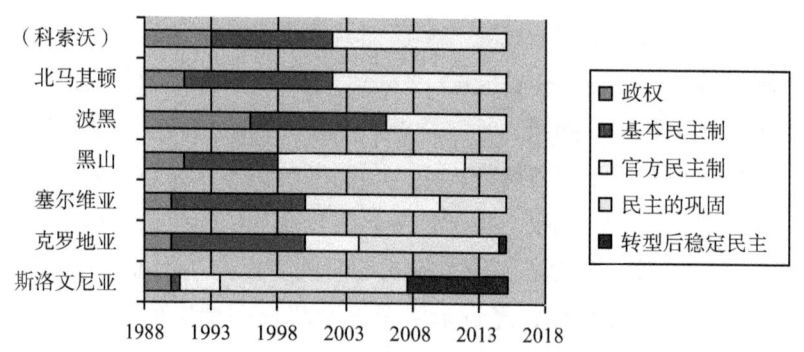

图1 前南地区国家政治转型的基本分期

注：（1）科索沃严格来说其制度转型（取消自治区）不是由普选决定的，因此1993年塞尔维亚选举后才进入基本民主制阶段。

（2）波黑1991年独立公投和战争时期的选举都存在争议，因此，严格地说，1996年在波黑才进行第一次基本自由的选举。

经济转型就是由计划经济走向市场经济。在经济转型方面，以下几点需要特别重视。第一，国家机构的灵活性与市场自由化。由于苏联时代社会主义国家的高度集权和国家干预主义，实行经济改革常常受到阻碍。第二，西方发达经济的影响。这里需要注意的是外资对这些国家经济的影响、劳动力

---

① 关于政治转型分期各学者的观点及其讨论，参见：Djordje Tomic, "Od transformacije do tranzicije I nazad: Nauka o transformaciji? Pojmovi, pitanja, teorije," in A. Veselinovic, P. Atanackovic, eds., *Izgubljeno u tranziciji*, Beograd, Rosa Luxemburg Stiftung, 2012, pp. 42-50（乔·托米奇：《从转型到转轨：转型理论？概念、问题、理论》，维斯利诺维奇、阿塔那茨科维奇主编：《转轨中所失去的》，贝尔格莱德，罗·卢森堡公益基金，2012年，塞文版，第42—50页）。

的流出、宏观经济的"实验"等现象。第三，国家生产率的下降和黑灰色市场的增长。第四，国家福利系统的崩溃。后两个方面还是转型理论中的空白，有待于全面系统地解释以及分析它们对具体社会的影响。针对实行改革的速度，经济转型可分为激进经济转型和渐进经济转型。激进经济转型（也称为"休克疗法"）的特征是宏观经济的稳定化、价格的自由化、经济管制机构的集权化、限制性的税收和货币政策、工资的控制、取消政府对（劳动力）市场的控制、取消对外贸限制和价格调整、取消政府对国营企业补贴、激进私有化等。渐进经济转型的特征是政府采取渐进措施来实现上述目标。

除了政治和经济转型之外，还有学者提出意识形态转型、福利转型、劳动力转型、信息化转型等，这些都属于社会转型。

3. 社会转型理论

社会转型理论包含非常丰富的内容。如何全面系统地认识与研究社会转型理论，在欧美学术界存在一些不同的看法，有不同的理论框架。根据默克尔的主张，社会转型理论一般可以分为四种。[①] 第一种是"结构理论"。这种理论认为，社会转型（民主化、社会发展）取决于社会阶级间的势力分配。以穆尔（B. Moore）和万哈宁（T. Vanhanen）为代表的结构学派认为，社会转型是从传统社会向现代社会的转变，其中，主要动力是阶级间关系（势力分配）及其对社会转型的影响。第二种是帕森斯（Parsons）、亨廷顿（Huntington）为代表的"体系理论"。以李普塞特（Lipset）民主化论为基础，"体系理论"认为经济和社会发展引起政治（民主）发展。第三种以麦克唐纳（McDonnell）和施密特（Schmitter）为代表的"行为理论"，它认为社会转型必然涉及个人心理和行为的改变，强调个人对社会转型的影响。第四种是以普特南（Putnam）为代表的"文化理论"，它认为各地区的文化背景和"社会资本"决定社会转型，强调要注重比较研究、发展模式研究、定量指标研究等。

（三）前南地区社会转型

毋庸置疑，前南地区国家社会转型是多样和多层的，包括五种主要转型，

[①] Cf. Merkel, 1999, pp.130-151.

每种都经历了不同阶段（参见图2）。

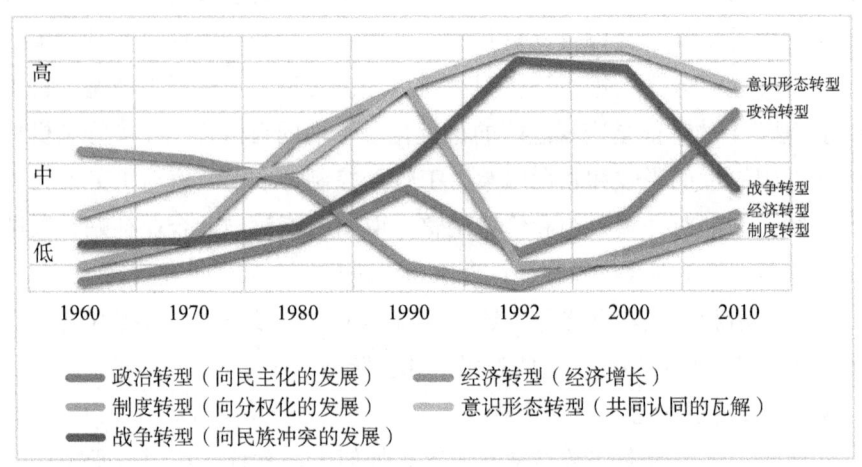

图2 前南地区国家转型的示意图

注：
（1）政治转型曲线说明向民主化和自由化的发展过程，包括从1960—1980年与制度转型（分权化）的平稳发展，80年代各共和国自由化和民主化加快，90年代初民主倒退和2000年来民主的逐渐恢复。（低=集权；高=巩固民主）

（2）经济转型曲线主要说明南联邦和前南地区国家的经济发展，主要表现为1960—1980年逐渐下滑，1980年快速下滑，1992年后逐渐恢复。（低=经济下滑；高=经济增长）

（3）制度转型指的是南联邦分权化的进程以及南联邦解体后各国重新集权化的进程。（低=集权制；高=分权制）

（4）意识形态转型是指南联邦社会的逐渐分解，内容主要包括从"兄弟情谊和团结"的意识形态到极端民族主义的出现与发展，战争后前南地区共同认同再次出现。（低=社会共同认同高；高=社会共同认同低）

（5）"战争转型"就是民族间冲突的发展，冲突顶峰为90年代爆发战争，2000年以来民族矛盾逐渐下降。（低=民族间关系基本稳定；高=民族间战争）

一是政治转型，它可以划分为渐进的自由化、激进的民族化和迟来的民主化三个阶段。二是经济转型，它可以划分为经济增长、停滞（共和国间经济差距的加大）、崩溃和经济转轨（从半市场经济到市场经济，从社会所有制到私有制）。三是制度转型，它可分为从社会主义联邦的分权到民族国家两个阶段。四是意识形态（具体社会）转型，它分为社会主义自治体制和"兄弟情谊和团结"阶段，民族主义恢复阶段，建立民族共和国（ethnic nation-state）阶段，以及现代欧洲多元文化国家的阶段。五是"战争转型"，它可分为维护民族共同体、两个民族间冲突与斗争、维护领土完整性三个阶段。这五种转型的过程取决于它们的发展与互动。由于这些转型进程的同时性及其相互冲突的趋势，前南地区国家领导人在选择政策时也面临着所谓的"同时性困境"，即在面临着互斥（mutually obstructive）的目标时，倾向于采取一些目标优先策略，进而做出对次要目标产生不利影响的决定。[①] 这些决定的结果将或多或少地决定转型的层次（hierarchy）和后续的政治选择。因此，研究前南地区国家社会转型必须在这五个转型框架内阐述它们之间的互动，通过显性转型的互动来确定前南地区国家社会转型的分期。前南地区国家社会转型可以分为五个阶段，即60年代南斯拉夫联邦主义、70年代联邦主义与共和国主义共存时期、80年代潜伏的种族民族主义（ethnic nationalism）的出现、90年代建立民族共和国的政治倾向和2000年以来各国的主权主义（sovereignism）与融入欧洲一体化的紧张与矛盾（参见表1）。

表1 前南地区国家社会转型的时间表

60年代	70年代	80年代	90年代	2000年以来
南斯拉夫联邦主义	联邦主义与共和国主义共存时期	潜伏的种族民族主义的出现	建立民族共和国	主权主义与融入欧洲一体化

关于前南地区社会转型和各转型阶段之间的关系，以下几点需要特别重视。

第一，联邦主义与民族主义的互动。

从二战后到70年代初期，南斯拉夫联邦主义的发展是从高度集权国家向基于自治体制联邦的演进。在这个进程中，南共的意识形态有比较大的变化，南联邦也不断进行分权。1980年以来，由于塞尔维亚共盟的重新集权化政策与塞尔维亚化的两个倾向逐渐混合，斯洛文尼亚、克罗地亚等共和国反对塞尔维亚化的倾向越来越明显，因此导致了集权与分权之间分歧的"民族化"

[①] Cf. Merkel, 1999, pp.129-135.

和后来的民族冲突乃至南联邦解体。1991年民族国家独立之后，集权与分权之间分歧的"民族化"也导致了各国实际重新集权化，主要包括中央政府对少数民族政策的变化，金融和税务集权化等，参见上文图2的制度转型曲线。

第二，民族化与民主化的关系。

80年代后期南联邦政治转型的特征是两种对立社会发展动力的共存。一种是民主与自由化的动力，另一种是民族自主与独立的动力。前一种倾向被简单地称为自由化倾向，因为它不仅主张引入市场经济和西方民主体制，而且也主张南斯拉夫自治制度的"制度内"改革与改善。后一种倾向被称为民族主义主张，其基本目标是实现民族共和国和主权与独立。由于民族冲突加剧公众的民族化，从1990年以来前南地区国家的政治转型经历过民主倒退阶段，民主化成为隐形（recessive）的社会动力，而民族化逐渐成为"显性"社会动力，参见图2的政治转型曲线。

第三，民族共和国与现代欧洲多元文化国家（公民国家）的区别。

除了一战前的塞尔维亚和黑山之外，前南地区国家没有经历过现代民族国家阶段。因此，它们的政治转型也体现了"迟来的民族国家"的特征，表现在建立起一个基于民族的政治共同体（community），公众对重新集权化的基本共识（参图2的制度转型曲线），重新重视民族认同和建立民族共和国。[①] 同时，由于民族冲突和战争，这些多民族国家也出现两个相互矛盾的现象：一方面少数民族离心的倾向加剧，另一方面中央政府的政治逐渐变得更为"民族化"。从表层上看，这两个相互矛盾的现象对前南地区国家民主转型的影响是非常大的，表现在民族主义政党地位的逐渐突显和公共话语权（public discourse）的民族化，以及影响了民族国家的形成。但是，通过欧盟的推动，前南地区国家政治转型才重新重视民主化，开始建立公民国家。由于民主巩固和建立公民国家的进程缓慢，这些国家面临了更大的困难和挑战，如议会民主发展，对少数民族政策调整，内政由存在巨大分歧到逐渐平息与稳固。

---

① 关于新兴民族国家与传统民族国家之间的区别，参见：Helmuth Plessner, "Zakasnjela nacija—Ne država, nego narod," *Politička Misao*, Vol. 29, No. 3, 1992（［德］赫·普勒斯纳:《迟来的国家：不是国家，而且是民族》,《政治思想杂志》1992年第29卷第3期，自德文译成克文版）; E. Jahn, "Demokracija i nacionalizam—Jedinstvo i protuslovlje," *Politička Misao*, Vol.29, No.4, 1992（［德］艾·亚尼:《民主与民族：矛盾在哪》,《政治思想杂志》1992年第29卷第4期，自德文译成克文版）。

导　言

这些问题都影响了一种主权主义倾向的出现。相对民族化的进程，主权主义接受公民国家，但针对欧洲一体化带来的社会分歧，它主要主张国家利益和重新重视主权独立。

第四，政治转型与经济转型的关系。

"体系理论"提出，民主化进程发生在已经达到一定经济发展水平的非民主社会，随后维持市场增长的力量需要相对应的经济自由化的物质水平，于是，长此以往（即所谓滚雪球效应）会逐渐影响社会和政治的自由化，最终导致民主化和社会多元化。与此相关，南联邦的自治体制和半市场经济促进了南联邦早已走向了社会、媒体和宗教自由化。但是，由于南联邦自治体制和联邦分权的误区已造成了共和国政治精英与大型企业间的裙带关系，获得极大经济自治权的共和国不愿放弃权限。这些共和国的领导人早已围绕南联邦经济制度向何处去的问题展开了激烈的讨论，指责联邦政府推卸责任，不愿进行根本的经济改革，而且常常推出"化妆改革"的方案，甚至只主张地方经济救治方案。这些都导致了地方或部分的救治经济方案的失衡和根本系统地改革联邦经济的方案长期停滞。南联邦解体后，由于战争、民族冲突和民主倒退，经济增长成为隐形的社会动力。除了斯洛文尼亚之外，政治发展没有伴随着经济增长出现。90年代中期来，经济增长与政治发展才走向相互平行的方向，参见图2的政治转型曲线与经济转型曲线。

第五，苏东剧变对前南地区国家社会转型的影响。

苏东剧变及其先后进行的社会转型却对前南地区国家没有什么重大影响。第一，南斯拉夫不属于以苏联为首的社会主义国家阵营，1985年以来戈尔巴乔夫倡导的"改革"和"公开性"对南斯拉夫改革方向的影响不大。第二，政治体制合法性的问题。80年代东欧国家政府企图进行各种经济改革，采取各种措施来确保社会稳定。但是，它们的社会主义制度不可逆转地相继失去了合法性，其公民社会和公众越来越强烈要求根本性的政治经济改革。反之，南斯拉夫的社会主义发展道路逐渐发展出一种特殊的政治经济制度。自治制度虽然没有引入西式议会民主，但已经"试验"了各种各样的"草根"民主（也就是基层自治），引入了代表制并促进公民参与各种"前沿组织"如南斯拉夫妇女反法西斯战线、南联邦工会、南斯拉夫共产主义青年团等，从而使多数南斯拉夫民众相信，南斯拉夫自治制度无须从根本上改变，只需通过渐进式的改革加以改善就行。第三，公众与政治精英之间的关系并未出现紧张。媒体、宗教等社会方面的自由，加上后来民族间的矛盾，大大缓和了政治精英与群众之间的关系。根据"结构理论"，可以说，南联邦民族冲突"推迟了"阶级斗争。第四，对东欧国家走向改革的看法。前南地区国家领导人认为，东欧国家的经济和政治制度落后于南斯拉夫，所以，在选择政治改革的榜样国家时，他们倾向于选择发达西方国家的制度如瑞典福利体制、瑞士选举体制等。1989年底匈牙利进行金融和财政改革时，前南地区国家领导人才开始重视东欧国家改革的教训。[①] 第五，缺乏真正的"反对意识形态"（anti-ideology）。冯·贝梅（von Beyme）提出，东欧国家有一种"反对意识形态"，即自由的持不同政见者和强大的公民组织及其对政权的政治压力，这对东欧国家民主化进程起了决定性的影响，但是，前南地区国家都缺乏这些。[②] 与东欧国家强大的公民组织和持不同政见者相反，南联邦的"反对意识形态"表现在"兄弟情谊和团结"思想的瓦解和南联邦社会实际的分裂上。

第六，制度转型、意识形态转型和战争转型三种转型的交叉点。

要理解前南地区国家社会转型，必须理解前南地区各国家走向独立的进程，理解制度转变、根本性的意识形态改变和为独立而斗争这三种转型的"天然联系"。这些转型体现在各国对外关系的形成和发展。因此，研究前南地区各国家的对外关系，不仅能有助于理解各国对外政策的基本方针及其之间的关系，也可以解释各国如何选择进行制度转型以及在选择制度转型上战争等外部因素有何种影响。其中，各国与欧盟的关系不仅体现政治经济转型的主要节点上，而且反映了欧盟的约束性政策对各国社会转型的深度影响，即民族冲突的平息、公众对民主化的基本共识、与邻国关系的和解等。

---

① 前南地区国家当中，只有斯洛文尼亚和克罗地亚在一定程度关注了东欧国家的政治转型。
② Klaus Von Beyme, "Transition to Democracy—or Anschluss? The Two Germanies and Europe," *Government and Opposition*, 1990, 25 (2), pp. 170-190.

二、相关研究文献评析

(一) 前南地区国家的研究文献

在前南地区国家,几乎所有高等院校都开设了"南斯拉夫解体以后的历史"的课程。这门课程主要讲述南斯拉夫解体的原因和各国如何走向政治、经济和社会方面的独立。学术界出版和发表了许多有关本国独立以后的历史以及前南地区国家关系的著作或论文。但整体上看,许多文献由于受历史观和现实政治的影响并不够客观,许多结论仍然存在争议。其中,关于前南难民问题和战争责任问题的争议不仅存在于学术界而且也存在于各国的政治界和公众间。另外,随着前南解体问题越来越受到重视,学术界的关注点主要集中在深入解释前南地区民族间关系,各民族对其宗教的认同及其对民族关系的影响,波黑战争和科索沃战争的原因,以及欧盟如何帮助前南地区发展等问题上。

1. 克罗地亚的研究文献

克罗地亚学术界对南斯拉夫时期的研究主要集中在南联邦与克罗地亚之间关系的敏感问题上,如克罗地亚的主权和分离主张,克族民族主义的上升及其与南联邦社会主义和联邦主义的摩擦,包括二战结束前夕的布莱堡事件,伴随自治体制发展时期的民族主义的酝酿,1971年"克罗地亚之春"事件。南联邦时期的克罗地亚民族主义的作用随着80年代以来克罗地亚政治的变化而变化,即克罗地亚社会自由化和社会主义意识形态的放松,克罗地亚史学界开始从不同的角度研究二战时期"人民解放斗争"。图季曼时期克罗地亚史学界也经过民族化阶段,因此许多学者以"反共、反南、反塞"的角度批评南联邦政权及其对克罗地亚民族主义的镇压。2000年后,研究者重新评价南联邦时期的自治体制、不结盟政策和铁托的作用、克罗地亚民族主义的主张。在这三个研究阶段中,2000年以来的研究成果没有受到很大的政治影响,更具客观性。萨格勒布大学现代史教授伊·戈尔茨坦(I. Goldstein)的《1918—2008年的克罗地亚》和杜·比兰吉奇(D. Bilandzic)的《克罗地亚现代史》是两部通史性的专著,系统和全面地梳理和描述了克罗地亚在"三个南斯拉夫"中和独立之后的社会发展。① 这两部通史客观地反映出了南联邦时期的克罗地亚民族主义的主张，重新评价了70年代克罗地亚民族运动（Maspok）与克共联盟自由派的互动，强调克罗地亚主权主张的主要动力不仅在于反对南共联盟的政权和大塞尔维亚霸权，也在于联邦主义的内部矛盾和经济问题。赫·马特科维奇（H. Matkovic）主编的《克罗地亚现代政治史》论述了1919—1992年的克罗地亚政治发展，比较系统地描述了克罗地亚现代政治的各个方面。② 其中，有专门的章节研究了克罗地亚引入多党制、"放弃南斯拉夫整合"思想的形成、外交重新定位以及克罗地亚社民党改革。比较系统地分析前南解体原因的文献，是耶鲁大学教授伊·巴纳茨（I. Banac）所著的《南斯拉夫解体：关于民族主义及民族冲突文集》③。该著认为80年代民族主义的出现是南联邦解体的起点，经济衰退和联邦体制危机是南联邦解体的主要原因。④

克罗地亚学者对政治转型的研究主要涉及引入多党制和克罗地亚民主联盟胜利后的民主倒退。图季曼时期的学者针对政治转型的研究受到当时建立民族国家的较大影响，其中多数以社会转型为研究目标，强调克罗地亚民族运动是转型的主要动力，但对民主化没有进行深入分析，因此这些研究有较大局限。几个例外当中，莫·卡萨波维奇（M. Kasapovic）的研究成果涉及前南地区国家政治比较和克罗地亚选举制度。比如，《思想分歧和政党偏好：克罗地亚的例子》一文分析了克罗地亚选举的准备、竞选和结果，追踪了克罗地亚民主和多元制的发展，从宏观上对克罗地亚"一超多强"党制进行比较

---

① Ivo Goldstein, *Hrvatska 1918-2008*, Zagreb: Europa Press Holding, 2008（［克］伊·戈尔茨坦：《1918—2008年的克罗地亚》，萨格勒布：欧洲出版社，2008年，克文版）; Dusan Bilandzic, *Hrvatska moderna povijest*, http://www.generalfil.es/download/gs624cabf9h17i0/Dusan_Bilandzic_Hrvatska_moderna_povijest.pdf.html（［克］杜·比兰吉奇：《克罗地亚现代史》，访问时间：2014年12月9日）.

② H. Matkovic, *Suvremena politička povijest Hrvatske*, MUP RH, Zagreb, 1995（［克］赫·马特科维奇：《克罗地亚现代政治史》，萨格勒布，克罗地亚内务部，1995年，克文版）.

③ I. Banac, *Raspad Jugoslavije: Eseji o nacionalizmu i nacionalnim sukobima*, Zagreb: Durieux, 2001（［克］伊·巴纳茨：《南斯拉夫解体：关于民族主义和民族冲突的文集》，萨格勒布：Durieux, 2001年，克文版）.

④ Cf. I. Banac, "yugoslavism as dominant ideology," pp.6-29.

性评价。① 随着90年代初克罗地亚战争结束，克罗地亚学者对图季曼政权的正面评价急剧下降，而1996年"萨格勒布选举危机"后学者以公开形式对图季曼政权进行批评。《民主转型与政党——东欧政党以及政党制发展》则从比较研究角度，分析了东欧民主化过程、剧变和民主制的逐渐形成。②《1990—2000年克罗地亚政治：选举、政党和议会》是一本全面系统梳理90年代克罗地亚政治的教科书，以充足的数据集中分析了政党的发展、进入议会的过程和在议会中的活动。③ 不仅如此，卡萨波维奇在分析图季曼政权时认为，图季曼建立的"民族运动，导致了党与国家之间关系不清"，并使克罗地亚民主化进程倒退。④ 此外，相关评论书籍还有维·普西奇（V. Pusic）的《民主专制》和达·胡德利斯特（D. Hudelist）的《克罗地亚的宴会——1989—1990年克罗地亚多党史附录》。前者主要分析克罗地亚政体及其与东欧其他国家之比较。后者是一本论文集，重点分析了克罗地亚在进入多党制以后的政治发展，其中包含许多作者与主要政治人物的谈话和采访。⑤

克罗地亚学者针对欧盟政治及其对克罗地亚影响的研究是比较丰富的，其中多数以欧盟"约束性"（conditionality）为主要目标，强调克罗地亚入盟的困难与挑战。但是，对欧盟与克罗地亚关系全面系统的研究不多，更没有脱离当时政治的局限。尽管如此，萨格勒布大学政治学院三位教授合著的

---

① M. Kasapovic, "Prvi izbori za Hrvatski Sabor," in Ivan Grdešić, Mirjana Kasapović, Ivan Šiber, Nenad Zakošek, *Hrvatska u izborima '90*, Zagreb: Naprijed, 1991, pp.37-43（［克］莫·卡萨波维奇：《1990年克罗地亚议会第一次选举》，卡萨波维奇等：《1990年克罗地亚选举》，萨格勒布：进步出版社，1991年，克文版，第37—43页）; M. Kasapovic, "1995 Parliamentary Elections in Croatia," *Electoral Studies*, 1996, 15 (2), pp. 269-274; M. Kasapovic, *Ideological Cleavages and Party Preferences: The Case of Croatia*, http://www.academia.edu/534486/Ideological_Cleavages_and_Party_Preferences_The_Case_of_Croatia, 访问时间：2014年12月9日。

② M. Kasapovic, *Demokratska tranzicija i politicke stranke: Razvoj politickih stranaka i politickih sustava u Istocnoj Europi*, Fakultet politikih znanosti, Zagreb, 1996（［克］莫·卡萨波维奇：《民主过渡与政党：东欧政党和政治制度的发展》，萨格勒布，政治学学院，1996年，克文版）.

③ M. Kasapovic, eds., *Hrvatska politika 1990-2000: Izbori, stranke i parlament u Hrvatskoj*, Fakultet politikih znanosti, Zagreb, 2001（［克］莫·卡萨波维奇主编：《1990—2000年克罗地亚政治：选举、政党和议会》，萨格勒布，政治学学院，2001年，克文版）.

④ M. Kasapovic, 2001, pp. 56-83.

⑤ D. Hudelist, *Banket u Hrvatskoj—prilozi povijesti hrvatskog visestranacja 1989-1990*, Centar za informacije i pulicitet, Zagreb 1991（［克］达·胡德利斯特：《克罗地亚的宴会——1989—1990年克罗地亚多党史附录》，萨格勒布，Centar za informacije i puliticet，1991年，克文版）.

前南地区社会转型与社会发展研究

《欧盟政治制度与克罗地亚政治欧洲化》对欧盟与克罗地亚关系提供了系统介绍并进行了总体评价，重点分析了克罗地亚政党发展及其方向调整和纲领的"欧洲化"。① 在书中，达·格鲁比沙（D. Grubisa）的《关于欧盟的政治学难题》评述了所谓的欧盟"民主赤字""主权让渡"等问题以及克罗地亚在加入欧盟时所面临的调整，如农业政策的调整、对外政策的调整等。② 德·拉利奇（D. Lalic）和苏·库纳茨（S. Kunac）合著的《克罗地亚选举竞选》，梳理了克罗地亚总统选举和议会选举的进程，集中研究了2000年左派选举同盟的胜利，③ 分析了各政党的竞选策略以及它们之间政治、文化、意识形态上的分歧。在2000年克罗地亚议会选举中，民主联盟的领导人图季曼逝世和社民党实行的"回归欧洲"的政策导致克罗地亚政治发生深刻的变化。除了竞选和选举过程之外，作者还分析了政党的竞选策略及其宣传活动，指出"欧洲一体化"与"巴尔干化"成了克罗地亚政客使用最多的词汇。

克罗地亚对外关系还是一个新的研究主题，有待于研究者的关注。除了几位外交家的回忆录之外，只有一些文章对克罗地亚的对外政策进行介绍性的研究。在前南地区国家的外交政策及其与欧盟关系的研究方面，拉·弗卡迪诺维奇（R. Vukadinovic）的《南联邦解体：威胁与挑战》是第一本全面论述和分析克罗地亚对外关系的著作。④ 该书论述了南联邦解体对各新兴共和国外交关系的影响。马·诺比洛（M. Nobilo）的《机密外交》实际上评述的就是90年代的克罗地亚外交史，重点分析了"主权主义"如何使克罗地亚融入欧洲一体化的进程停滞，进而导致克罗地亚陷入国际孤立。

克罗地亚学界对前南地区国家社会转型的关注和研究较多，研究视角一部分为转型理论，而另一部分是对前南地区和克罗地亚转型的分析。近二十

---

① D. Grubisa, N. Besirevic, H. Spehar, eds., *Politicki sustav Europske unije i europeizacija hrvatske politike*, Fakultet politickih znanosti, Zagreb, 2012（［克］达·格鲁比沙等主编：《欧盟政治制度与克罗地亚政治欧洲化》，萨格勒布，政治学学院，2012年，克文版）。

② Cf. D. Grubisa, "Politoloske dvojbe o Europskoj uniji," in Grubisa, Spehar, Besirevic, 2012, pp. 56-81.

③ D. Lalic, S. Kunac, *Izborne kampanje u Hrvatskoj: Dvije studije o tri izborna nadmetanja*, Fakultet politickih znanosti, Zagreb, 2010（［克］德·拉利奇、苏·库纳茨：《克罗地亚选举竞选：关于三个竞选的两篇文章》，萨格勒布，政治学学院，2010年，克文版）。

④ R. Vukadinovic, "Croatian Foreign Policy," *Balkan Forum*, Vol. I, No. 2, pp. 163-187; R. Vukadinovic, *The Break up of Yugoslavia? Threats and Challenges*, The Hague, 1991.

年以来，萨格勒布大学政治学院出版的《政治思想杂志》发表了一系列文章，分析了社会转型理论的"德国转型论学派"的研究成果。在前南地区国家和克罗地亚社会转型研究方面，约·祖帕诺夫（J. Zupanov）的文集《从共产主义地狱到野生的资本主义》以现代化理论为基础，分析了克罗地亚社会的阶级重新分化（restratification），私营化的现象及其对贫富差距的影响，民族主义在各种领域中的表现，宗教信仰的重新恢复，父权传统主义，等等。[1] 文集中的《统治精英与克罗地亚社会迟到的半现代化》一文提出，克罗地亚的半现代化（semi-modernization）主要是因南斯拉夫片面发展而造成的，另外，克罗地亚的统治精英没有政治能力进行深入的社会现代化。该文认为，尚未完成城镇化的过程且尚未完全形成的资产阶级、城市工人阶级都表明，克罗地亚的现代化有很大的"转型差距"。克罗地亚政治学家尼·萨科谢克（N. Zakosek）分析了后共产主义时期的民主化过程。在一系列的文章中，他专门致力于克罗地亚多党制研究，分析了90年代克罗地亚"左派"支持率下降的原因，克罗地亚民主联盟的执政特征以及前南地区民主化进程的特殊局势。在《人民与反对运动》一文中，他分析了"社会主义式一党制"到"民族国家式一党制"的政治转型过程。[2] 他认为，现代克罗地亚社会是以民族为基础的社会集体主义，社会团结取代了阶级划分。

关于克罗地亚经济转型的研究成果是比较单一的，主要集中于如银行系统改革、私有化进程的细节、外资增长问题等，而对克罗地亚经济转型采取综合视角的研究较少。弗·弗拉尼切维奇（V. Franicevic）编著的《一体化、分裂和全球化之间的东南欧》从经济视角描述1991年来私营化的过程及其对社会产生的负面影响，如中产阶级日益贫困化、贫富差距加大、资本和劳动力外流。[3] 在书中，作者以"90年代克罗地亚经济的庇护主义"为主题，分析了当时克罗地亚政治精英与经济发展的关系。

---

[1] J. Zupanov, *Od komunistickog pakla do divljeg kapitalizma*, Zagreb: Hrvatska sveucilisna naklada, 2002（［克］约·祖帕诺夫：《从共产主义地狱到野生的资本主义》，萨格勒布：克罗地亚高等学校出版社，2002年，克文版）.

[2] N. Zakosek, "Narod l opozicija," *Politička Misao*, Vol.32, No. 3, 1991（［克］尼·萨科谢克：《人民与反对运动》，《政治思想杂志》1991年第32卷第3期，克文版）.

[3] V. Franicevic, eds., *Southeast Europe between Integration, Fragmentation and Globalization*, Massmedia, Zagreb, 2003.

前南地区社会转型与社会发展研究

随着90年代克罗地亚独立，许多克罗地亚学者开始注重"民族国家"与"现代欧洲国家"的区别。其中，他们集中研究了苏东剧变后克罗地亚建立民族共和国的政治意义。但是，许多学者没有脱离当时意识形态的限制，认为了克罗地亚应当"先建立民族国家再渐进推行现代欧洲国家基本价值观。"[①] 战争结束不久，优·米利奇（J. Miric）对克罗地亚执政党和政府进行了评判，他在《建立民族国家中的在野党问题》中认为，90年代克罗地亚政治转型的特征是建立民族国家。赫·普勒斯纳（H. Plessner）以"迟来国家论"为出发点，分析了克罗地亚民主联盟建立民族国家的主张为何受到大多数公众的支持，而引入多元民主化却成为次要的目标。

德·拉利奇（D. Lalic）和泽·马雷尼察（Z. Malenica）合著的《政党的危机与转型》分析了欧洲一体化进程对克罗地亚政党的影响，指出克罗地亚政治舞台的"右"与"左"两翼的区别逐渐模糊，克罗地亚左派开始主张"第三条道路"，而右翼政党的社会政策也进行了调整。[②] 以国家认同为研究框架，纳·萨姆贝利（N. Zambelli）的《在巴尔干与西方之间：后图季曼时期克罗地亚的认同问题及（东南欧）地区话语重建》，分析了克罗地亚回归欧洲的情绪如何影响了克罗地亚对前南地区国家的政策，认为90年代克罗地亚反对原南斯拉夫一体化的做法在2000年后的对外政策中仍然发挥着很重要的作用。[③] 马·斯托伊奇（M. Stojic）的《克罗地亚和塞尔维亚的欧洲怀疑主义：政党比较分析》一书从政党视角来审视欧盟怀疑主义现象，分析了2000年来塞尔维亚和克罗地亚政党逐渐接受"亲欧"的立场，在许多方面接受了欧盟的价值观，如对少数民族的政策、媒体自由、与欧盟机构的合作等，解释了未将融

---

① Cf. J. Miric, "Fascinacija drzavom i nemogucnost oporbe," *Politička Misao*, Vol.33, No. 1, 1996, pp. 93-109（［克］优·米利奇：《建立民族国家中的在野党问题》，《政治思想杂志》1996年第33卷第1期，克文版，第93—109页）。

② Dražen Lalić, Zoran Malenica (priredili), *Kriza i transformacija političkih stranaka*, Centar za politološka istraživanja, Zagreb, 2007（［克］拉利奇、马雷尼察主编：《政党的危机与转型》，萨格勒布，政治学研究中心，2007年，克文版）。

③ Natasa Zambelli, "Između Balkana i Zapada: problem hrvatskog identiteta nakon Tuđmana i diskurzivna rekonstrukcija regije," *Politička Misao*, Vol. 47, No. 1, 2010, pp. 55-76（［克］纳·萨姆贝利：《在巴尔干与西方之间：后图季曼时期克罗地亚的认同问题及（东南欧）地区话语重建》，《政治思想杂志》2010年第47卷第1期，第55—76页，克文版）。

入欧洲一体化作为外交目标的政党越来越被边缘化的原因。①

2. 塞尔维亚的相关文献

塞尔维亚学者斯·帕夫洛维奇（S. Pavlovic）的《1848—1945年巴尔干史》一书重点描述南斯拉夫的历史，并研究了巴尔干地区民族主义的渊源和历史背景。②卢·迪米奇（Lj. Dimic）的《塞尔维亚国家史》研究了19世纪70年代以来塞尔维亚的政治生活，特别是塞尔维亚与黑山的"政治共存"。③尼·波波夫（N. Popov）主编的《走向战争的塞尔维亚》一书描述了20世纪90年代米洛舍维奇的塞尔维亚化政策及其对塞尔维亚政治的影响。④布·克里斯蒂奇（B. Krstic）的《科索沃：冲突、和解和权力之源》，对科索沃问题进行了全面研究。⑤德·久季奇（D. Djokic）的《未得到的妥协：南斯拉夫时代的克—塞问题》描述了克塞两个民族在南斯拉夫如何相处，⑥认为克塞间问题是双重的，即民族间的（inter-ethnical）和共和国间的（inter-state），在民族主义上升和南斯拉夫进一步分权的20世纪70年代，两个共和国之间出现了摩擦，其领导人借助于民族认同造成了80年代末的民族冲突。

塞尔维亚学术界重视米洛舍维奇时代的研究，值得关注的成果不少。对外关系方面，莫·斯托伊科维奇（M. Stojkovic）和阿·达米扬（A. Damjan）合著的《现代巴尔干的主要趋势和互动关系》，分析了90年代塞尔维亚政治情况和与邻国之间的关系，其中，特别关注克罗地亚、塞尔维亚和波黑之间

---

① M. Stojic, "Euroskepticizam u Hrvatkoj i Srbiji: usporedna analiza politickih stranaka," *Politička Misao*, Vol. 83, No. 3, 2012, pp. 31-50（［克］马·斯托伊奇：《克罗地亚和塞尔维亚的欧洲怀疑主义：政党比较分析》，《政治思想杂志》2012年第83卷第3期，第31—50页）.

② S. Pavlovic, *Istorija Balkana, 1848-1945*, CLIO, Beograd, 2011（［塞］斯·帕夫洛维奇：《1848—1945年巴尔干史》，贝尔格莱德，CLIO，2011年，塞文版）.

③ Lj. Dimic, *Istorija srpske drzavnosti*, SANU, Beograd, 2001（［塞］卢·迪米奇：《塞尔维亚国家史》，贝尔格莱德，塞尔维亚科学院，2011年，塞文版）.

④ Nebojsa Popov, eds., *The Road to War in Serbia*, Budapest: Central European University Press, 2002.

⑤ B. Krstic, *Kosovo: Facing the Court of History*, London: Penguin Random House, 2008.

⑥ D. Djokic, *Nedostizni kompromis: hrvatsko-srpsko pitanje u medjuratnoj Jugoslaviji*, DAPS, Beograd, 2012（［塞］德·久季奇：《未得到的妥协：南斯拉夫时代的克—塞问题》，贝尔格莱德，DAPS，2012年，塞文版）.

关系。① 尼·特奥科勒维奇（N. Teokarevic）的《巴尔干后共产主义国家的民主化过程》一书将1989—2000年这一时期称为"民主化过程"，并将它分为共产主义时期、民族极权和民主化三个阶段。② 社会转型方面上，拉·佩罗维奇（L. Perovic）的《在无政府主义与专制主义之间》一书分析了20世纪80年代以来塞尔维亚社会全面现代化过程中的逆转倾向，③ 重点分析了"更深层次的社会问题"，如父权、地区性和排外情绪的上升，认为塞尔维亚基于"民族统一性"（ethnic unitarism）的现代化走向了伪现代化的道路。2000年来的社会转型尚未"修正"这种逆转，塞尔维亚现在面临社会发展的两种挑战，即根除伪现代化的结果和实现真正现代化。梅·拉奇克（M. Lazic）的《塞尔维亚社会结构的转型》和《塞尔维亚新精英阶级"招聘"模式》两篇文章集中探讨了塞尔维亚的阶级转型。④ 前者分析了塞尔维亚社会分层逐渐成为资本主义式阶级分层，后者描述塞尔维亚新精英阶级借助于"政治关系"和"庇护关系"仍然控制经济领域，管理和领导大型企业的仍是政治命令而不是市场经济规律。

在塞尔维亚的各类研究中，不少学者集中研究了塞尔维亚的"具体社会转型"。其中，涉及塞尔维亚公民社会发展的马·比利奇（M. Bilic）的《公民社会——南联邦后和战后公民社会的和平项目》，阐述了前南地区战后和解中公民社会的作用，⑤ 认为前南地区公民社会并不等于"西方文献"所定义的概念。由于战前公民社会不强和过于依赖于政府补助，前南地区公民社会与

---

① M. Stojkovic, A. Damian, *Savremeni procesi i odnosi na Balkanu*, IMPP, FPN, Beograd, 1997（[塞]莫·斯托伊科维奇，阿·达米扬：《现代巴尔干的主要趋势和互动关系》，贝尔格莱德，政治学学院，1997年，塞文版）.

② N. Teokarevic, *Proces demokratizacije u postkomunistickim zemljama Balkana*, FPN, Beograd, 2002（[塞]尼·特奥科勒维奇：《巴尔干后共产主义国家的民主化过程》，贝尔格莱德，政治学学院，2002年，塞文版）.

③ L. Perovic, *Izmedju anarhije i autokratije*, Helsinski odbor za ljudska prava, Beograd, 2006（[塞]拉·佩罗维奇：《在无政府主义与专制主义之间》，贝尔格莱德，赫尔辛基人权委员会，2006年，塞文版）.

④ M. Lazic, "Promene drustvene strukture u Srbiji"; M. Lazic, "Regrutacijski modeli nove elite u Srbiji," in A. Milic, eds., *Drustvena transformacija i strategije drustvenih grupa* (Social Transformation and Strategies of Social Groups), Institute for Sociology Faculty of Philosophy, Beograd/Belgrade, 2004, pp. 39-70.

⑤ M. Bilic, "Koncept koji predstavlja sve i nista—Zasto ne proucavati postjugoslavenski poslijeratni mirovni angazman iz perspektive civilnog drustva," *Politička Misao*, Vol. 54, No. 4, 2011, pp. 45-68（[克]马·比利奇：《公民社会——南联邦后和战后公民社会的和平项目》，《政治思想杂志》2011年第54卷第4期）.

政府关系很密切，对全社会的影响难以区分。耶·佩西奇（J. Pesic）的《塞尔维亚社会中的传统主义》，把民族主义上升和父权主义视为塞尔维亚新传统主义的主要现象。① 在分析塞尔维亚社会中传统主义复兴的原因时，她不只关注20世纪80年代来的"社会危机时期"，而且把研究的范围进一步扩展，分析了塞尔维亚在南斯拉夫王国时期开启现代化的过程、却没有完成现代化过程的原因。

3. 斯洛文尼亚的相关文献

伊·富耶（I. Voje）的《不稳定的巴尔干》研究了1500年来巴尔干的暴力冲突与动荡局势，重点分析了前南解体时期的战争、塞尔维亚民族主义运动的出现。② 波·勒培（B. Repe）的《80年代斯洛文尼亚多元化》研究了20世纪80年代斯洛文尼亚追求独立的过程，斯共联盟逐渐受民众自由化诉求的影响，以及公民社会和论坛的出现。③ 他的另一部著作《明天又是新一天——前南解体与斯洛文尼亚人》专门描述了80年代斯洛文尼亚社会的逐渐自由化如何影响到斯洛文尼亚走向转型和选择独立。④ 卢布尔雅那大学历史学院出版的《20世纪斯洛文尼亚与奥地利关系》一书研究了1908—1991年以及1991年以来斯洛文尼亚与奥地利之间的官方关系。⑤

对斯洛文尼亚经济转型的研究，当时斯洛文尼亚财政部长和"斯洛文尼亚经济渐进模式之父"约·蒙辛格（J. Mencinger）在《从社会主义到资本主义，从依赖性到独立性》一文中指出，80年代斯洛文尼亚经济改革与独立后经济转轨有连续性，导致斯洛文尼亚不愿走"休克疗法"的道路，而坚持

---

① J. Pesic, *Neotradicionalizam u srpskom drustvu*, SoC, Beograd, 2012（［塞］耶·佩西奇：《塞尔维亚社会中的传统主义》，贝尔格莱德，SoC，2012年，塞文版）.

② I. Voje, *Nemirni Balkan*, NSZ, Ljubljana, 1994（［斯］伊·富耶：《不稳定的巴尔干》，卢布尔雅那，NSZ，1994年，斯文版）.

③ Cf. B. Repe, *The Repluralization of Slovenia in 80ies*, Seattle: University of Washington, 2000, pp. 25-63.

④ B. Repe, *Jutri je nov dan: Slovenci in razpad Jugoslavije*, Mondrijan, Ljubljana 2002（［斯］波·勒培：《明日又是新一天：前南解体与斯洛文尼亚人》，卢布尔雅那，Mondrijan，2002年，斯文版）.

⑤ Dušan Nečak, Boris Jesih, Božo Repe, Ksenija Škrilec, Peter Vodopivec, *Slovensko-avstrijski odnosi v 20 stoletju, Slowenisch-österreichische Beziehungen im 20 Jahrhundert*, Oddelek za zgodovino Filozofske fakultete v Ljubljani, Ljubljana, 2004.

采取渐进措施进行经济改革。① 以政治角度为研究出发点,布·布恰尔(B. Bucar)的《向独立之路》阐述斯洛文尼亚领导人如何进行私有化、财政和银行的改革。

社会转型研究方面,阿·克兰贝格尔(A. Kramberger)的《斯洛文尼亚社会转型》以现代化理论为基础,研究了二战后斯洛文尼亚的社会转型和政治稳定,对斯洛文尼亚出现的贫富差距进行了实证分析,研究了来自巴尔干地区不稳定的影响、经济系统的调整、政府的透明化等。② 拉·莫齐尼克(R. Mocnik)的《在意识形态机制中的巴尔干》③ 分析了"新欧洲"意识形态在前南地区中的作用,比较了南斯拉夫"政治共同体"与欧洲一体化,分析了前南地区国家的公民如何接受了欧洲一体化的概念以及在新意识形态下如何看自己的认同。他认为,前南地区政治精英的欧洲一体化目标助长了民族主义的发展,因为欧盟对前南地区的政策支持"民族国家"的发展。

4. 前南地区其他国家的相关文献

马其顿科学院主编的《马其顿族史》描述了马其顿人建国之前的历史以及现代马其顿的政治状态。④ 前南副外长拉·莫伊索夫(L. Mojsov)的《关于希腊的马其顿民族问题》和卡赞蒂斯等的《南希关系中的马其顿问题》描述了当代马其顿国名以及国家认同问题的原因和历史背景。⑤ 马·奥达诺斯基(M. Ordanoski)的《奥赫里德协议后的马其顿》和马·里皮洛夫斯基(M. Ripilovski)的《2000年奥赫里德协议及其对马其顿的影响》,分析了北马其

---

① J. Mencinger, "From Socialism to Capitalism and from Dependence to Independence (Double Transition of Slovenia)," *Est-Ovest*, 1991, 22 (December), pp.57-92.

② A. Kramberger, *Socijalne transformacije*, Zavhod, Ljubljana, 2004([塞]阿·克兰贝格尔:《斯洛文尼亚社会转型》,卢布尔雅那,Zavhod,1994年,斯文版).

③ Ratko Mocnik, "The Balkans as an Element in Ideological Mechanisms," in Dušan I. Bjelić, Obrad Savić (ur.), *Balkan as Metaphor: Between Globalization and Fragmentation*, Cambridge and London: The MIT Press, 2002.

④ *Istorija na makedonskiot narod*, Institut za nova makedonskata istorija, Skopje, 2008(《马其顿族史》,马其顿现代史学院,斯科普里,2008年,马其顿文版).

⑤ L. Moisov, "Sur la question de la minorité nationale macédonienne en Grèce," *Revue balkanologie*, Paris, 1991; M. Kazantis, I. Petrovic, *Makedonsko pitanje u grcko-jugoslovenskim odnosima*, Arhiv Jugoslavije, Beograd, 2008([希]卡赞蒂斯、[南]佩特罗维奇主编:《南希关系中的马其顿问题》,贝尔格莱德,南斯拉夫档案馆,2008年,塞文版).

顿社会在"后冲突"时期的发展。①斯·里皮洛夫斯基（S. Ripilovski）的《后冲突的马其顿》研究了马其顿族和阿尔巴尼亚族之间的冲突、和解与共处的前景问题。②慈·莫雅诺斯基（S. Mojanoski）的《马其顿社会转型和党制》全面系统地描述了北马其顿社会转型最初阶段"亲马族"与"亲阿族"政党之间的分歧对政治稳定的影响。③

萨·菲兰德拉（S. Filandna）主编的《社会主义制度以后的波黑穆斯林族——后南时期的波黑穆斯林族的认同》探索了波黑穆斯林族政治认同的形成，描述了波黑战争后的重要事件。④奥·伊布拉希阿吉奇（A. Ibrahimagic）的《波黑政治制度》描述了基于《代顿协议》的波黑宪法和政治制度，分析了波黑种族间的摩擦和分歧。⑤艾·斯格蒂奇（E. Zgodic）的《波黑国家之概念》，探索了在战后时期如何了解波黑民族的认同。⑥阿·穆伊吉奇（A. Mujkic）在几篇文章中分析了《代顿协议》后因民族分歧产生的政治僵局。⑦

（二）欧美的相关文献

由于前南地区复杂的民族分布和文化、政治、经济等方面差距，欧美学者对前南地区转型保持着浓厚的兴趣，并重点关注在2000年之前的社会转型。2000年以来，对该地区欧洲一体化过程以及全面社会转型的研究在很大程度上依赖前南地区的文献。

---

① M. Ordanoski, *Macedonia After Ohrid*, LSS, 2008; M. Ripilovski, *2000 Ohrid Agreement and Future Macedonia*, Melbourne: First For Press, 2011.

② S. Ripilovski, *Post-conflict Macedonia*, SSCMU, Tetovo, 2009.

③ S. Mojanoski, *Socijalna transformacija i sistem politickih stranaka u Makedoniji*, Beograd: Exit, 2011（［北马其顿］慈·莫雅诺斯基：《马其顿社会转型和党制》，贝尔格莱德：出口出版社，2011年，塞文版）。

④ 笔者把"Bosnjaci"译成"波黑穆斯林族"，"Bosanci"译成"波黑人/公民"，详见：F. Sacir, eds., *Bosnjaci nakon socijalizma: o bosnjackom identitetu u postjugoslavenskom dobu*, FPA, Sarajevo, 2012（［波黑］菲·萨齐尔编：《社会主义制度以后的波黑穆斯林族——后南时期的波黑穆斯林族的认同》，萨拉热窝，FPA，2012年，波黑文版）。

⑤ A. Ibrahimagic, *Politicki sistem BiH*, Maslesa, Sarajevo, 2008（［波黑］奥·伊布拉希阿吉奇：《波黑政治制度》，萨拉热窝，Maslesa，2008年，波黑文版）。

⑥ E. Zgodic, *Ideja bosanske nacije i druge teme*, Basija, Sarajevo, 2008（［波黑］艾·斯格蒂奇：《波黑国家之概念》，萨拉热窝，Basija，2008年，波黑文版）。

⑦ Asim Mujkic, "Explaining the Success of Nationalist Parties in Bosnia and Herzegovina," *Politička Misao*, Vol. 47, No. 2, 2010.

美国学者萨·拉梅特（S. Ramet）的《巴尔干的巴比伦：从铁托逝世到米洛舍维奇被推翻的前南解体过程》以东欧剧变为研究框架，探讨了前南地区政治和社会转型，"民族主义复杂关系"对社会的负面影响。[①]这本书分析了20世纪80年代南斯拉夫的"民族"社会团体对南斯拉夫政治的影响，引入多党制后为什么民族政党在选举中获得胜利，认为在前南地区国家民族主义思想的影响根深蒂固，公民团体因力量不强和数量很少而无力对抗，所以无可奈何地接受了民族主义。

美国记者米·格勒尼（M. Glenny）的《南斯拉夫衰亡：第三次巴尔干战争》研究了前南地区的民族冲突和战争的演变，认为巴尔干半岛民族之间的冲突主要源于尚未消解的历史怨气。[②]苏·伍德沃德（S. Woodward）的《巴尔干的悲剧：冷战后的解体和动乱》探索了南斯拉夫的政治危机及其解体。[③]布·布利兹（B. Blitz）2006年出版的《巴尔干战争和变化：民族主义、冲突和合作》，除评述1991—1995年的战争外，还分析了各方之间和解的过程。他把前南地区社会转型分为三个阶段，即80年代末民族主义上升时期，90年代冲突和2000年来重新合作时期。[④]克裔美国学者阿·穆耶塞斯（A. Mojses）的《南斯拉夫的地狱：民族宗教冲突》，通过采访的方式来阐述他自己提出的问题：前南地区的战争是如何发生的？[⑤]他的研究特点在于对宗教对好战情绪的影响以及塞尔维亚东正教教堂的宣传的分析。

杰·高夫（J. Gow）的《缺乏善意的胜利：南斯拉夫战争与国际外交》和索·卢卡雷利（S. Lucarelli）的《欧洲与前南解体》两本书，从国际关系视角分析了欧洲经济共同体与南斯拉夫以及新兴国家的关系，批评欧盟没有应

---

① S.P. Ramet, *Balkan Babel: The Disintegration of Yugoslavia From the Death of Tito to the Fall of Milosevic*, 4th ed., Boulder: Westview Press, 2002.

② M. Glenny, *Third Balkan War: Break up of Yugoslavia*, London: Penguin Books, 1994.

③ S. Woodward, *Balkan Tragedy: Chaos and Dissolution after Cold War*, Washington: Brookings Institution, 1995.

④ B. Blitz, eds., *Balkan War and Change: Nationalism, Conflict and Cooperation*, Cambridge: Cambridge University Press, 2006.

⑤ A. Mojses, *The Hell in Yugoslavia: Ethno Religious Conflict*, Chicago: HBJ, 2000.

对好前南地区的安全和人道主义的挑战。① 利·普里贝（R. Priebe）的《西部巴尔干的欧盟展望》，全面总结了西巴尔干各国与欧盟的关系及其加入欧盟的前景、社会条件和政治调整，描述了西巴尔干国家面临欧盟入盟要求时如何进行政治和经济改革。② 克·卡斯梅利斯（C. Kassimeris）的《小国对外政策》分析小型国家对外政策的主要问题。文中提出波黑战争后波黑对外政策面临的挑战并分析了国际社会如何帮助波黑形成统一的对外政策。③ 梅·麦克康奈尔（M. McConnell）的《塞尔维亚对外政策的能力》一书主要研究2008年科索沃宣布独立后塞尔维亚的对外政策，集中分析了塞尔维亚与美国的关系，塞尔维亚融入欧洲一体化的问题以及塞尔维亚外交中的反欧和反美倾向。④ 里·福恩（R. Fawn）的《科索沃和黑山的效应》分析了黑山脱离塞黑邦联和科索沃宣布独立如何影响塞尔维亚对外政策的变化。⑤

南联邦时期的文献包括涉及南联邦自治体制和联邦制相关的研究成果。其中，最值得注意的是德·罗西诺（D. Rusinow）的《南斯拉夫的实验》。他全面系统地分析了1946—1973年间南联邦自治体制的演变及其对南斯拉夫政治发展的影响。⑥ 拉梅特的《南斯拉夫民族主义与联邦主义》专门研究20世纪60年代南斯拉夫民族主义的出现及其对共和国间关系的影响，探讨了1968年科索沃阿族骚乱、1971年克罗地亚之春事件和1974年宪法对南联邦民族主义与联邦主义间平衡的影响。⑦ 乔·波特斯（G. Potts）的《1974年后南斯拉夫代表制的发展》一书对南联邦自治体制的最后阶段进行系统的研究，指出南联邦

---

① J. Gow, *The Victory of the Lack of Good Will: International Diplomacy and Yugoslav Wars*, New York: Columbia University Press, 1997; S. Lucarelli, *Europe and the Dissolution of Yugoslavia*, The Hague: Martinus Njihoff Publishers, 2000.

② R. Preibe, "Western Balkans European Perspective," SAGE, http://europa.eu/legislation_summaries/enlargement/western_balkans/index_en.htm，访问时间：2014年12月9日。

③ Christos Kassimeris, "The Foreign Policy of Small States," *International Politics*, 2009, (46) 1, pp. 84-101.

④ Melissa McConnell, "Serbia's Foreign Policy Capacity," *Mediterranean Quarterly*, Vol. 20, No. 4, Fall 2009, pp. 71-82.

⑤ Rick Fawn, "Kosovo—and Montenegro—effect," *International Affairs*, 84: 2 (2008), pp. 269-294.

⑥ Dennison Rusinow, *Yugoslav Experiment (1946-1973)*, London: Palgrave, 1977.

⑦ Sabrina Pedro Ramet, *Nationalism and Federalism in Yugoslavia: 1963-1983*, Bloomington: Indiana University Press, cop., 1984.

代表制的主要特点与受到的挑战。①

马·汤普逊（M. Thompson）的《战争的锻造：克罗地亚，波黑和塞尔维亚媒体的作用》阐述了三国主要媒体的宣传如何影响民众的好战情绪，重点探讨了米洛舍维奇和图季曼政权与塞尔维亚和克罗地亚媒体的关系。② 菲·科恩（P. Cohen）的《塞尔维亚的密战：宣传与历史虚造》专门分析了所谓的米洛舍维奇"平行结构"，即米洛舍维奇与公安局、警察和媒体对塞尔维亚媒体的渗透及其对塞尔维亚公众舆论的影响。③

2000年来前南地区的研究，除政治稳定的过程之外，欧美学者一般都集中研究欧洲一体化及其对各国的影响。耶·邦德（E. Pond）的《巴尔干的结局：制度转型、欧洲方式》分析了保加利亚、阿尔巴尼亚和罗马尼亚等融入欧洲一体化的困难和国家间的关系发展。④ 除了描述这些国家在实现民主结构、法治、民族间宽容（interethnic tolerance）过程中遇到的问题之外，她还分析了欧盟在巴尔干地区"建国"（nation-building）进程中的影响。欧美学术界对前南地区的研究还集中在前南解体和巴尔干战争两个重要领域。阿·莫伊塞斯（A. Mojses）的《南斯拉夫地狱：民族宗教冲突》主要针对前南地区国家的民族和宗教分歧以及宗教如何造成民族冲突进行了研究。⑤ 布·马加斯（B. Magas）的《南斯拉夫毁灭》研究了南联邦解体的过程，全面系统地描述了从1980年铁托去世以来民族主义的酝酿和共和国间关系的紧张。⑥ 她主编的《1991—1995年克罗地亚和波黑的战争》对研究克罗地亚和波黑战争的学术研究提供丰富的参考。⑦ 美国外交家里·霍布鲁克（R. Holbrooke）的《结

---

① George A. Potts, *The Development of the System of Representation in Yugoslavia with Special Reference to the Period Since 1974*, Lanham, MD: University Press of America, Inc. 1996.

② M. Thompson, *Forging the War: Role of Croatian, Serbian and Bosnian Media*, OT: Canadian Social Sciences Press, 1997.

③ Philip J. Cohen, *Serbia's Secret War: Propaganda and the Deceit of History*, College Station: Texas A&M University Press, 1994.

④ E. Pond, *Endgame in the Balkans: Regime Change, European Style*, Washington: Brookings Institution Press, 2006.

⑤ A. Mojses, *The Hell in Yugoslavia: Ethno Religious Conflict*, Chicago: HBJ, 2000.

⑥ Branka Magas, *The Destruction of Yugoslavia: Tracking the Break-up 1980-92*, London, New York: Verso, 1993.

⑦ Branka Magas, Ivo Zanic, eds., *War in Croatia and Bosnia and Herzegovina, 1991-1995*, Routledge, 2001.

束战争》阐述了《代顿协议》的细节并描述了美国在波黑战争的作用。① 艾·科恩（E. Cohen）主编的《科索沃战争》包括了关于科索沃民族问题、科索沃阿族对抗塞尔维亚霸权的过程以及1999年科索沃战争方面的重要文章。②

　　欧美学术界在前南地区国家社会转型领域的研究主要针对东欧剧变进行比较分析，将这些国家政治转型、引入民主化和市场经济、社会转型的特点与其他东欧国家进行了比较研究。政治领域对前南地区的研究更多集中在巴尔干战争如何影响民主化的进程上，涉及战争与民族主义的互动、民族主义对建立民族国家的影响，以及政治制度上专制主义的特点。杰·普里德姆（G. Pridham）和托·加拉赫（T. Gallagher）主编的《民主的实验：巴尔干的制度转变》分析了前南地区新政治主义的出现，探讨了塞尔维亚、克罗地亚等国家迟来的建国进程对民主化和多元化的影响。在这本书中，伊·维沃达（I. Vejvoda）的《民主的专制主义》一文，描述塞尔维亚特殊的"米洛舍维奇专制主义"及其与民主进程的共存。③ 雷·科恩（L. Cohen）和亚·德拉戈切维奇（J. Dragicevic）主编的《东南欧国家的崩溃》从建国进程的角度研究了波黑、北马其顿和科索沃的战后重建，分析其建国进程中存在的问题。④ 伊·克拉斯特夫（I. Krastev）的《巴尔干：无可选择的民主》深入研究了在"冲突后"民族间的共存、和解和重新合作过程的持续性的框架。⑤ 多·让诺（D. Jano）的《从巴尔干化到欧洲化》分析了欧盟的新政治地理概念，全面总结了前南地区国家的当代历史和政治经济情况，⑥ 分析了各国如何接受资本主义制度以及各国走向资本主义的不同道路。

---

① Richard Holbrooke, *To End a War*, New York: Random House, 1998.
② Andrew J. Bacevich, Eliot A. Cohen, eds., *War over Kosovo*, New York: Columbia University Press, 2002.
③ Ivan Vejvoda, "Democratic Despotism," in Geoffrey Pridham, Tom Gallagher, *Experimenting with Democracy: Regime Change in the Balkans*, London: Routledge, 2000.
④ Lenard Cohen, Jasna Dragović-Soso (ur.), *State-Collapse in South-eastern Europe: New Perspectives on Yugoslavia's Disintegration*, West Lafayette: Purdue University Press, 2009.
⑤ I. Krastev, "The Balkans: Democracy Without Choices," *Journal of Democracy*, 13 (3), 2002, p. 43.
⑥ Dorian Jano, "From Balkanization to Europeanization: The Stages of Western Balkans Complex Transformations," *Social Science Electronic Publishing*, 2008(3), pp. 349-350, http://www.cairn.info/resume.php?ID_ARTICLE=EUFOR_349_0055, 访问时间：2014年12月9日。

（三）中国的相关文献

中国学者也有许多有关前南地区历史发展和社会转型的专著和学术论文。就学术著作而言，马细谱的《南斯拉夫兴亡》研究了南斯拉夫的建立、发展和解体，评述南斯拉夫解体的原因和新兴国家的建立。[①]赵乃斌和汪丽敏主编的《南斯拉夫的变迁》论述了南斯拉夫解体、前南地区战争以及独立后各国之间的关系等问题。[②]石继成的《动荡中的南斯拉夫》重点论述和分析了南斯拉夫的民族冲突和战争。[③]孔寒冰的《东欧史》比较全面地描述了南斯拉夫解体的过程、原因以及新兴国家独立之后的发展。[④]余建华的《民族主义、国家结构与国际化——南斯拉夫民族问题研究》专门研究了南斯拉夫民族问题的背景和特征，分析了南斯拉夫民族之间文明和宗教的差异性，认为南斯拉夫联邦制过度分权导致了南斯拉夫解体和前南地区战争。[⑤]

除此之外，中国学者还有许多研究科索沃问题的文献，如孔寒冰的《科索沃危机的历史根源及大国背景》、陈志强的《当代科索沃问题的国际政治因素》和余合虎的《科索沃问题：打开"潘多拉魔盒"》。[⑥]关于前南地区国家转型及其融入欧洲一体化的著述也有很多，如关于社会欧洲化的有郭晓钊的《巴尔干地区合作和欧洲一体化》[⑦]，关于政治转型的有苑洁主编的《后社会主义》[⑧]、薛君度主编的《转轨中的中东欧》[⑨]。潘德礼主编的《原苏联东欧国家政治转轨比较研究》讨论了苏联解体后原苏东国家不同的发展道路，分析了各国独特的国家发展模式，提出了前南地区国家走向西方的问题和主要挑

---

① 马细谱：《南斯拉夫兴亡》，北京：社会科学文献出版社，2010年。
② 赵乃斌、洪丽敏主编：《南斯拉夫的变迁》，广州：广东人民出版社，2002年。
③ 石继成：《动荡中的南斯拉夫》，成都：四川人民出版社，1992年。
④ 孔寒冰：《东欧史》，上海：上海人民出版社，2009年。
⑤ 余建华：《民族主义、国家结构与国际化——南斯拉夫民族问题研究》，博士学位论文，华东师范大学，2003年。
⑥ 孔寒冰：《科索沃危机的历史根源及大国背景》，成都：四川人民出版社，1999年；陈志强：《当代科索沃问题的国际政治因素》，《史学集刊》2010年3期；余合虎：《科索沃问题：打开"潘多拉魔盒"》，《环球军事》2008年第5期。
⑦ 郭晓钊：《巴尔干地区合作和欧洲一体化》，《山东财政学院学报》2009年第3期。
⑧ 苑洁主编：《后社会主义》，北京：中央编译出版社，2007年。
⑨ 薛君度主编：《转轨中的中东欧》，北京：人民出版社，2002年。

战。① 朱晓中主编的《中东欧转型20年》从欧洲一体化背景出发，分析了东欧剧变以来中东欧国家政治、外交、经济的发展，其中对中东欧国家与中国关系的也做了分析。② 研究东南欧国家对外关系及其与中国政治和经济关系的研究成果也包括刘作奎的《欧盟对巴尔干的冲突调解政策——一种新制度主义的分析》。③

三、本书结构和研究方法

本书对前南地区的社会转型进行了比较全面和系统的研究，主要研究对象是斯洛文尼亚、克罗地亚、塞尔维亚、黑山、波黑、北马其顿和科索沃。研究从20世纪80年代南斯拉夫所面临的政治危机出发，阐述南斯拉夫民族问题的起伏、导致其解体和爆发几场战争的原因，以及前南地区国家独立后的多层转型和融入欧洲一体化的过程，分析和考察了这种过程中面临的问题以及外内部因素的互动。

除了导言、结语等之外，本书由八章组成。

第一章是关于20世纪80年代南斯拉夫社会转型的开启，从政治、经济视角阐述南斯拉夫的地缘政治地位、不结盟为主导的对外政策、工人自治体制，宏观考察了从60年代民族主义的上升和造成80年代到1991年间南斯拉夫联邦衰退的原因，回顾了前南地区爆发的战争和相关国家的独立及像东欧其他国家一样开始进行全面社会转型的过程。

第二章阐述斯洛文尼亚政治、经济和社会转型的特点和阶段。主要问题包括斯洛文尼亚走向独立的过程、对外政策的原则对其融入欧洲一体化的影响，以及其入盟后的对外政策。本章分析了斯洛文尼亚政治和经济转型的主要节点、政治转型对其加入欧盟的影响和经济转型中渐进主义的形成和发展。

第三章探讨克罗地亚的国家建构和社会发展，主要论述克罗地亚的政治转型、建立民族共和国的主张、图季曼"大克罗地亚主义"的出现和衰落以

---

① 潘德礼主编：《原苏联东欧国家政治转轨比较研究》，北京：社会科学文献出版社，2015年。
② 朱晓中主编：《中东欧转型20年》，北京：社会科学文献出版社，2015年。
③ 刘作奎：《欧盟对巴尔干的冲突调解政策——一种新制度主义的分析》，周弘、贝娅特·科勒-科赫主编：《欧盟治理模式》，北京：社会科学文献出版社，2008年。

及2000年后克罗地亚引入民主化和融入欧洲一体化。此外，还分析了克罗地亚经济转型中的国家干预主义、2000年后的经济调整、2008年经济危机对克罗地亚政治、经济的影响。

第四、五章分析南联邦解体后塞尔维亚和黑山的国家建构和社会发展。其中，分析了南联盟（塞黑邦联）以及塞尔维亚和黑山独立后的对外关系和政治、经济转型，论述了米洛舍维奇时期集权民主主义的政策和"大塞尔维亚主义"的出现，以及其如何推迟了两国的民主化和政治转型进程并导致了南联盟陷入国际孤立。

第六、七章分析了波黑和北马其顿的国家构建和政治、经济转型，阐述它们与前南地区其他国家社会转型的主要差异，指出两国国家建构进程和社会转型中存在的问题。主要内容包括两国主权争端对其建国进程的影响，国际社会对两国内政的干预和对其转型的影响，以及两国民族问题对其政治、经济和社会转型的影响。

第八章研究科索沃的主权问题及其"建国"进程和政治发展。[①] 主要论述1999年科索沃战争后科索沃的"建国"进程及国际社会对其影响，科索沃阿族与塞族间关系，以及贝尔格莱德（塞尔维亚）与普里什蒂纳（科索沃）关于科索沃主权问题的谈判。

结语部分笔者对当前前南地区的社会发展及其前景提出了自己的认识。

本书使用的研究方法，一是文献研究法，即充分利用前南地区的克塞文、斯洛文尼亚文、波黑文、英文等资料和研究成果；二是比较研究法，即比较前南地区国家间发展的差异性以及社会转型的差距；三是实地考察法，即通过走访考察前南地区社会转型的难题以及融入一体化对其社会转型的影响。

以南联邦社会转型为出发点，本书致力于研究前南地区国家从1991年至今的国家建构和社会转型，主要涉及对外关系、政治转型和经济转型等方面。对外关系发展方面，主要阐释它们对外政策的方针和主要目标，分析其与邻

---

① 2008年科索沃宣布独立后，并不是所有国家都承认它。截至2015年，科索沃已经被108个主权国家承认，其中包括英、法、美、德、日等国，同时，塞尔维亚、俄罗斯和中国在内的许多国家仍没有承认科索沃是一个独立国家。一方面，本书作者是克罗地亚人，而克罗地亚已经承认了科索沃；另一方面，本书探讨的是前南地区的转型和发展，回避或无视科索沃既不符合现实也不利于学术研究，因此，为了行文的方便和内容的完整性，本书将科索沃当作一个独立"国家"来研究和分析。

国、欧盟以及其他大国关系的发展。政治方面，主要分析各国独立后的建国进程、引入民主化和多党制的演变及其在融入欧洲一体化中的转变。经济方面，集中讨论政治转型对其经济所带来的影响，包括私有化、经济危机、福利政策的崩溃等问题。

四、研究的创新和不足

本研究在以下几个方面进行了创新。第一，内容上的创新，将前南地区的不同类型国家做整体研究，揭示它们社会转型的异同及其缘由。第二，将前南地区国家从南联邦时期的社会主义制度转向融入欧洲一体化进程的过程分为五个主要阶段，即20世纪60年代的南斯拉夫联邦主义，70年代联邦主义与共和国间自利平衡的共存时期，80年代潜伏的种族民族主义（ethnic nationalism）的出现，90年代建立民族国家的政治倾向和2000年以来各国主权主义（sovereignism）与融入欧洲一体化的分歧与矛盾。第三，资料方面，本研究所使用资料主要是这些研究对象本身的文献和数据。另外，由于笔者就生活在前南地区，不仅对其宗教、民族和历史问题有更深刻的认识，也对其社会转型有亲身的体验，而这些在中国乃至其他非前南地区国家的学者身上是很难具有的。第四，作者在本书中引用了大量前南地区的文献和数据，力图将更多前南地区的资料介绍给中国学术界，使其能更详细地了解前南地区近三十年来的社会发展和学术前沿。

本研究的不足则主要是受笔者中文水平的限制，一是对中文文献阅读的数量和理解的程度都有所欠缺，二是中文的表达方式不够准确。与此相关，研究的论述和理论水平都有待提高。三是由于克罗地亚文、英文等西文与中文词语之间含义的差异，作者在引用、翻译和解释一些原文词句时面临着很多困难。在这方面，研究尽量寻求适当的中文词语，为了更为准确有时不得不标注英文。

前南地区社会转型与社会发展研究

第一章　前南地区的社会发展现状

20世纪90年代初，南斯拉夫社会主义联邦共和国（以下简称南联邦）在血雨腥风中解体，斯洛文尼亚、克罗地亚、波黑、北马其顿、塞尔维亚和黑山先后独立成国。它们以欧洲模式进行新国家的建构，以"回归欧洲"为社会发展的方向。二十多年之后，斯洛文尼亚和克罗地亚成为了欧盟的成员国，塞尔维亚、黑山和北马其顿已获得了欧盟候选国的地位，甚至尚未解决政治稳定问题的波黑也递交了入盟申请，自称"独立国家"的科索沃也制定了加入欧盟的目标。但是，由于种种原因，这些国家在发展程度上存在着很大的差别。比如，斯洛文尼亚不仅加入了欧盟、欧元区和申根区，而且已经进入在联合国的人类发展指数排名前30位的国家行列，科索沃等仍处在国家构建的过程中。多样、复杂和参差不齐是前南地区社会发展最突出的特征。

第一节　南联邦的解体和新国家的建立

1918—1991年，南斯拉夫是一个统一的国家，但在不同时期其国体、政体和疆界却是不一样的。① 其中，1918—1945年间为君主立宪制国家，先是称为塞尔维亚—克罗地亚—斯洛文尼王国，1929年改称为南斯拉夫王国。1945—1991年为共产党领导下的社会主义国家，先是叫作南斯拉夫联邦人民共和国，1963年改称南联邦，由塞尔维亚、斯洛文尼亚、克罗地亚、波黑、马其顿和黑山等六个共和国组成，其中塞尔维亚共和国有科索沃和伏伊伏丁那两个自治省。南联邦是斯洛文尼亚、克罗地亚、波黑、北马其顿、黑山、塞尔维亚（也包括尚未获得所有国家承认的科索沃）的国家建构和

---

① 1992年南斯拉夫解体不久，塞尔维亚和黑山继续统一组成南斯拉夫联盟共和国，即"南联盟"。该联盟2003年改名为塞尔维亚和黑山，2006年其因黑山公投选择独立而解体。

发展的基础和底色。据1991年发布的普查数据显示，南斯拉夫人口数约为2322.9万。[①]

第二次世界大战期间，南斯拉夫共产党（简称南共，1952年改称南斯拉夫共产主义者联盟，后简称南共联盟）领导的人民解放军（NOV）和反法西斯人民解放委员会（AVNOJ）在抵抗法西斯侵略的过程中，提出了南斯拉夫各民族"兄弟情谊和团结"的口号。在战后不久举行的首次选举中，南共获得了人民的广泛支持，赢得选举胜利并一直执政到1991年南联邦解体。南联邦的社会发展可以分为五个阶段。第一个阶段：1945—1948年，这是南斯拉夫亲苏联时期，其特征为建立了统一的南斯拉夫国家，实现了南斯拉夫共产党对社会全面的强有力的控制以及推行了强制的集体化。第二个阶段：1948—1954年，苏南冲突后，南斯拉夫共产党开始自主探索社会主义的发展模式，这一探索在1952年南共六大上达到顶峰。第三个阶段：1954—1966年，以"吉拉斯事件"为起点，南斯拉夫的自治社会主义走向保守，南共对社会各方面的控制有所加强。但是，到50年代末、60年代初，南斯拉夫内部地方主义开始抬头，各共和国加强了增强各自权力的诉求。第四个阶段：1966—1980年，以1966年的"兰科维奇事件"为标志，铁托重新开启南斯拉夫的改革，尤其是增加各共和国的权力。南斯拉夫社会各个方面都有进一步的发展，但也蕴含着危机。第五个阶段：1980—1991年，这是南联邦政治、经济及思想的全面危机时期，最终南共联盟在十四大后几近完全瓦解，南联邦随后解体。

详细地论述南联邦四十多年的社会发展不是本书的任务。需要指出的是，铁托领导的南共联盟在国内外非常复杂的环境中探索了一条自治和不结盟的社会主义道路，在50—60年代实现了国家经济高速发展，人民生活水平提高。但与此同时，一些直接影响后南联邦社会转型和解体的因素也逐渐积淀了下来。南联邦解体之后，许多研究南斯拉夫的学者都试图从社会主义时期来寻找原因。有的学者认为，南联邦1962年实行分权为时过早，因为民族统一的南斯拉夫国家认同尚未完全形成，不同民族之间有很深的历史积怨，特

---

① 参见：CIA World Factbook。

别是二战中积累的仇恨。① 有的学者认为，南共联盟在进行快速政治改革的同时忽视了民族间及共和国间存在的矛盾，导致各共和国的政治精英利用了联邦的分权来扩大自己的影响。② 还有的学者认为，在20世纪60年代南联邦的内部经济就出现了结构性问题，在工人自治管理基础之上的公司忽视市场竞争和提高产品的质量，导致产品不能适应国内外市场的需求，出口率在下降，联邦赤字和债务加剧膨胀。面临着西方高度竞争的市场，南斯拉夫的公司却越来越依赖于政府提供的合同，依赖于南斯拉夫同发展中国家之间的政治关系换来的有利合同。③ 总之，在"兄弟情谊和团结"尚未真正形成的时候，南斯拉夫社会实际上就滑向了"邦联化"的轨道。各共和国的政治精英逐渐羽翼丰满，从而埋下了各共和国间冲突的种子；而南共联盟奉行的"国家消亡论"导致南联邦中央权力的逐渐弱化和权力向共和国、自治省的转移，客观上也助长了各民族分别建国的意识。

1980年，南联邦的缔造者和主要领导人铁托去世。铁托的逝世意味着南斯拉夫社会失去了"稳定器"。南斯拉夫进入社会危机时期。

第一，联邦体制的"邦联化"。20世纪70年代末到80年代初，国际石油价格上升造成了南斯拉夫的经济危机。1983年，南斯拉夫领导人第一次承认南斯拉夫自治制度存在危机甚至处于误区。④ 这次经济危机不仅引起发达地区与不发达地区在再生产资金的分配上的纠纷，而且加速了联邦体制"邦联化"进程。各共和国、自治省的领导人越来越倾向于把联邦的共同利益放在次要地位，而倾向于更多地强调本共和国、本自治省的利益。各共和国、自治省间的利益冲突日益尖锐，经济发达地区不再愿意承担援助不发达地区的义务。这些领导人也已经变成了真正的实权人物，而联邦议会和联邦主席团等机构只起着各共和国"论坛"的作用。根据1974年宪法，联邦机构只解决关系联

---

① Ivo Goldstein, *Hrvatska 1918–2008*, Zagreb: Europa Press Holding, 2008（［克］伊·戈尔茨坦：《1918—2008年的克罗地亚》，萨格勒布：欧洲出版公司，2008年，克文版）；Ivo Banac, *Raspad Jugoslavije: eseji o nacionalizmu i nacionalnim sukobima*, Zagreb: Durieux, 2001（［克］伊·巴纳茨：《南斯拉夫解体：关于民族主义和民族冲突的文集》，萨格勒布：Durieux，2001年克文版）.

② Sabrina Pedro Ramet, *Nationalism and Federalism in Yugoslavia: 1963-1983*.

③ Cf. Michael Howard, "Market Socialism and Political Pluralism: Theoretical Reflections on Socialist Yugoslavia," *Studies in East European Thought*, Vol. 53, No. 4 (Dec., 2001), Kluwer Academic Publishers.

④ Ramet, 1984, pp.207-235.

邦共同利益的特别复杂的事情。联邦议会、联邦主席团和联邦执行委员会都由各共和国、自治省的代表组成,需在协商一致的基础上共同做出决定。决定通过采用多数制原则,每个代表都有投票权和否决权,而且每个决议都得由各自共和国领导人批准。但是,在关系联邦共同利益的问题上,各共和国代表的立场通常很难一致。

第二,南斯拉夫的经济危机及其对社会发展的影响。20世纪80年代初,南斯拉夫面临的经济问题是联邦机构不平衡的投资、联邦开支过度和贸易不平衡,进口率远远低于出口率。南斯拉夫1979年的国际收支逆差是3.6亿美元,1981年年末外债达到了19.2亿美元,到1982年南联邦政府需用三分之一外汇收入偿还外债。中央银行难以维持第纳尔的稳定,通货通胀开始上升,1982—1986年通胀率超过了100%。在这种情况下,联邦政府成立了"稳定经济问题委员会"专门研究联邦经济的现状、产生困难的原因以及摆脱困境的出路。从1981—1984年,"稳定经济问题委员会"每年都制订了年度的《经济稳定长期纲领》,提出走出危机的基本方向并向联邦政府和共和国政府提供走出困境的措施。但是,各共和国和自治省由于地方主义抬头,只顾各自的经济利益,越来越不关心联邦的经济问题。

第三,媒体的自由化。80年代初,南共联盟允许党内进行关于南斯拉夫经济改革的讨论,随后媒体也参与进来。除了联邦政府工作和改革的问题外,讨论的内容还包括三个方面:一是南斯拉夫的社会主义自治制度是否需要改革;二是南斯拉夫是否继续进行"邦联化"直至共和国自决独立;三是南斯拉夫经济改革是要保留自治体制的一些因素,还是完全实行西方式的市场经济。多数意见认为,南斯拉夫社会经济方面出现的问题同自治制度本身存在缺陷有着密切关系。主要分歧出现在南斯拉夫需要进行何样和何种程度的改革。有的主张强调需要对自治制度进行根本性的改革;有的赞成进行局部的、渐进的改革;有的则强调自治制度是南斯拉夫社会经济发展的根本原则,绝对不可废除。

然而,南斯拉夫出现的最大危机却是民族主义的上升。南联邦是一个多民族国家,也是多种宗教和文明的交汇地。在历史上,西巴尔干地区的南部斯拉夫人之间、南部斯拉夫人与非斯拉夫人之间的矛盾和积怨比较深,形成了西部天主教地区与东部东正教地区的分裂,穆斯林斯拉夫人的特殊民族认同，以及阿尔巴尼亚族和匈牙利族的离心倾向。统一的南斯拉夫国家建立起之后，上述矛盾和积怨并没有解决或消除，只是在较深层面中隐藏下来。到了80年代，伴随着政治、经济危机的出现，集中反映这些矛盾和积怨的民族主义重新出现，逐渐成为南联邦社会发展的主旋律，甚至出现了公开主张民族间仇视的论调。民族主义者特别看重二战时期的恩怨，声称民族间的矛盾尚未解决，民族间仇视在南联邦时期隐形地存在。1974年宪法赋予了各共和国、自治省和基层自治组织更多的权力，地方领导人常常在鼓吹民族同质的基础上巩固自己的势力，与联邦政府或上级政权讨价还价。总之，民族主义在南斯拉夫开始泛滥起来。[①]

80年代南斯拉夫的民族问题主要表现在两个方面。一是发达地区的民族主义倾向，即斯洛文尼亚、克罗地亚的民族主义，在某种程度上还包括伏伊伏丁那自治省的民族主义。在南斯拉夫经济危机逐渐恶化的情况下，斯洛文尼亚、克罗地亚援助不发达地区的负担越来越重，它们也越来越不愿意继续资助南联邦落后地区，反对向经济落后的共和国、自治省和地区提供直接经济援助。两国的领导人大都主张增加各共和国权力，重新评估联邦经济援助基金的分配政策，反对联邦执行委员会增加对不发达地区的援助金额。二是1981年普里什蒂纳学生示威后出现的鼓吹民族间相互仇视的民族主义倾向。[②]这两方面民族问题前者以斯洛文尼亚的民族主义为代表，后者以塞尔维亚的民族主义为代表。

80年代初，斯洛文尼亚不仅出现了媒体自由化倾向，各种公民组织也迅速发展。对此，斯洛文尼亚领导人表现出迎合的态度，乐见其成。1985年，以弗兰茨·波皮特（France Popit）为首的斯洛文尼亚共盟保守派执政。鉴于斯洛文尼亚开始的自由化进程，斯洛文尼亚领导人并没有坚决禁止，而是默许公民组织和各种社会团体对于社会生活自由化、加强宗教自由、发挥天主

[①] Dušan Bilandzic, *Propast Jugoslavije i stvaranje moderne Hrvatske: eseji, članci, interviewi, analize, izvješća, izjave*, Zagreb: AGM, 2003（［克］杜·比兰吉奇:《南斯拉夫衰退和现代克罗地亚的产生:论文、文章、采访、分析、报告、声明》，萨格勒布: AGM出版社，2003年，克文版）。

[②] I. Banac, *Raspad Jugoslavije. Eseji o nacionalizmu i nacionalnim sukobima*, Zagreb: Durieux, 2001, pp. 20-45（［克］伊·巴纳茨:《南斯拉夫解体:关于民族主义和民族冲突的文集》，萨格勒布: Durieux, 2001年，克文版）。

教教堂的作用的诉求,以及允许对斯洛文尼亚是否需要更大自决权进行讨论。共盟的政治主张也逐渐改变,越来越多的党员倾向于自由化。尽管如此,保守派依然难以适应形势的迅速发展。1986年斯洛文尼亚共盟中央全会上保守派不得不集体辞职,以米·库昌(M. Kucan)为首的自由派接任。斯洛文尼亚的自由化开始加速。库昌主张允许各种公民组织开展活动,并且提出了斯洛文尼亚走向独立和引入多党制的可能性。此外,80年代初期,天主教堂逐渐恢复对公民的影响,《青年周报》和《劳动报》等媒体对南联邦政体和改革方向日益采取更为批评的态度,公民组织也开始出现并迅速发展。斯洛文尼亚的民族主义"公民"色彩比较深厚,因而又被称为"公民民族主义"。

斯洛文尼亚的"公民民族主义"指的是以民族独立而不是国家统一为核心的社会动员,政治精英与民众均支持自由化。这与斯洛文尼亚社会发展的特殊性有关。二战前,斯洛文尼亚受奥地利的影响比较大,不仅农业的发展明显好于南斯拉夫的其他地区,工业发展和基础设施建设的水平也高于南斯拉夫的平均水平。二战后,斯洛文尼亚的发展程度以及人民生活标准也是整个南斯拉夫最高的。由于与意大利和奥地利接壤,斯洛文尼亚重工业和轻工业比较发达。1948年"情报局事件"以后,南斯拉夫遭到苏联和其他东欧国家政治攻击和军事威胁,甚至有苏联等国的军队陈兵于南斯拉夫的边境。因此,南斯拉夫把大规模的工业设施都转移到斯洛文尼亚。随着南斯拉夫与西方国家关系的改善,斯洛文尼亚的工业发展更加快速。斯洛文尼亚的民族同质性也比较高,斯洛文尼亚共和国95%以上的公民属于斯洛文尼亚民族,几乎没有少数民族集聚区。

然而,1987年以后斯洛文尼亚"公民民族主义"转变成分离的民族主义。1987年夏,《青年周报》发表文章批评南斯拉夫人民军军政干部的开支过大。由于南人民军一直是"唯一不能被批评"的联邦机构,这篇文章显然引起了全南斯拉夫的关注。有人认为《青年周报》力图破坏南斯拉夫人民团结的基础,也有人赞成《青年报》的文章,主张联邦的预算和军费开支透明。1988年年初《青年周报》又披露了南人民军参与非法武器购买的绝密文件,舆论哗然。南人民军逮捕了周报的四名编辑,并采取严厉的措施来遏制斯洛文尼亚自由化的浪潮。① 对此，斯洛文尼亚公民组织反应激烈，在"捍卫人权委员会"的领导下，斯洛文尼亚10万公民、1000多个基层自治组织和天主教堂在抗议信上签名，谴责南人民军的行动，要求释放四名编辑。这一事件成为斯洛文尼亚民族主义和自由化的转折点，强化了斯洛文尼亚的独立倾向和对以米洛舍维奇为首的中央集权派的反抗。1989年8月，斯洛文尼亚议会通过了斯洛文尼亚拥有分离权的法案。

塞尔维亚的民族主义倾向源于塞族与其他民族之间的矛盾，导致它凸显的主要原因有三点。

首先，科索沃问题的再度出现。1981年年初，科索沃发生了阿尔巴尼亚族的骚乱。科索沃自治省首府普里什蒂纳的普里什蒂纳大学的一些学生参加罢课和组织游行示威，要求改善生活条件。不久，一些阿族工人也举行罢工并与警察发生了冲突。几周以后，阿族加强了暴力活动，提出改善经济状况、同塞族的权利平等、阿族人进入地区政府机关等要求，还有人提出让科索沃得到共和国的政治地位甚至允许科索沃从南斯拉夫分离。南联邦政府随后强化了对科索沃阿族分裂主义势力的打压。但是，上述做法同时也导致了其他共和国对"大塞尔维亚主义"回潮的恐惧。各共和国更加强调自己的"民族利益"。后来民族关系的演变证明，各共和国领导人强调各自民族利益造成了民族之间仇视的多米诺骨牌效应，加剧了各个民族离心倾向的发展。

其次，1985年5月，塞尔维亚科学院发表了《关于塞尔维亚民族问题的备忘录》（以下简称《备忘录》），引起了"政治地震"。②《备忘录》提出，塞族是南斯拉夫联邦制度的主要受害者，认为克族和阿族犯有"种族灭绝罪"，而克罗地亚领导人却在支持克罗地亚民族主义。《备忘录》明确表达塞尔维亚"下层面"的仇恨意识，实际上成为"大塞尔维亚"民族主义者的基本纲领。③

最后，米洛舍维奇成为塞尔维亚共盟主席。米洛舍维奇对塞族民族主义

---

① Cf. Božo Repe, "Slovenians and the Federal Yugoslavia," *Balkan Forum*, 1995, 3 (1), March, Skopje, pp.139-153.

② Tim Judah, *The Serbs: History, Myth and the Destruction of Yugoslavia*, New Haven, London: Yale University Press, 1997.

③ Ivo Banac, "War before the War: Break up in Yugoslav Historiography," *American Historical Review*, Bloomington, 1993.

的发展起了决定性的影响。1984年，在塞尔维亚共盟中央全会的闭幕词中，米洛舍维奇提出要加强对伏伊伏丁那和科索沃自治省的控制，加强联邦机构的作用。1986年以后，他借助科索沃和伏伊伏丁那塞族的支持，削弱两个自治省的自治权，以加强联邦权威为借口力图把科索沃和伏伊伏丁那重新置于贝尔格莱德直接控制之下。以基层自治组织的民主化为目标，米洛舍维奇支持塞尔维亚族的地区领导人、主张"大塞尔维亚主义"和"一元的民族主义"。由于塞尔维亚取消了科索沃和伏伊伏丁那大部分的自治权力，克罗地亚和斯洛文尼亚在处理科索沃问题上与塞尔维亚的分歧逐渐加大，波黑和马其顿的不满情绪也逐渐上升。1989年年底，"大塞尔维亚"民族主义逐渐"传染"到了克罗地亚、波黑等共和国的塞族身上。

上述危机综合作用的结果，便是南联邦在冲突和战争中逐渐解体。

第二节 战争与南联邦的分裂

与那些非联邦制的国家相比，南联邦的社会转型是从各联邦主体开始的。它以南联邦的解体和新国家的建立为起点，其中"排头兵"是斯洛文尼亚和克罗地亚。

克罗地亚和塞尔维亚两个共和国占据南联邦55%的人口，40%的领土。克罗地亚人和塞尔维亚人讲互相完全能懂的语言，这种语言也是南斯拉夫官方语言。克罗地亚共和国人口的12%是塞尔维亚族，塞族集聚区面积占克罗地亚领土的18%。南斯拉夫的国家概念也起源于克罗地亚和塞尔维亚，两者在建立"第一南斯拉夫"的过程中起了最重要的作用。南斯拉夫王国时期，南斯拉夫各民族的共存在很大程度上取决于克罗地亚和塞尔维亚两个民族的关系。然而，塞克两族间的关系有很重的历史负担。比如，在二战期间，德国扶植的克罗地亚独立国及其"乌斯塔莎"迫害过塞族，而忠实于塞尔维亚族国王的"切特尼克"也对克罗地亚人和穆斯林犯下过战争罪行。[①] 这些都深刻地烙印在两个民族的集体记忆当中，1945年以后成为南斯拉夫"兄弟情谊

---

① 乌斯塔莎（Ustasha）本义是"起义者"，乌斯塔莎组织1929年4月在保加利亚建立，其目标是实现克罗地亚的独立。在二战期间出现的克罗地亚独立国，就是乌斯塔莎在德意两国扶植下建立的。切特尼克（Chetniks）是支持南斯拉夫王国政府的抵抗力量，主要由塞尔维亚人组成。

和团结"意识形态下最敏感的话题。这种"仇恨的情绪"通过亲族口口相传广泛流行,特别是在克罗地亚的边境区、落后农村地区,民族间仇恨情绪十分严重,在很大的程度上推动了克塞两族的民族主义上升。1989年夏,伊维察·拉昌(Ivica Racan)出任克罗地亚共盟主席之后,开始实施民主化的改革,反对米洛舍维奇的"大塞尔维亚主义"政策及其对克罗地亚塞族施加影响。媒体也开始公开地支持克罗地亚民族主义,掀起了一场关于克罗地亚独立的讨论。与此同时,克罗地亚开始出现了新的政党。比如,前克罗地亚共盟主席萨弗卡·达普切维奇·库查尔(Savka Dapcevic Kucar)组建了"克罗地亚人民党",前工人运动学院院长弗拉尼奥·图季曼(Franjo Tudjman)组建了"克罗地亚民主联盟"。

在塞尔维亚共和国单方面取消科索沃和伏伊伏丁那联邦宪法赋予的自治地位时,斯洛文尼亚不仅加强了与塞尔维亚的对抗,而且加快了脱离南联邦的步伐。由于斯洛文尼亚不同意塞尔维亚处理科索沃问题的做法,塞尔维亚共和国当局要求塞尔维亚公民中断与斯洛文尼亚的一切经济联系,而斯洛文尼亚也对塞尔维亚的经济封锁采取反制措施。两个共和国实际上开始了经济战。1989年12月,《青年周报》事件后不久,南人民军情报局逮捕了斯洛文尼亚民主反对运动(DEMOS)主席雅奈兹·扬沙(Janez Jansa)。这种干预斯洛文尼亚内政的行为引起斯洛文尼亚民众的反感,他们不断举行抗议甚至攻击南人民军的军营。

在斯洛文尼亚与塞尔维亚两个共和国间公开冲突以及克罗地亚与塞尔维亚之间摩擦逐渐加剧的形势下,波黑领导人希望采取"仲裁"措施,试图在协商一致的基础上遏制各族的离心倾向。然而,这种立场偏于塞尔维亚的集权主张,实际上是在帮助联邦维系局面。1989年以后,在南联邦主席团,米洛舍维奇"控制"了科索沃、伏伊伏丁那和黑山的代表,加上波黑和马其顿代表的支持,塞尔维亚可以很容易地否决克罗地亚和斯洛文尼亚提出的法案和通过自己的法案。

也是在1989年,南联邦马尔科维奇政府试图推动经济上构建完整的市场,允许企业经营完全独立,推进财政改革(增加联邦政府的开支)、货币改革(第纳尔的升值)、市场改革(引入"休克疗法")。然而,由于各共和国不愿放弃财政特权和减少行政干预,马尔科维奇的改革难以推进,他很快就不得不辞职。① 在米洛舍维奇的建议下，南共盟于1990年1月召开了第十四次非常代表大会，主要目的是解决共和国之间存在的分歧，挽救岌岌可危的南联邦。可是，由于斯洛文尼亚和克罗地亚代表在会议程序上与塞尔维亚代表发生分歧，大会无法正常召开，南共联盟名存实亡。这次大会的失败不仅使南共联盟、联邦主席团和联邦政府失去了权力，而且使各共和国失去了统一的领导机构。塞尔维亚政府利用财政混乱之机从联邦人民银行得到了大量的借款，波黑和伏伊伏丁那政府则拒绝向联邦政府转交税款、医疗保险和养老保险等，联邦政府的支出也都停止了。到1990年下半年，联邦执行委员会、联邦主席团、人民军和人民银行都丧失了基本职能。

根据当时的一项独立调查，88%的斯洛文尼亚人、94%的克罗地亚人、67%的马其顿人认为各共和国脱离联邦是解决问题的最好方案。② 在1988—1990年民族冲突的过程中，共和国之间的联系已经大大地减弱，1990年以后基本中断了。各民族逐渐相疑，各共和国的独立要求日益强烈。塞尔维亚桑贾克区出现了穆斯林族的分裂运动，科索沃阿族组建了好战的解放军，波黑塞族与穆斯林族的冲突日益明显，克罗地亚塞族人主导的克拉伊纳地区发生骚乱，马其顿的阿族举行游行示威并与马其顿族发生冲突，黑山人也分成亲塞族与强调黑山族利益的不同群体。总之，由于"联邦多民族杠杆"的失效，各种民族主义都集中表现出来。由于不同民族之间边界划分不清或居住复杂，地方政府的权限已经过大，地方主义倾向急剧上升，南斯拉夫政治地图变得十分复杂和混乱。

在这时，毫无疑问，每个南斯拉夫人都信赖自己的民族而怀疑其他的民族。由于南共联盟逐渐失去在南联邦政坛中的垄断地位以及各共和国宣布举行多党制大选，民族性公民组织开始转变为民族主义政党，并且成为各共和国执政的共盟的最强对手。斯洛文尼亚、克罗地亚和塞尔维亚第一次召开多党的议会选举，各共和国都通过了宪法的修正案，突破了1974年宪法的原则，主张"一民族一国家"（nation state）框架，南斯拉夫联邦主义实际上已

---

① Cf. Silvano Bolčić, "Zasto je danasnja Srbija pred (ekonomskim) kolapsom?" *Sociologija*, 10, 2298UDK, Beograd, 2014（[塞]斯·波里吉奇：《目前塞尔维亚为何面临（经济）崩溃?》，《社会学杂志》2014年第10卷，塞文版）。

② S.P. Ramet, *Balkan Babel: The Disintegration of Yugoslavia From the Death of Tito to the Fall of Milosevic*.

经结束。正因如此，南联邦在民族冲突中解体了，一些民族通过战争建立了新的国家。

在南斯拉夫解体的过程中，斯洛文尼亚和克罗地亚的独立拉开了南斯拉夫一系列战争的序幕。

由于民族同质性强、公民社会发展程度比较高等因素，斯洛文尼亚走向独立的进程比较顺利。1990年4月，斯洛文尼亚由6个反对党联合组成的"斯洛文尼亚民主反对派"在议会选举中战胜斯洛文尼亚共盟—民主改革党，成为40多年来第一个非共盟的执政党联盟。斯洛文尼亚新执政政府公开要求把南联邦变成"极为松散的邦联"，否则将宣布独立。通过这三步，斯洛文尼亚完成了独立的法律程序，先宣布其主权，重申其分离权，最终宣布独立。

由于民族问题，克罗地亚局势比较复杂，其经过了5年的战争才最终完成独立。在1990年5月克罗地亚的议会选举中，推行民族主义的克罗地亚民主联盟（HDZ）以60%的得票获得组阁权，其主席图季曼任共和国总统。斯洛文尼亚独立的同时，克罗地亚议会也通过新宪法，宣布克罗地亚的"主权"。在1991年5月举行的全民公决中，91%以上投票者赞成克罗地亚成为"独立主权国家"。

面对斯洛文尼亚和克罗地亚的"独立"，南联邦政府采取了不同的策略。从1990年夏开始，南斯拉夫人民军开始从斯洛文尼亚撤出，但在此过程中与斯洛文尼亚民众发生了冲突。由于和平解决的方案宣告无效，库昌开始组建斯洛文尼亚领土防御部队并寻求国际社会的支持。为了抵抗南人民军，斯洛文尼亚与克罗地亚政府联手应对。1991年2月，库昌在斯洛文尼亚议会宣布，南斯拉夫政治上和经济上已解体，斯洛文尼亚政府将于6月25日与克罗地亚政府一起宣布独立。6月25日，斯洛文尼亚和克罗地亚宣布独立，几天后，南人民军进入斯洛文尼亚，攻击平民住所和交通设施，占领了斯洛文尼亚与奥地利、意大利和匈牙利交界的边防哨所、卢布尔雅那国际机场以及所有的重要铁路和道路，造成50多人死亡，200多人受伤。6月30日，南联邦主席团主席梅西奇（克族人）呼吁立即停战，并邀请了欧洲经济共同体来调解。

1991年7月3日，法、英、德、意四国组成欧共体代表团访贝尔格莱德，与南联邦主席团进行谈判。双方达成的协议是，南人民军退回军营，斯洛文尼亚和克罗地亚政府推迟三个月执行其独立决定。在这三个月的过程中，在斯洛文尼亚的南人民军遵守了停火协议。不久，奥地利、意大利等欧洲国家和罗马教廷相继承认两国独立。面对不可逆转的趋势，1991年12月，英、法、美三国承认了它们的独立。1992年1月，斯洛文尼亚和克罗地亚加入联合国。

但是，在斯洛文尼亚境内武装冲突结束以及国际社会承认斯洛文尼亚和克罗地亚的过程中，1991年夏，克罗地亚却爆发了战争。7—9月间，塞族民兵组织占领了克拉伊纳地区，宣布了克拉伊纳自治区独立。由于克拉伊纳自治区占克罗地亚面积的三分之一，克罗地亚政府对此坚决反对。10月，克罗地亚议会宣布克罗地亚的独立决定生效，要求南人民军撤出克罗地亚。然而，南人民军不愿撤出塞族聚居区，并以保护塞族平民的名义向塞族民兵提供军事援助。与此同时，驻萨格勒布等克罗地亚北部城市的南人民军部队与克族民众发生了小规模冲突。图季曼与塞族地区领导人进行了谈判，协商如何把塞族聚居区重新纳入克罗地亚政府的统治之下。图季曼虽然非常清楚南斯拉夫的统一再也无法恢复，但是他仍期望联邦主席团能够迫使南人民军和平地撤出克罗地亚，包括克罗地亚的塞族地区。8月，塞尔维亚议会拒绝了克拉伊纳塞族加入塞尔维亚的提案，这在一定程度上鼓励了图季曼。11月，图季曼与米洛舍维奇在卡拉乔杰沃（Karadjordjevo）举行秘密会谈，就南人民军撤出克罗地亚和塞族聚居区的政治状态等问题达成了协议，并涉及了极有争议的"波黑划分"。[①] 后来发生的事情证明，米洛舍维奇没有遵守达成的协议，而图季曼也奉行"双轨"政策，即在克罗地亚捍卫领土完整，在波黑却奉行克族分裂主义。

图季曼及其民主联盟在克罗地亚大选前的竞选中高举民族主义大旗，上台后更是加强了对塞族的歧视和镇压活动。具体体现在：第一，不仅没有明确否认克罗地亚与二战期间的"克罗地亚独立国"的联系，而且声称"克罗地亚独立国"是"克罗地亚人民历史愿望的反映"。第二，没有放弃"大克罗地亚国"的憧憬，并且提出境外克族都应加入克罗地亚。第三，重新印制塞族人极为敏感的"乌斯塔莎"画像。第四，在大选过程中，民主联盟在筹

---

① Milos Minic, *Pregovori izmedju Milosevica i Tudjmana o podjeli Bosne u Karadjordjevu 1991*, Beograd, Drustvo za istinu o antifasistickoj narodooslobodilackoj borbi u Jugoslaviji (1941-1945), p.13（［塞］米·米尼奇：《1991年关于波黑划分的米—图谈判》，贝尔格莱德，"南反法西斯人民解放斗争的纪念公会"，1999年，塞文版）。

借资金时与一些散居在国外的克罗地亚激进分子联系。第五，借口"协调民族分配的不对称性"开始解雇克罗地亚公共机构中的塞族人。由于这些原因，克罗地亚的塞族感到自己是"不受欢迎的人"，许多人逃离到塞尔维亚，或者参与克拉伊纳塞族的分裂活动。在这种情况下，武科瓦尔战争爆发了。

1991年9月，克罗地亚政府组织的国土防御部队包围了在克罗地亚的南人民军军营，要求南人民军撤出克罗地亚并需要留下武器装备。在表面上保证安全撤出克罗地亚的情况下，南人民军决定突破在武科瓦尔的克国土防御部队和警察队的包围，并与塞族兵民和塞尔维亚"切特尼克"势力一起联合攻击武科瓦尔。一个月内，战前有5万人口的武科瓦尔被完全毁灭。10月中旬，国际社会强烈谴责南人民军的军事行动。10月底，克罗地亚政府与南人民军进行了关于武科瓦尔平民、国土防御部队伤员和医院人员撤退的谈判，不久剩余的克族平民撤离了武科瓦尔。

武科瓦尔的陷落对克塞民族关系的影响非常大。第一，克罗地亚人的统一情绪和民族聚集力大增。战争暴行使克罗地亚公众感到震惊和愤怒。塞族武装以3:1的数量优势进攻克罗地亚的防御者，坦克和大炮兵把80%的武科瓦尔楼体夷为平地，对克罗地亚平民犯了严重的罪行，武科瓦尔陷落后被屠杀者有1000多人。第二，武科瓦尔战争激起克罗地亚民族主义群体的复仇情绪，加剧了对塞族的歧视和民众之间的仇视。第三，国际舆论意识到南人民军已经成为米洛舍维奇推行"大塞尔维亚主义"的手段，明确地倾向于克罗地亚一方，称塞尔维亚族为"侵略者"、克罗地亚族为"受害者"。第四，欧共体国家放弃了保持南斯拉夫统一的提案，开始了承认斯洛文尼亚和克罗地亚独立的过程。第五，对克塞双边关系产生了重大影响。在武科瓦尔屠杀发生的同时，战争几乎遍布了全克罗地亚，塞族部队围攻了奥斯耶克（Osijek）、杜布罗夫尼克（Dubrovnik）和维尼科维茨（Vinkovci），萨格勒布、卡尔罗瓦茨（Karlovac）、扎达尔（Zadar）等城市也受到多次轰炸。到1991年12月，战争制造了50多万难民，造成至少3000多人死亡、4000多人受伤，克罗地亚40%的工业设施被破坏，铁路和道路交通完全瘫痪。1992年1月，在联合国特使万斯的调停下，冲突各方达成过15次停火协议，但都没能真正实现停火。8月，克塞战争进入到了"拉锯战"阶段，战争在"东斯拉夫尼亚"（奥斯耶克与塞尔维亚边境之间被塞族占领的领土）、"西斯拉夫尼亚"（波黑边境与萨格勒布之间的三角地区)、"克拉伊纳"(克罗地亚中部)和"南部"(杜布罗夫尼克附近被占领的科纳维尔区)等四条战线进行。

克罗地亚独立后,图季曼虽然主张维持克罗地亚的现有边界,但有时却声称波黑的克族聚居区应当加入克罗地亚。1992年,波黑战争爆发,克罗地亚向波黑克族提供经济和军事援助,支持黑塞哥维那克族成立所谓的"克罗地亚人民的黑塞波斯尼亚共和国"。克罗地亚军队与波黑克族共和国军进行联合军事活动,克罗地亚对莫斯塔尔(Mostar)古城的轰炸、阿黑米奇(Ahmici)的屠杀应负有责任。1994年5月,图季曼与波黑穆斯林族领导人阿利雅·伊泽特贝戈维奇(Alija Izetbegovic)签订了《图伊协议》,实际上结束了克与穆斯林族之间的冲突。1995年春,克罗地亚军队发动代号为"闪动"的军事行动,攻占了西斯拉夫尼亚;1995年8月,又发动"暴风"行动,收复了整个克拉伊纳地区,并进攻波黑塞族共和国首府巴尼亚卢卡。1995年,在国际社会的斡旋下,图季曼、米洛舍维奇和波黑总统伊泽特贝戈维奇签订了《代顿协议》,结束了波黑和克罗地亚的战争。根据《代顿协议》的框架,克罗地亚和塞尔维亚恢复"官方"外交接触。1995年,双方签订了《艾尔杜特协议》,协议规定西部斯拉夫尼亚归克罗地亚政府管辖。

在南斯拉夫解体过程中,最大的战争爆发在波黑。

波黑的民族结构及其相互关系、宗教、历史、经济、文化的状况特别复杂,是"南斯拉夫的微影"。根据1991年的调查,波黑穆斯林族占总人口的43%,塞族占31%,克族占17%。① 波黑民族分布更复杂,塞族聚居区在波黑西北部和南部,穆斯林族在中部,克族在西南部。波黑战前有109个地区,其中只有30多个地区一个主体民族占人口的70%以上。

1990年年底,波黑举行议会大选,穆斯林族的民主行动党(SDA)获得86席,塞族民主党(SDS)获得72席,克族民主联盟(HDZ BIH)获得44席,原共盟的波黑共盟—社民党(SDP)获得14席,其余小党和无党派人士获得24席。经三大政党协商后,穆族民主行动党主席伊泽特贝戈维奇任共和国总统,塞族民主党的莫姆契洛·克拉伊什尼克(Momcilo Krajisnik)任议长,克

---

① Popis stanovnistva iz 1991, sluzbeni podaci, Agencija za statistiku Bosne I Hercegovine, www.bhas.ba(1991年波黑普查,官方数据,波黑统计局,访问时间:2015年12月5日).

族民主联盟的尤雷·佩利万（Jure Pelivan）任总理。1991年6月，斯洛文尼亚和克罗地亚正式宣布独立，塞尔维亚和黑山提出"南斯拉夫共同体"的方案之后，伊泽特贝戈维奇提出，波黑可以加入南斯拉夫共同体，前提是斯洛文尼亚和克罗地亚也必须加入。① 但是，伊泽特贝戈维奇的方案难以为波黑各族接受。波黑的各民族主义政党关于波黑是否独立的政治主张极为不同。穆族民主行动党提出波黑宣布独立的方案，但主张建立以穆族为主体的中央集权国家；塞族主张留在南斯拉夫，否则塞族聚居区将会脱离波黑建立自治区或者与塞尔维亚合并；克族支持波黑独立，但反对建立中央集权国家。

1991年10月，马其顿宣布独立导致波黑分裂为对立的两方。穆族民主行动党代表制定了《关于波黑主权的备忘录》，强调波黑是在"阿夫诺伊边界"内的主权国家，并获得了克族的支持。由于伊泽特贝戈维奇同米洛舍维奇关于波黑未来的几次会谈失败，1992年2月，波黑政府决定通过公决确定波黑的未来。3月，在大多数塞族拒绝参加的公决中，99%以上的人赞成独立，波黑议会在塞族议员离席的情况下宣布波黑独立。另外，1991年8月，几个塞族地区政府召开了大会，宣布成立四个塞族自治区，即南黑塞哥维那塞族自治区、东波斯尼亚塞族自治区、东北波斯尼亚塞族自治区和波斯尼亚克拉伊纳塞族自治区，坚持主张波黑留在南斯拉夫。1991年12月，塞族在巴勒（Pale）成立了"塞族建国委员会"，宣布四个塞族自治区统一，并选举拉·卡拉季奇（R. Karadzic）为"塞族共和国"的总统。1992年1月，波黑塞族共和国正式宣布成立。

南人民军在撤出斯洛文尼亚和克罗地亚时，不仅将大量武器留给了波黑塞族，而且许多波黑籍的塞族士兵留在波黑继续作战。1992年夏，塞族军队进行了一些军事行动，包围了萨拉热窝并进攻了波黑其他大城市。5月，穆族和克族达成协议，决定建立穆克邦联。但是，在7月西黑塞哥维那克族宣布建立"黑塞—波斯尼亚克罗地亚共和国"后，克族与穆族之间裂痕越来越明显，克族军攻击了莫斯塔尔东部和波黑中部穆族聚居区。到年底，波黑三族之间冲突发展到了公开战争，塞族、克族和穆族分别占有波黑的60%、25%

---

① "Susret Milosevic-Izetbegovic, *Oslobodjenje*, 1991-01-24（《米洛舍维奇和伊泽特贝戈维奇会谈》，《解放报》1991年1月24日）.

第一章 前南地区的社会发展现状

和15%的领土,这种格局一直持续到1995年。

1992年4月,联合国、欧共体、俄罗斯和美国介入波黑内战。欧共体提出了邦联制的解决方案,把波黑现有民族分为三个行政区,但三方都拒绝了这个方案。1992年5月,欧洲国家召开了伦敦会议承认波黑的整体性,并且谴责塞族军队的侵略行为。1992年8月,法英促使三族代表在日内瓦举行和平谈判,提出了"万斯—欧文计划"。该计划规定以现有民族间界线为波黑行政区的边境。克、穆两族同意继续谈判,塞族拒绝。1993年1月,联合国安理会成员国建立了巴尔干危机的"接触小组",负责与波黑三族领导、克罗地亚和塞尔维亚(南联盟)继续谈判,寻求解决冲突的方案。6月,安理会授权联合国维和部队武力保护安全区。1993年8月,联合国特使的欧文和斯托尔藤贝格(Stoltenberg)提出了新的冲突解决方案,放弃了波黑邦联化的提案,提议把波黑分为三个"控制区",其中塞族占52%、穆族占30%和克族占18%的面积,[1] 遭到三方拒绝。到1993年年底,波黑战已造成了7万多人死亡、20万人成为难民,萨拉热窝仍在塞族武装的围攻下。在波黑政府和三族领导人控制不了的地带,当地"军阀"从事非法武器贸易、石油和毒品走私,地区政府由于对战争资金的需要而偷偷地支持军阀的活动。

1994年年初,三方之间力量平衡局面开始改变。由于联合国对塞族武器禁运、国际社会向穆族援助,克穆两族对塞族的军事行动开始占了上风。1994年4月,在美国支持下,图季曼和伊泽特贝戈维奇达成了"克—穆联邦加邦联"方案,穆克两族最终和解。8月,南联盟在国际制裁压力下被迫与波黑塞族断绝联系。在北约武装威胁下,塞族与穆族达成了停火协议。1994年年底,美国开始了"外交攻击",[2] 目的为迫使塞族接受最后的和平方案。同时,南人民军军事装备日益缺少,难以更新,作战情绪明显低落。1995年8月,克罗地亚军进行"风暴行动",迫使塞族不得不接受最终和平方案。在克林顿的调停下,特使霍尔布鲁克(Holbrooke)与克罗地亚、南联盟和波黑穆

---

[1] Cf. Momir Stojković, eds., *Balkanski ugovorni odnosi 1876-1996*, vol. 1-3, Beograd, Službeni glasnik SRJ, 1998([塞]莫·斯托伊科维奇:《巴尔干的条约关系》,贝尔格莱德,官方报,1998年,塞文版); David Owen, *Balkanska odiseja*, Zagreb: Hrvatska sveučilišna naklada, Hrvatski institut za povijest, 1998(大卫·欧文:《巴尔干的奥德修斯》,萨格勒布:克罗地亚高等学校出版社、克罗地亚历史学院,1998年,克文版).

[2] Richard Holbrooke, *To End a War*, New York: Random House, 1998.

族领导人协商停火并达成了协议。1995年11月，经过几周的谈判，伊泽特贝戈维奇、图季曼、米洛舍维奇最终达成了和平协议。1995年12月三个领导人正式签订了《代顿协议》，确定了实现和平的计划、波黑内政的划分、波黑的宪法以及波黑的战后政治制度。

在《代顿协议》的框架下，由北约和欧盟特派的维和部队（IFOR）专门负责检查波黑实现和平和成立国家机关的过程。协议确定，波黑是由两个政治实体组成的国家，即塞族共和国和波黑联邦。塞族共和国拥有高度自治权，可以拥有自己的警察、政府、外交、财政等。波黑联邦拥有克族和穆族的两个宪法性民族，行政上相应划分为两个行政区，各行政区具有政府和奉行独立的经济、文化、福利等方面的政策。波黑共和国的共同机构包括总统委员会，两院制的议会和由欧盟委派的特使办公室（High Representative Office），后者负责监督和平过程、检查波黑联邦机构的工作，实际上具有最高职权。

《代顿协议》为南联邦的暴力解体画上了句号，原来的六个共和国变成了五个国家，斯洛文尼亚、克罗地亚、马其顿（原南联邦马其顿共和国最终改名为北马其顿共和国）和波黑独立成国，塞尔维亚和黑山组成了南斯拉夫联盟共和国。冷战时期的南联邦不复存在，取而代之的是由多个国家组成的"前南地区"。

第三节 前南地区社会转型的特点

多党制的引入，民族之间冲突的爆发，各共和国纷纷宣布主权是南联邦社会发展的终点，同时也是"前南地区"社会发展的起点。在以后的二十多年里，社会转型和新国家构建是"前南地区"社会发展的主旋律。但是，"前南地区"指的是在南联邦的地理位置上由原来南联邦的各共和国独立而成的国家。由于是在民族冲突与战争中从南联邦分离而出，这些国家独立成国之后的发展差异很大，它们对"前南地区"这一概念的认识也是不一样的。斯洛文尼亚和克罗地亚不认为它们是"前南地区"国家，而坚持自己属于"前奥匈文化区""中欧文化区"。它们认为，"前南地区"是一个过渡性的概念，指的是那些尚未完成社会转型和未加入欧洲的国家。2004年，欧盟第五次扩大时，斯洛文尼亚同其他七个中东欧国家加入了欧盟，这更促使它脱离"前

第一章　前南地区的社会发展现状

南地区"的地缘政治定位。2006年罗、保入盟后,学术界又将尚未入盟的巴尔干国家统称为"西巴尔干国家",包括克罗地亚、塞尔维亚、波黑、黑山、北马其顿和阿尔巴尼亚。但是,由于巴尔干与"前南地区"的历史文化相近,克罗地亚拒绝承认自己是巴尔干国家,而且认为"西巴尔干"也是一个过渡性的概念,2013年入盟后它更加离开了西巴尔干。

总体来看,"前南地区"虽然有过渡性的特点,但与原南联邦在政治、经济、社会等方面有一定的延续性和共性,也正是它们构成了新构建国家的基础和底色,也表明了这些新诞生国家社会转型的起点和终点,即从"南斯拉夫"到"前南地区"再到"欧洲国家"的发展进程。

前南地区国家比较多,发展情况也非常复杂。它们的社会转型是多重的,更是参差不齐的。从社会转型发端上看,由于南斯拉夫社会主义自治道路的独特发展,它起初受苏东国家改革和剧变"多米诺效应"的影响并不大。1985年戈尔巴乔夫上台后倡导的"改革"和"公开性"没有冲击到南斯拉夫的改革方向。80年代东欧国家政府企图进行各种经济改革,采取各种措施来确保社会稳定,但在此过程中,它们的社会主义制度不可逆转地相继失去了合法性,公众越来越强烈要求根本性的政治经济改革。南斯拉夫的社会主义却逐渐建立了一种特殊的政治经济制度。自治制度虽然没有引入西式议会民主,但已经"试验"了各种各样的"草根"民主,也就是基层自治,引入了代表制以促进公民参与,从而使大多数南斯拉夫民众相信,南斯拉夫自治制度根本上无须根本改变,只需通过渐进式的改革逐渐加以改善就行。

在南联邦,在民族矛盾的掩盖下公众与政治精英之间的关系相对缓和,媒体、宗教等方面相对自由。因此,有学者认为,南联邦的民族冲突"推迟了"阶级斗争。[1]南联邦领导人认为,东欧国家的经济和政治体制落后于南斯拉夫,所以在选择政治改革的榜样时,他们倾向于发达西方国家,如瑞典福利体制、瑞士选举体制等。1989年年底匈牙利进行金融和财政改革时,前南地区国家领导人才开始重视东欧国家改革的教训。与波兰等国家持不同政见者和强大的公民组织在民主化进程起了决定性的影响不同,南联邦并没有强

---

[1] Mladenovic, "I Obrasci formiranja i reprodukcije vladajucih elita u bivsoj Jugoslaviji (Shaping and Reproduction Patterns of Power Elites in Former Yugoslavia: I Vertical Mobility)," *Sociologija*, 2002, Vol. 45, No. 1.

大的公民组织和持不同政见者,"反对的意识形态"主要表现在"兄弟情谊和团结"思想的瓦解和南联邦社会尤其是民族的分裂上面。①

在很大程度上,"前南地区"各国社会转型的动力源都要从南联邦内部找。也就是说,它们社会转型的各方面都可以看到比较清晰的轨迹。比如,经济方面经过了经济停滞(共和国间经济差异的拉大)、崩溃和从半市场经济到市场经济、从社会所有制到私有制的转型。政治方面经过了渐进的自由化、激进的民族化和迟来的民主化。意识形态方面经历了从社会主义自治体制和"兄弟情谊和团结"到民族主义上升、建立新的民族国家,再走向现代欧洲多元文化国家的过程。伴随着南联邦的解体,冲突与战争开始时是为了维护民族共同体,后来发展为不同民族间的冲突,最后是为了维护领土的完整性。从内部动力角度说,前南地区国家的社会转型也是南联邦20世纪60年代联邦主义,70年代联邦主义与自治主义共存,80年代潜伏的种族民族主义,90年代建立民族共和国的政治取向合乎逻辑的发展。在这种演进过程中,以下几种关系需要特别重视。

第一,联邦主义与民族主义的互动。从二战结束后到70年代初期,南斯拉夫联邦主义的发展表现为从过度集权向基于自治的联邦制的演进。在这个进程中,南共联盟的意识形态有比较大的变化,南联邦也不断进行分权,各共和国的民族主义势头开始上升。1980年以后,由于塞尔维亚共盟重新中央集权化和塞尔维亚化的政策逐渐合二为一,斯洛文尼亚、克罗地亚等共和国反对塞尔维亚化的倾向也越来越明显,从而导致集权与分权之争越来越被民族主义左右以及后来的民族冲突乃至南联邦解体。

第二,民族化与民主化的关系。80年代后期南联邦社会发展中存在两种对立趋向,一种是民主化与自由化,另一种是民族自决与独立。前一种主张改革与改善南斯拉夫自治制度,甚至是引入市场经济和西式民主体制;后一种主张实现民族独立,建立自己的国家。结果,后者占据了上风,民族冲突加剧了公众的民族主义情绪,而强人政治成为了民族主义者最好的代言。1990年以后南联邦的社会发展又进入了民主倒退阶段,民主化成为"隐性"

---

① Cf. Klaus Von Beyme, "Transition to Democracy—or Anschluss? The Two Germanies and Europe," *Government and Opposition*, 1990, 25 (2), pp.170-190.

的社会动力，而民族化逐渐成为"显性"社会动力。

第三，新兴民族国家与现代欧洲多元文化国家的关系。在第一次世界大战之前，除了塞尔维亚和黑山之外，前南地区其他主要民族都没有经历过现代民族国家阶段。因此，前南地区那些"迟来的民族国家"实际上是基于民族的政治共同体。① 但是，由于民族冲突和战争，那些多民族国家中出现了两个相互矛盾的现象，一个是少数民族离心倾向日益加剧，另一个是中央政府的政治逐渐变得更为"民族化"。二者对"前南地区"国家社会转型的影响是非常大的，其表现就是民族主义政党地位的逐渐突显和公共话语权的民族化，这些直接影响了这些新的民族国家的建立。独立成国之后，主要得益于欧盟的推动，前南地区的一些国家才重新重视民主化，开始建设公民国家。由于公民国家建设进程缓慢，这些国家面临着议会民主发展、调整对少数民族政策、政治发展存在巨大分歧等方面的挑战。

第四，制度、意识形态和战争三种转型的交汇。理解"前南地区"国家的社会转型，必须要清楚前南地区各国走向独立的进程，以及制度转型、意识形态改变和为独立而斗争三者的"天然联系"。这种"天然联系"在一定程度上奠定了"前南地区"国家社会转型的起点。

"前南地区"是不同的大国势力、宗教文明交汇的地方，地缘政治和地理位置十分重要。受此影响，这里的民族命运多舛，相互关系也很复杂。这种基础或底色使"前南地区"国家社会转型、新国家建构和社会发展的多样性、差异性和曲折性等特点更为突出。

---

① 关于新兴民族国家与传统民族国家之间的区别，参见：Helmuth Plessner, "Zakasnjela nacija—Ne država, nego narod," *Politička Misao*, Vol. 29, No. 3, 1992（［德］赫·普勒斯纳：《迟来的国家：不是国家，而是民族》，《政治思想杂志》1992年第29卷第3期，自德文译成克文版）；E. Jahn, "Demokracija i nacionalizam-Jedinstvo i protuslovlje," *Politička Misao*, Vol. 29, No. 3, 1992（［德］艾亚尼：《民主与民族：矛盾哪呢？》，《政治思想杂志》1992年第29卷第4期，自德文译成克文版）。

第二章　斯洛文尼亚的国家建构与社会发展

在前南地区国家中，斯洛文尼亚的位置最靠北，处于巴尔干半岛西北与中欧南部交界的地方。它北邻奥地利，西部与意大利接壤，东部和南部同克罗地亚相连。斯洛文尼亚领土面积为20273平方千米，2013年的人口是206.29万人，[①]首都卢布尔雅那。斯洛文尼亚的民族、宗教相对简单，87.8%的人口是斯洛文尼亚族，少数民族主要有匈牙利族、意大利族，绝大多数居民都信仰天主教。斯洛文尼亚于1991年6月独立。经过二十多年的发展，斯洛文尼亚成为前南地区经济最发达的国家，已经加入了北约、欧盟、欧元区和申根区，2015年人均GDP到达3.1万美元，世界排名第42位。由于民族和社会的同质性比较强，斯洛文尼亚的国家建构与社会转型都避免了塞尔维亚和克罗地亚等国所出现的复杂的民族问题，从起点到终点始终奉行融入欧洲一体化的政策。

第一节　国家建构与回归欧洲

1991年6月25日，斯洛文尼亚宣布独立，但这时的国际社会还偏向支持南联邦的完整性，希望南斯拉夫继续是一个统一的国家。另外，斯洛文尼亚内部的各种政治力量在内外政策上的立场还不尽相同，新政府还没有控制共和国的全部领土，南人民军依旧控制着斯洛文尼亚边界。在这种形势下，库昌政府在对外政策上采取了渐进方式以达到实现独立的目的，比如宣布将独立日期推迟三个月、继续与联邦政府讨论南斯拉夫的政治改革。在南斯拉夫陷入日益严重的政治危机的情况下，美国和欧洲国家提出，斯洛文尼亚要想得到国际社会的承认，必须先与南联邦机构进行谈判并达成共识。欧美国家

[①] Statistical Office of the Republic of Slovenia, 2016.

第二章　斯洛文尼亚的国家建构与社会发展

当时不急于承认斯洛文尼亚和克罗地亚独立，主要是出于以下几方面的考虑。第一，从经济角度上看，美国和其他欧洲国家是南联邦的主要债权国。如果南联邦解体，新兴国家由于国内市场有限和经济重组，债务偿还能力可能会减弱，甚至会出现债务违约。第二，按照国际法，独立国家首先必须坚持国家领土完整和不干涉内政两项原则，其次才是民族自决权。第三，在安全问题上，南联邦解体可能造成难以遏制的武装冲突和人道主义危机。第四，也是最重要的原因，南斯拉夫危机的溢出效应不仅可能会刺激苏联各共和国和民族的分裂行为，还可能会将分裂主义和民族主义的倾向传染给有大量少数民族的其他欧洲国家。最终，在欧洲国家的调解下，南联邦总统委员会、斯洛文尼亚政府和克罗地亚政府三方达成了《布里俄尼协议》，规定各方在斯洛文尼亚停火，斯洛文尼亚和克罗地亚推迟三个月宣布独立，继续寻求南斯拉夫问题和平解决的方案。

1991年9月，斯洛文尼亚暂停实行独立的三个月期限结束，但是，南联邦政府和斯洛文尼亚政府并未达成共识，依旧存有许多分歧。第一，共和国间边界的问题。联邦政府坚持1974年宪法规定的"民族自决权"，而斯洛文尼亚要求的是"共和国自决权"。第二，塞尔维亚人主导的南联邦政府坚持维持统一的南斯拉夫，而斯洛文尼亚要求南斯拉夫解体，六个共和国分别继承南斯拉夫的国家资产。第三，南人民军的武装干预是否具有合法性的问题。斯洛文尼亚认为，南联邦人民军虽然撤出了斯洛文尼亚，但仍为克罗地亚和波黑的塞族民兵提供武器，加剧了民族之间的冲突。在这种情况下，欧共体国家召开了海牙会议，成立了以巴丁特（Badinter）为首的南斯拉夫仲裁委员会，组织法学家讨论南联邦法律地位、共和国的分离权、南斯拉夫联邦的继承等问题。1991年11月，巴丁特委员会宣布斯洛文尼亚满足了推进独立进程的要求。[1]

1991年9月到11月，南联邦的局势日渐恶化。南人民军占领了克罗地亚的武科瓦尔并围攻杜布罗夫尼克等城市，遭到了国际社会的谴责。欧共体国

---

[1] 详见：European Community, "Guidelines on the Recognition of New States in Eastern Europe and the Soviet Union (17 December 1991)," *Review of International Affairs*, 1991, 42(998-1000), pp. 27-28; Bojko Bucar, "Independence and Integration in International Community: The Window of Opportunity," in Roje Mrak, eds., *Slovenia: From Yugoslavia to the European Union*, World Bank, Washington, 2004, pp. 121-152.

家意识到南人民军无法控制南联邦的局势，而且怀疑它偏向于塞族，从而逐渐接受了斯洛文尼亚独立的事实，开始重视它的独立外交。在这样的背景下，斯洛文尼亚根据1974年宪法规定的共和国主权和分离权条款确立了同克罗地亚的边界线，根据南联邦与意大利1975年签订的《奥西莫条约》和1955年与奥地利签订的双边协议，确定了同意大利、奥地利的边界。[①] 独立后的斯洛文尼亚承诺放弃奥地利克恩顿州（Carinthia）斯洛文尼亚族聚居区回归斯洛文尼亚的要求，同时重新确认南联邦与意大利边界为斯洛文尼亚与意大利边界。不过，斯洛文尼亚与克罗地亚边界还存在几个争议地区，如皮兰（Piran）海湾划分问题、圣各拉（Sveta Gera）山顶归属问题，库帕河（Kupa）和苏特拉河（Sutla）划分的问题，这些问题后来经过双边谈判和国际仲裁才得以解决。[②]

在主权独立得到国际社会的认可并且基本上将国界确立下来之后，斯洛文尼亚开始走上了"回归欧洲"的道路。1991年11月，为了寻求国际社会的承认，斯洛文尼亚外交部宣布斯洛文尼亚将站在以西欧国家为首的自由民主主义世界一边，[③] "回归欧洲大家庭"[④]。为此，斯洛文尼亚愿意接受欧共体的基本价值观和共同的对外政策，稳定与邻国的关系。1992年5月加入了联合国后，斯洛文尼亚又陆续加入其他国际组织和欧洲组织，如欧安会（CESC）、欧洲复兴开发银行（EBRD）、国际货币基金组织（IMF）、世界银行、关贸总协定（GATT）。斯洛文尼亚之所以奉行积极融入欧洲的对外政策，除了保障国家安全之外，最重要的目的是加快经济发展。1994年，斯洛文尼亚议会通

---

① 详见：Dušan Nečak, Boris Jesih, Božo Repe, Ksenija Škrilec, Peter Vodopivec, *Slovensko-avstrijski odnosi v 20*, Oddelek za zgodovino Filozofske fakultete v Ljubljani, Ljubljana, 2004（［斯］杜桑·内查克等：《二十世纪斯洛文尼亚与奥地利的关系》，卢布尔雅那，卢布尔雅那大学历史学院，2004年，斯文版）。

② "Slovenian-Croatian Broder Dispute: A Political Perspective," International Institute for Middle East and Balkan Studies, Dec. 2009; Ivo Sanader, "Slovensko blokiranje pregovora potez bez presedana u EU," *Nacional*, 18.12.2008（［克］伊·萨纳德尔：《斯方阻止克罗地亚加入欧盟谈判是在欧盟的前所未有的举动》，《全国周报》2008年12月18日）。

③ Cf. Ministry of Foreign Affairs, "Porocilo Ministrstva za zunanje zadeve za leto 1991" (Report of the Ministry of Foreign Affairs for 1991), Ljubljana, 1992 January 5.

④ 关于"回归欧洲"及其对斯洛文尼亚的影响，参见：Ratko Močnik, "The Balkans as an Element in Ideological Mechanisms," in Dušan I. Bjelić, Obrad Savić, eds., *Balkan as Metaphor: Between Globalization and Fragmentation*, Cambridge M.A. and London: The MIT Press, 2002。

过的《斯洛文尼亚经济发展的方针》制定了斯洛文尼亚的关键性目标，即加快斯洛文尼亚经济增长，赶上欧洲发达的国家，提高经济竞争力和进入欧盟统一市场。

几乎所有斯洛文尼亚的政党都支持入盟，民众支持入盟的比例超过80%。为了满足入盟标准，斯洛文尼亚致力于国内经济、政治、安全等方面的稳定和发展，加强法治和民主，加入欧盟自由贸易区，使用欧盟发展基金等。1992年11月，斯洛文尼亚议会通过了《所有制转型法》，斯洛文尼亚较顺利地引入了市场经济和民主政治制度，同时进行企业所有权的改革。根据《所有制转型法》法案，斯洛文尼亚通过以下几种方式来实现私有化：确立内部所有权（insider ownership），对部分企业和个人进行赔偿，债转股，股份转化为赔偿基金，建立养老基金和开发基金，员工、管理人员和工人买断性股份分配，公开出售股份或整个企业，提高附加权益资本等。欧盟委员会积极肯定并支持斯洛文尼亚在市场竞争、法治体制和保护私有权等方面的改革。1995年以后，共同安全及对外政策的形成使欧盟在前南地区国家入盟问题上拥有了统一的政策。1997年《阿姆斯特丹条约》签署，欧盟对前南地区共同政策的框架已经完全形成。前南地区国家都有了成为欧盟成员国的前景，其中，斯洛文尼亚在加入欧盟序列中排在第一位。

1996年6月，斯洛文尼亚正式申请加入欧盟，而欧盟委员会也把斯洛文尼亚放在候选国的快速通道上。与欧盟签署了《欧盟联系协议》（European Union Association Agreement, AA）并成为候选国以后，斯洛文尼亚努力遵守"哥本哈根标准"，力争在人权、民主制和市场经济方面上满足标准。[①] 1997年，在卢森堡召开的欧盟部长理事会正式邀请斯洛文尼亚等六个国家开始进入入盟谈判的进程。不论后来的谈判有多么曲折，斯洛文尼亚政治精英和公共舆论对入盟前景一直持积极和乐观的态度，都认为斯洛文尼亚加入欧盟是一个正和博弈。根据一些调查，大多数公众认为入盟将推动斯洛文尼亚的经

---

① 哥本哈根标准是确定一个国家是否有资格加入欧盟的规则。这些规则是在1993年哥本哈根召开的欧共体理事会会议上制定的，主要包括五项标准：民主治理水平、人权状况、运作市场经济、接受欧盟立法机构处事、接受入世谈判的一系列规范。

济增长、民主和法治建设。① 在斯洛文尼亚，反对入盟者的数量始终不足总人口的5%。不过，有些支持入盟的人也会担心入盟后的结构调整和"主权移交"会给斯洛文尼亚带来消极影响。总之，斯洛文尼亚政党和公众就入盟达成的共识很高。②

1998年2月，斯洛文尼亚的入盟谈判开始。欧盟委员会在《关于斯洛文尼亚实行和实施结盟标准》中，全面评估了斯洛文尼亚的改革，认为它在实现政治稳定和民主化方面做得比较好，建议其致力于满足"共同体法律总汇"中的其他条件，如国内市场、保护环境、就业政策、财政改革等。斯洛文尼亚在正式成为欧盟成员国之前，欧盟向它提供了金融援助和农业、外贸、财政等方面的改革补助。2001年，根据"法尔计划"（PHARE Program），欧盟向斯洛文尼亚提供了大量经济和技术援助，推动了斯洛文尼亚对外贸易的发展和外资的进入。另外，经过协商，斯洛文尼亚与意大利解决了领土和双边贸易中的争议，同奥地利也解决了奥地利的斯洛文尼亚少数民族问题。2003年，斯洛文尼亚进行入盟公投，支持者高达89.6%。③ 4月16日，斯洛文尼亚与其他九个国家签署入盟协议，正式成为欧盟的成员国。

第二节　左右共治的政治转型

斯洛文尼亚政治转型包含非常丰富的内容，除了制度的转变之外，还包括新政党的建立和发展、新民众运动的出现、新的社会思潮的产生、多元化的政治生活的形成等。从不同角度观察和研究这些丰富的内容，得出的结论会不尽相同。因此，如何全面系统地研究斯洛文尼亚的政治转型，学术界存在一些不同的看法，也有不同的理论框架。从比较政治的角度出发，斯洛文尼亚政治转型的特点就是左右共治。

---

① 参见：Inotai and Stanovnik, "Accession to European Union, Rationale and Costs," in M. Mrak, C. Inagoui, eds., World Bank, Washington, 2004, pp 354-367。

② B. Milanovic, "Nations, Conglomerates and Empires: Trade Off between Income and Sovereignty," in S. Dominick, M. Svetlicic, and J. P. Damijan, eds., *Small Countries in a Global Economy*, Houndmills, U.K.: Palgrave, 2001, p. 57.

③ Eurostat, 2016.

第二章　斯洛文尼亚的国家建构与社会发展

左右共治指的是由于实行比例代表制，斯洛文尼亚任何一个政党都无法单独获得绝对多数票，而不得不在大选后由得票数多的政党在协商一致的情况下共同组阁，从而缓和了执政党与在野党之间的紧张关系，也有助于化解左翼政党与右翼政党的分歧。这样一来，斯洛文尼亚执政党不仅拥有多数选民的支持，而且也能够在组阁谈判和议会均衡方面促成跨党共识。

斯洛文尼亚的政治转型在独立之前就开始了，其过程可以分为三个阶段。第一个阶段是从20世纪80年代后期到1990年1月南共联盟召开第十四次非常代表大会。斯洛文尼亚出现了民族主义政党和民族民主运动。第二个阶段是从1990年春到1991年10月斯宣布独立，期间经历了第一次总统选举，第一次议会选举，民族主义政党上台执政，南联邦的解体和战争的爆发。第三个阶段是从1991年10月以后，是民主巩固的阶段。

1985年以来，斯洛文尼亚共盟（以下简称斯共盟）内部就存在着保守派与自由派间的隐形冲突。以库昌为首的自由派逐渐成为政治生活的主导者，他们主张斯洛文尼亚社会快速地自由化，南联邦实行邦联化，进行对联邦经济的根本性的改革，对西方外资开放市场。但是，随着塞尔维亚共盟在南联邦推行重新集权化的政策，斯共盟与其分歧逐渐突出。在这种情况下，斯共盟开始走上经济自主的道路，试图摆脱南联邦的共同经济政策，单独进行财政改革，甚至对塞尔维亚和黑山实行有限的禁运。不仅如此，斯共盟还鼓励斯洛文尼亚的政治多元化，允许民族主义政党和公民团体的出现。南共联盟召开第十四次非常代表大会的时候，斯洛文尼亚公众中有两种对立的政治倾向，即联邦主义者与主张独立者的对立，改革派与反共产党人的对立。斯共盟在主张独立的政治力量、民族主义政党和反共势力的支持下，成为了主导斯洛文尼亚政治转型的政治力量。1989年夏，南联邦人民军试图压制斯共盟中的自由派，支持斯共盟中的保守派，但是产生了相反的效果，反倒加强了自由派主导的斯共盟走向独立的决心。不仅如此，南联邦军队的行径被媒体披露后，斯洛文尼亚公众进一步站在了斯共盟自由派的一边。

1990年1月，斯共盟改名为斯共盟—民主改革党，宣布继续推进南联邦向邦联制的改革，引入议会制度，公开讨论如何引入市场经济。然而，这些主张的实施却遇到了民族主义政党的抵制。其中，最主要的民族主义政党是斯洛文尼亚人民党（SNS），它既反对共产党，又反对南联邦，主张进行根本性的政治和经济转型。在短短的几个月之内，人民党就与其他的右翼政党组成了选举联盟，最后加入了以斯洛文尼亚基督党为首的斯洛文尼亚民主反对派（德莫斯），成为了斯洛文尼亚第二大政治力量。在1990年年初举行的首次总统选举中，斯共盟—民主改革党领导人库昌获胜，击败了斯洛文尼亚民主反对派领袖约热·普奇尼克（Joze Pucnik）。但是，由于南联邦民族冲突日益加剧，民主反对派的支持率越来越高。1990年4月，斯洛文尼亚与南人民军之间的紧张关系进一步促进了斯洛文尼亚民主反对派支持率的提升。结果，民主反对派在首届议会选举中取得胜利，斯共盟—民主改革党位居第二位。

民主反对派和斯共盟—民主改革党在斯洛文尼亚采取何种方式转型的问题上存在着分歧：斯洛文尼亚是走向"休克疗法"还是继续渐进改革，先建立民族共和国还是先巩固民主化。二者的分歧对斯洛文尼亚政治转型产生了很大的影响。

1991年10月，德莫斯组阁，但是斯共盟—民主改革党赢得了总统大选并成为最大的在野党。最终，斯洛文尼亚左右两翼达成了共治共识。由于德莫斯本是一些改革方向不尽相同的政党组建的平台，更因为斯共盟—民主改革党有稳定的纲领、进行改革的经验与知识以及足够大的社会影响，斯共盟—民主改革党能够拉拢德莫斯中的一些小政党支持它的提案，获得议案通过的法定票数，并使得德莫斯要想通过任何改革法案都需要事先与斯共盟—民主改革党协商一致。

1991年12月21日，斯洛文尼亚议会通过《斯洛文尼亚宪法》，规定斯洛文尼亚实行议会制，总理具有最高行政权，总统是国家元首，在政府与议会之间发挥作用。宪法还确定斯洛文尼亚议会由国民议会和国务委员会组成，国民议会由代表斯洛文尼亚公民的议员组成，名额为90人；国务委员会是社会利益、经济利益、专业利益和地方利益体现者的代表机构，名额为40人；实行比例代表制。第一次民主选举后，许多政党达到了进入议会的标准。斯洛文尼亚独立后，倡导建立民族国家的政党都有较高的支持率，但是由于实行比例代表制，没有一个政党能够单独组成内阁。此外，由于斯洛文尼亚保留的两院制，执政党通过新法案必须获得各院多数议员的支持。

1991年以后，德莫斯支持率逐渐下降。一方面，这是因为德莫斯的政治立场是中间偏右，可其内部有些右翼政党如斯洛文尼亚人民党（SNS）的主张更为强硬，从而造成德莫斯内部产生分歧并逐渐解体。另一方面，独立后，斯洛文尼亚民众的民族主义情绪和独立的热情逐渐消失。[①] 大多数选民关注的重点从争取国家主权独立转变为社会发展，如国有企业的私有化、市场经济改革、养老和福利政策的改革等。民族主义的冷却从1991年就已经开始了，大多数选民不再关注民族主义情况并且反对过度的意识形态化。更为严重的是，德莫斯政府试图采取激进的措施实现大型国有企业的私有化，遭到了国有企业管理者、工人委员会以及全国联合工会（ZSSS）的强烈反对。1991年秋开始，全国联合工会与政府进行了多次谈判，但都无果而终。在全国联合工会和国营企业管理者的支持下，许多工人委员会组织了示威和罢工，要求修改内部私有化和所有制转型法案，德莫斯政府提出的法案失去了执政联盟内许多政党的支持而难以实施。

1992年4月，在失去议会信任后，基督民主党主席洛伊泽·彼得莱（Lojze Peterle）辞去总理职务，左翼的自由民主党（以前的斯共盟青年团）主席雅奈兹·德尔诺夫舍克（Janez Drnovsek）获权组阁。在同年12月举行的议会选举中，自由民主党赢得多数投票，而基督民主党居第二位。最终，这两个对立的政党建立了执政联盟，德尔诺夫舍克继续任总理，彼得莱出任副总理，右翼与左翼政党达成共识，形成了斯洛文尼亚独有的两翼政党共同执政的局面。这样，斯洛文尼亚就有效地防止了激进政治倾向的出现，采取了更加灵活的渐进方式进行经济改革。此外，斯洛文尼亚的工会、商会等组织与政府能够进行有效的对话，巩固斯洛文尼亚已有的社团主义传统。正因如此，有人认为，斯洛文尼亚成为中东欧国家中唯一一个实行协调市场经济（CME）的国家。[②] 斯洛文尼亚特有的执政共识不仅防止斯洛文尼亚陷入民主体制倒退，而且也有助于斯洛文尼亚在融入欧洲一体化进程中保持良好的初始条件。

第三节 协调市场的经济转型

与中东欧其他一些国家的经济转型充满动荡不同，斯洛文尼亚在经济

---

① Cf. Bebler, 2000, p.34.
② S. Crowley and A. Stanojevic, "Varieties of Capitalism, Power Resources and Historical Legacies: Explaining the Slovenian Exception," *Politics and Society*, 2011, 39 (2), pp. 268-293.

转型中保持了高度的社会对话，搞的不是自由市场经济，而是协调市场经济。协调市场经济，指的是政府在进行改革的进程中不仅考虑大型企业和外资的利益，也要考虑到工人的利益，让工人代表和工会参与改革进程。斯洛文尼亚之所以在经济转型中走上了这种独特发展道路，主要是因为有比较稳定的前提条件。第一，斯洛文尼亚是南联邦中最发达的共和国。在中东欧地区，二战前只有斯洛文尼亚和捷克完成了全面工业化，有发达的工业和稳定的工人组织。[①] 第二，民族同质性强。一战以来，斯洛文尼亚族占了总人口的92%，后来南联邦的民族冲突也没有造成斯洛文尼亚内部出现严重的民族矛盾。第三，制造业很发达，农业资产、服务部门已经部分私营化，因此适合于渐进的发展道路。这些有利条件使斯洛文尼亚在经济转型开始时就保持了相当稳定的生产量，在中东欧国家当中具有最大的出口竞争力。第四，南联邦自治制度遗产的影响。斯洛文尼亚有比较强大的工人委员会，工人委员会与企业管理层之间建立了互惠关系，形成了一种所谓的竞争团结。[②] 第五，公路、铁路等基础设施发达。斯洛文尼亚大城市间有良好的铁路和公路连接，农业区的运输成本也较低，这些都便于斯洛文尼亚农业地区的高度经济一体化。第六，由于地理位置和地缘政治环境比较好，斯洛文尼亚比较早地就实现了自由贸易。20世纪70年代，斯洛文尼亚就开始发展出口导向型的企业，与西方国家市场建立了密切的联系。第七，政治稳定，受战争影响小，可以集中精力进行经济转型。

除了这些内部的因素之外，影响斯洛文尼亚决定走向经济独立的道路还有两个外部因素。第一，南联邦解体之前，塞尔维亚对来自斯洛文尼亚的产品采取了禁运和强制性关税，斯洛文尼亚不得不取消与塞尔维亚的互惠措施。第二，1990年8月，南联邦最后一任总理安特·马尔科维奇（Ante Markovic）的"休克疗法"改革失败，各共和国都停止了向联邦政府交税，联邦的经济

---

① Torben Iversen and J. D. Stephens, "Partisan Politics, the Welfare State, and Three Worlds of Human Capital Formation," *Comparative Political Studies*, 41, No. 4 (May 2008), pp. 600-637; Thomas R. Cusack, Torben Iversen and David Soskice, "Economic Interests and the Origins of Electoral Systems," *American Political Science Review*,101, No. 3 (2007), pp. 373-391.

② Cf. W. Streeck, "Competitive Solidarity," in K. Hindrichs, H. Kitschelt, eds, *Kontigenz und Krise: Institutionalenpolitik in kapitalistischen und postsozialistischen Gesellshaften*, Franfkurt am M, Campus Verlag, 2000, pp. 245-262.

第二章　斯洛文尼亚的国家建构与社会发展

陷入混乱。在这种情况下，斯洛文尼亚领导人进行比较谨慎的评估后宣布了独立会给斯洛文尼亚经济带来何种影响，并由此采取了渐进的措施以防止独立后出现大规模的社会动荡。当时，斯洛文尼亚担心独立后会失去前南地区市场，但是要进行结构性的改革和加入欧共体（欧盟）又必须离开南联邦。因此，虽然"十日战争"之后斯洛文尼亚独立和政治转型成为当务之急，但其经济转型还是一度停滞，直到独立后才重新开始。

在如何进行经济转型问题上，虽然领导层有一些人主张"休克疗法"，但是斯洛文尼亚最终还是选择了渐进主义的模式，即延续了南联邦时期经济改革，逐步引入市场经济，进行税制改革，有限制地吸收外国直接投资，控制财政和金融政策，分两个阶段进行私有化。① 斯洛文尼亚选择渐进主义经济转型的原因主要是三个。

第一，私有化进程的需要。1991年年底，斯洛文尼亚议会开始讨论斯洛文尼亚的私有化问题，成立了经济专家主导的转型问题委员会，集中研究斯洛文尼亚经济的现状、如何进行私有化、怎样摆脱通货膨胀等问题，提出了"科尔塞—蒙茨格尔—斯莫尼迪法案"。该法案提出进行分权和渐进的私有化，主张私有化先从商业企业开始。由于企业有较高的自治和独立性，政府只需要发挥咨询和监督作用。1991年12月，在萨克斯财务咨询公司的建议下，斯洛文尼亚总理彼得莱以及一些亲人民党的经济专家又联合提出了"萨克斯—彼得莱—武梅克法案"。该法案主张波兰式的"休克疗法"，要快速和大规模地进行私有化，具体做法包括引入流通企业股，成立高度集中的政府机构来管理和控制私有化的进程，从根本上摆脱社会所有制，加快商业企业的私有化等。在此前后，斯洛文尼亚执政党联盟和舆论界也掀起了关于斯洛文尼亚私有化的讨论，实际涉及的问题也由"休克疗法"与渐进主义的差别逐渐变成经济转型的主导权之争，即谁将管理经济。从1991年12月到1992年9月，斯洛文尼亚议会通过了几个"私有化法案"，但由于议会中各政党达不成共识而无法颁布实行。斯洛文尼亚联合工会反对"私有化法案"，并在舆论的支持

---

① 关于斯洛文尼亚经济转型的渐进模式，可详见：J. Mencinger, "From Socialism to Capitalism and from Dependence to Independence (Double Transition of Slovenia)," *Est-Ovest*, 22, December, 1991, pp.57-92。

下提出了分权私有化的主张。执政联盟做出了让步并且不久后"辞职",[①]之后以自由民主党为首的新任执政联盟支持分权私有化的提案。1992年11月,斯洛文尼亚议会通过了《所有制转型法》,接受了私有化的分权和渐进的模式。根据这个法案,斯洛文尼亚的私有化通过以下几种方式来实现:确立内部所有权,对所有者进行赔偿,债转股,股份转化为赔偿基金,建立养老基金和开发基金,员工、管理人员和工人买断性股份分配,股份或整个企业公开出售,提高附加权益资本。[②]

第二,在斯洛文尼亚,主张"休克疗法"的经济专家的影响不大。相对于中东欧其他国家的经济转型,斯洛文尼亚没有过于依靠世界银行和美国财务咨询公司。大多数经济学家认为,斯洛文尼亚的改革并不需要像其他东欧国家那样同过去彻底决裂,而是可以接受南联邦的改革遗产并将其视为自己的比较优势。

独立后,保持宏观经济稳定是斯洛文尼亚的主要目标,但在如何保持稳定的问题上,渐进主义者与主张"休克疗法"的人之间仍存在分歧,争议的焦点就是对新货币汇率的调整。支持"休克疗法"的人主张固定汇率;渐进主义者主张浮动汇率制,因为实行平抑通货膨胀的政策有助于斯洛文尼亚宏观经济的稳定,可以降低损失和失业。为了解决独立后面临的宏观经济困难,1991年4月,斯洛文尼亚政府颁布了《第二经济纲领》,其主要内容是稳定预算、吸收外国贷款、改组银行业、稳定价格、重组制造业等。根据这个文件,斯洛文尼亚新货币特拉尔(Tolar)将在短期内代替南斯拉夫第纳尔,汇率为1:1。1991年夏季,根据萨克斯等国外咨询专家的建议,斯洛文尼亚政府曾考虑使用固定汇率。仅仅过了10个月,由于外汇储备的下降,斯洛文尼亚又不得不接受浮动汇率,通过了《汇率法》和《斯洛文尼亚中央银行法》,实行了汇率管理浮动制,采取对汇率适当控制以保证货币的供应量。

在建立市场经济方面,斯洛文尼亚开始时也采取了一系列的放任自由政策,拒绝实行短期的稳定化。尽管如此,斯洛文尼亚仍努力改善交通运输网,提升大型混合所有制企业的竞争力,刺激外资进入,保持工资稳定。到1993

---

① 详见:M. Mrak, "Slovenia: Creating Its Own Identity in the International Financial Community," Government of the Republic of Slovenia, Ljubljana, 1993。

② 详见:Jože Mencinger, *Privatization in Slovenia*, EIPF and University of Ljubljana, Slovenia, 2002, pp. 2-32。

年，斯洛文尼亚的市场逐渐稳定，大型企业恢复到了1990年前的产量。在一定程度上可以说，斯洛文尼亚的经济稳定和发展得益于旧体制中的有利部分和政府干预的减少。另外，斯洛文尼亚地处亚德里亚海沿岸，毗邻奥地利、意大利、德国、瑞士等西欧发达国家，这种地理区位对斯洛文尼亚私营企业的发展至关重要。这些企业有良好的基础设施，劳动力价格比西欧发达国家低，大大地促进了斯洛文尼亚经济的快速增长。

第三，政府、企业管理者和工人有比较好的对话机制，相互关系比较和谐。这与南斯拉夫自治制度和渐进的改革主义息息相关。1974宪法实施以来，斯洛文尼亚享有非常大的自治权，保持着一定的经济自主，发展没有过于依赖南联邦市场。共和国的联合工会在企业管理方面与工人的谈判在企业发展中起了重要作用，各大型企业都有影响力较大的工人委员会。斯洛文尼亚的企业是通过管理者与工人委员会协商一致来实现生产目标的。与此同时，共和国联合工会、各行业工会、工人委员会等工人代表组织在斯洛文尼亚经济发展中的作用越来越大。

协调市场经济和建立社团主义的福利国家对独立后至入盟时期的斯洛文尼亚产生了非常大的影响。首先，斯洛文尼亚的社会平等程度比较高，是作为社会平等程度最高的成员加入欧盟的。[①]它的就业保护立法指数（EPL）是2.6，高于经合组织（OECD）的平均水平，与德国和比利时相当；社会保障的总支出占GDP的比例为23%，超过2005年经合组织平均水平的20.5%。另外，斯洛文尼亚的基尼系数一直很低，2003年为0.247。[②]其次，斯洛文尼亚的社会共识程度比较高。德国学者马·费尔德曼（M. Feldmann）认为，在制定新社会政策方面，斯洛文尼亚的政治精英（包括执政党和主要在野党）、工会与商会之间保持了高度跨阶层共识。[③]1992年，执政联盟通过与工会、工人代表协商谈判后批准了《所有制转型法》。1994年，斯洛文尼亚因通货膨胀而出现调整工资问题的时候，联盟政府也是通过三方谈判出台相关政策。在分

---

① OECD, Slovenia, figures, 2010.
② 数据来源：Igor Guardianchic, "The Uncertain Future of Slovenian Exceptionalism," *East European Politics and Societies*, Vol. 26, No, 2, pp. 381-401。
③ Cf. Magnus Feldmann, "The Origins of Varieties of Capitalism: Lessons from Post-Socialist Transition in Estonia and Slovenia," in Hancké, Rhodes and Thatcher, *Beyond Varieties of Capitalism*, p.143.

权私有化模式的实施过程中，工人代表对企业管理的影响较大，建立了类似德国工作委员会（Betriebsrate）的组织。这些都增强了斯洛文尼亚出口导向型企业的竞争力，促进了大型与小中型企业之间的合作，减少了工人与企业管理者之间的摩擦。最后，共产主义时期政治精英继续执政。1992年，德莫斯政府下台，自由民主党（以前的斯共盟青年团）获得组阁权，由此开始了长达12年的德尔诺夫舍克左翼执政时期。自由民主党继承了斯共联盟渐进式的经济政策，它的干部对工会、媒体和舆论仍有很大的影响力。经过德莫斯时期的政治不稳定，自由民主党为首的执政联盟恢复了社会经济渐进改革模式，斯洛文尼亚是唯一的由改革的共产党人主导经济转轨的中东欧国家。

与中东欧其他国家实行的以激进改革为基础的自由市场经济模式相比较，斯洛文尼亚采取以渐进改革和社会共识为基础的协调市场经济模式，发展得更为顺利。但是，当斯洛文尼亚产品在西欧市场的竞争力出现下降的时候，它的这种经济发展模式也进行过一定的调整。

1996年以后，中东欧国家开始调整与西欧市场的关系，斯洛文尼亚经济的总体竞争力开始下降，陷入了暂时衰退。对此，斯洛文尼亚政府提出了一揽子政策，包括补贴出口公司，减轻小型企业的课税负担，减少基础设施项目的审批手续等。由于1996年斯洛文尼亚与欧盟签署了《欧洲协定》以及后来使用了欧盟结构性基金，不仅其国内小型企业得以复苏，而且减少了对外赤字并推动了金融市场的开发。不仅如此，稳定货币政策和政府控制公共部门的开支都使斯洛文尼亚宏观经济数据稳定增长。在欧盟委员会的帮助下，斯洛文尼亚完成了银行业的改组，金融系统的改革，进一步调整了特拉尔的汇率。斯洛文尼亚中央银行放松了对特拉尔的控制，允许特拉尔兑德国马克、意大利里拉、法国法朗等欧洲国家货币的汇率更自由地浮动。根据欧洲复兴开发银行的报告，斯洛文尼亚在实行财政、货币和银行改革等方面是10个候选国中最好的。2004年加入欧盟后，斯洛文尼亚经济很快被纳入到欧盟统一市场。但是，由于劳动力价格高，斯洛文尼亚不得不再次进行结构性的改革。斯中央银行渐进地提高了利息率以促进社会消费和工资的上升，结果促进了来自巴尔干国家劳动力的流入。此外，在政府补贴的支持下，斯洛文尼亚企业转向巴尔干市场，增加了对克罗地亚、塞尔维亚和波黑的出口，利用巴尔干市场比较廉价的劳动力，投资工业设施，外包预加工产业。斯洛文尼亚的这些做法基本上是在重复西欧国家在中东欧其他国家的做法，参见图2-1。

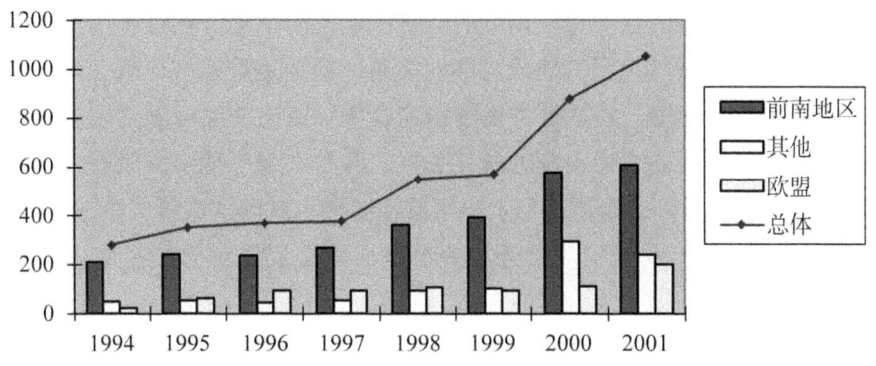

图2-1　1994—2001年斯洛文尼亚的对外直接投资（百万欧元）

数据来源：Bank of Slovenia, 2002。

第四节　入盟后的社会发展

一、外交关系的发展

加入欧盟以后，斯洛文尼亚基本上实现了对外政策的主要目标。同时，有人提出国内传统的外交已消亡，需要重新定位斯洛文尼亚的对外政策，具体来说，应当集中实现三个目标：第一，经济外交，即把外交重点放在斯洛文尼亚对外经济关系上。第二，区域"龙头"外交，即成为区域性的强国。第三，专题外交，即在欧盟共同外交中重视某一个问题，如人权问题，难民问题等。[①]另外，因为加入欧盟后斯洛文尼亚需要服从欧盟统一的外交政策，因此其入盟后外交政策的重点集中在以下三个方面。

第一，与欧盟其他成员的关系。入盟前，斯洛文尼亚既没有与邻国结成战略联盟，也没有参加区域性框架合作；入盟后，斯洛文尼亚力图成为欧盟

[①] Cf. Christopher Hill, "What Is to Be Done? Foreign Policy as a Site for Political Action," *International Affairs*, 2003 (79) 2, pp.233-255.

与东南欧国家之间的"中介"或者"东南欧地区门户"。① 罗马尼亚和保加利亚入盟后,斯洛文尼亚在东南欧地区开始面对激烈的经济竞争。2013年克罗地亚入盟后,斯洛文尼亚对东南欧的经济影响逐渐下降。在这种情况下,斯洛文尼亚开始加强与欧盟其他成员国的关系,特别是重视与德国、奥地利和意大利在贸易、投资、贷款等方面的密切合作。斯洛文尼亚领导人多次提出在地中海框架内发展与意大利的伙伴关系,参与发起了地中海联盟,支持欧盟移民政策等。另外,斯洛文尼亚也很重视同中东欧的欧盟新成员国的关系,发展同它们稳定和友好的政治经济关系是斯洛文尼亚对外关系的主要内容之一。

第二,与前南地区邻国的关系。斯洛文尼亚与克罗地亚之间的关系受困于前南解体积累的问题,最主要的是领土争端问题。1997年以来,两国政府就六块有争议的领土进行协商谈判。由于斯洛文尼亚要寻找出海口,皮兰海湾的归属就成为两国间最主要的领土争端。除领土争端之外,两国尚未解决的双边争议还包括卢布尔雅那银行债权问题和科尔什科核电厂所有权问题。入盟后,斯洛文尼亚对克罗地亚的政策也发生了变化,采取了所谓"成员国的机会主义"的做法,即利用欧盟全体一致原则及其对候选国的约束政策来强化自身的国家利益。因此,皮兰海湾争端的僵局导致了2008年斯洛文尼亚否决了欧盟开始同克罗地亚进行入盟谈判的决定,造成两国关系的恶化。经过两国政府的谈判,2010年克罗地亚与欧盟才恢复入盟谈判。斯洛文尼亚对前南地区国家的政策,主要是利用与前南地区国家的社会、文化等方面的联系来加强同它们的经济关系,同时对前南地区候选国提供政治支持和咨询。

第三,与欧盟外部国家的关系。斯洛文尼亚优先考虑与美国、俄罗斯和中国在经济方面的关系,同时也注意发展同世界其他国家的关系,如对非洲国家奉行人道主义政策。② 美国是斯洛文尼亚的"跨欧"主要伙伴,自独立后,斯洛文尼亚与美国的政治、经济和社会关系保持稳定发展。2006年,两国实行互免签证,以便促进双边贸易、学术界和民间的交流。2008年,美国总统布什访问斯洛文尼亚,进一步推动斯洛文尼亚与美国的关系。斯洛文尼亚履

---

① Cf. Christos Kassimeris, "The Foreign Policy of Small States," *International Politics*, 2009 (46) 1, pp.84-101.

② Martin Fletcher, "All hail the mystic president," *The Times*, Nov. 15, 2007.

行了在美国提出的"和平伙伴"倡议中的承诺,充分支持美国参与波黑事务。2011年,斯洛文尼亚总理博鲁特·帕霍尔(Borut Pahor)访美时,两国确定了斯洛文尼亚在东南欧安全框架中的重要作用,重申斯洛文尼亚是美国主要的区域伙伴。①

斯洛文尼亚也努力发展与俄罗斯的关系。斯洛文尼亚位于巴尔干区域并与中欧毗邻,这种地缘政治地位使俄罗斯对它十分关注。同时,斯洛文尼亚虽然受欧盟共同对外政策的约束,但是并不强烈地反对俄罗斯。所以,俄罗斯把斯洛文尼亚当成欧盟成员国中最稳定的伙伴。2011年,普京对斯洛文尼亚的访问提升了两国政治互信并促进经济交流,两方签署了《南溪协议》(The Agreement on the South Stream),②确定了由俄罗斯至中欧天然气管道路过斯洛文尼亚的细节。然而,由于自2013年俄欧关系出现紧张,这项计划尚未得到落实。

斯洛文尼亚同中国关系的特征是双方经济和政治关系的稳定发展。从1992年两国建交开始,斯洛文尼亚与中国发展关系的目标就定为加强经济合作和推动斯洛文尼亚产品出口到中国。2004年以来,作为已入盟的巴尔干国家,斯洛文尼亚利用地缘位置来吸引来自中国的外资。斯洛文尼亚积极参加中国对中东欧的区域性倡议,支持中国"16+1合作"机制,提高区域性的经济一体化。2013年,斯洛文尼亚参加了在布加勒斯特召开的"16+1合作"首次领导人峰会。斯洛文尼亚参加这项倡议的主要目标是进一步加强与中国的贸易交流,推进斯洛文尼亚产品出口到中国,促进区域性的经济合作,力争成为中国向中欧和东南欧国家投资的连接国。

二、国内政治的变化

随着融入欧洲一体化进程的发展,斯洛文尼亚的内政也发生了很大变化。斯洛文尼亚主张民族主义的政党逐渐失去了公众支持,③极右翼政党不得不调

---

① "Pahor segel Obami v roke" (Pahor Shakes Hands with Obama), MMC RTV Slovenia, 9 February 2011.

② "Sporazum o Južnem toku je podpisan" (The Agreement on the South Stream has been Signed), MMC RTV Slovenia, 22 March 2011.

③ 关于2000年以来在欧洲国家民粹主义的趋势,参见:C. Fieschi, M. Morris, L. Caballero, eds., *Populist Fantasies: European Revolts in Context*, Counterpoint, 2013。

整自己的政策。同时，许多左翼的政党也开始走第三条道路，主张放松经济管制和加强融入欧洲一体化。① 这样的调整直接导致了一些亲欧盟的政党出现。在这个过程中，一些主要政党开始采取争取全体选民的策略来获得公众的支持。其中，右翼政党逐渐得到了左翼势力和中间摇摆选民的支持。于是，斯洛文尼亚政坛上又出现右翼取得共识的现象。

2004年年底斯洛文尼亚举行议会选举，以斯洛文尼亚民主党为首的右翼联盟赢得100多个议会席位并组阁。在20世纪90年代的政治转型过程中，斯洛文尼亚民主党被视为极端主义和民粹主义的政党，② 因此，2000年德尔诺夫舍克拒绝与它组成联盟。雅奈兹·扬沙（Janez Jansa）担任斯洛文尼亚民主党主席后，民主党从传统的保守主义转向民粹主义。扬沙为首的民主党取消了"左右共治"的共识，中断了政府、工会与商会之间稳定的对话。在竞选中，他利用斯洛文尼亚民众入盟后的忧虑和执政的自由民主党支持率下降，主张加强天主教的作用和放松对斯洛文尼亚经济的管制。同时，由于德尔诺夫舍克辞去党主席，自由民主党缺少强势的主席，其支持率开始不断地下降。民主党上台执政后，开始致力于社会政策和福利系统的改革。

右派共识对斯洛文尼亚以社团主义为基础、协调市场经济的模式带来了深刻的影响。首先，民主党聚集了一些"亲商"的经济专家，推行放松经济管制的政策，即减少政府对大型企业的干预和重视金融部门的增长，减轻对金融企业的税收。斯洛文尼亚对外直接投资（ODI）大幅增长，参见图2-1。民主党政府还重新进行养老保险的改革，导致政府与退休党和左翼党派的关系紧张。第二，民主党政府开始单方面地提出福利和劳动保险的议案，事先没有与工会协商一致。因此，联合工会强烈反对民主党政府的社会政策，这加剧了资本与劳工之间的矛盾。随后，退休保险改革陷入了僵局，再分配体制的公平性逐渐下滑，贫富差距问题开始显现出来。第三，政治上的两极化。在2004年选举竞选中，扬沙提出斯洛文尼亚应当通过与波兰类似的法案，揭

---

① 参见：Richard Katz, Mair Peter, "Changing Models of Party Organization and Party Democracy," *Party Politics*, 1995 (1) 1, pp. 5-27; Richard Katz, Mair Peter, "The Cartel Party Thesis: A Restatement," *Perspectives on Politics*, 2009 (7) 4, pp.753-766。

② D. Fink-Hafner, "Slovenia," *European Journal of Political Research Political Data Yearbook*, 2009, 48(7-8), pp.1106-1113。

露南联邦时期斯共联盟的所作所为及其对斯洛文尼亚现实政况的影响。这引起了大规模的舆论讨论并造成了斯洛文尼亚政治上的两极化。

2008年议会选举中,社会民主党以不到1%的优势赢得组阁权。社会民主党、自由民主党和退休党组成了执政联盟,社会民主党的帕霍尔成为新总理。但是,这并不意味着斯洛文尼亚的左派共识复兴。右派共识使得斯洛文尼亚左翼政党趋向中间化,右翼政党与左翼政党的界限越来越不明显。右翼政党接受亲欧的主张但仍然接触激进的选民,获得大多数民众的支持。然而,在右翼政党的执政过程中,许多的激进选民却因被边缘化而开始支持极右翼政党。同时,左翼政党逐渐失去了传统的选民。大量选民陷入政治冷漠状态,于是,斯洛文尼亚开始出现一些极左或极右的主张。由于入盟后忧虑和中东欧国家一样出现"欧洲怀疑主义"思潮,斯洛文尼亚人民党开始重提主权问题,反对少数民族法的修改,重新关注斯洛文尼亚领土完整。由于与克罗地亚在皮兰湾的争端,斯洛文尼亚人民党的主张更是加剧了公众在这个问题上的分歧。右翼政党的政策变得更强硬,迫使左翼执政联盟对克罗地亚施加压力。帕霍尔要求克罗地亚政府批准2002年关于克罗地亚与斯洛文尼亚领海边界的"拉昌—德尔诺夫舍克协议"。该协议确定了斯洛文尼亚的出海权,但未被克罗地亚议会批准,因此导致了斯洛文尼亚和克罗地亚关系的恶化。不久,斯洛文尼亚否决欧盟委员会就克罗地亚入盟谈判结束的决定,也加剧了斯洛文尼亚与欧盟关系的紧张。

2008年,欧盟国家爆发了经济危机。在如何走出经济危机方面,斯洛文尼亚的右翼政党和左翼政党都没有行之有效和独具特色的政策,这导致选民转向支持民粹主义政党与公民组织,斯洛文尼亚的政党格局变得十分复杂。

2011年,执政联盟伙伴党的退休党和自由民主党离阁,政府无法获得信任投票,不久下台。在2011年举行的议会选举中,卢布尔雅那商人佐兰·扬科维奇(Zoran Jankovic)成立了"积极的斯洛文尼亚党"(Positive Slovenia),在竞选中打出反腐和亲商的口号,并获得最多选票,与新兴的公民名单党(Civil List)、社会民主党和退休党开始组阁谈判。公民名单党、退休党先后退出组阁谈判,积极党无法组织内阁。斯洛文尼亚总统给予民主党组阁权,扬沙再次成为总理。但是,由于执政联盟的分歧以及腐败丑闻,2013年年底扬沙不得不辞职。

2014年第八次议会选举前夕，民主党主席扬沙被捕，民主党支持率大幅下降。组阁失败的积极党也发生了重大变化，扬科维奇下台，温和派的阿伦卡·布拉图舍克（Alenka Bratusek）在2013年1月成为新任主席，并通过社民党与积极党组阁谈判在2013年成为斯洛文尼亚总理。但是，扬科维奇并不甘心下台，而是集合了党内的支持者再次成为主席。积极党因此分裂，布拉图舍克宣布退党并辞去总理职务，成立了布拉图舍克联盟独立参选。社会民主党则由于2012年帕霍尔成为总统陷入领导层危机。在同年6月举行的党主席选举中帕霍尔以微弱劣势败给卢克西奇（Igor Luksic）后，社会民主党失去了稳定的领导核心，也因此失去了大量选民。在2014年5月举行的欧洲议会选举中，社会民主党只获得8%的选票；在同年7月举行的议会选举中只获得5.95%的选票。期间，卢克西奇也不得不辞去了党主席职务。卢布尔雅那大学法律系教授米罗·采拉尔（Miro Cerar）成为当时斯洛文尼亚政坛上的一匹黑马，在竞选中他组建了米罗·采拉尔党（后改名为现代中间党），许诺解决经济问题并赢得多票数，获得组阁权。

三、社会发展的趋势

宏观看斯洛文尼亚入盟后的政治情势，可以发现两个新的趋势。第一，斯洛文尼亚政治生活逐渐个人化，即政党逐渐失去主要作用，而个人政治倡议和以个人为基础的政党发挥越来越重要的作用。这种趋势是斯洛文尼亚比例选举制的遗产：小型政党无法得到大多数支持，但又不得不组织政党联盟来执政，从而使政党联盟领导人的作用越来越突出。正因如此，主要政党在其领导人换届时都会造成政党的支持率下降。德尔诺夫舍克离开了自由民主党后，自由民主党一直不能恢复元气。帕霍尔成为总统和扬沙被逮捕后，社会民主党和民主党的支持陷入低谷。此外，新出现的以个人为基础的政党，如扬科维奇的积极党、采拉尔的现代中间党等逐渐成为执政党。第二，斯洛文尼亚政党主张的专题化，即注意力集中于一个社会问题或一个社会群体的政党逐渐获得相当多选民的支持。90年代自由民主党的左翼共识和2004—2008年民主党的右翼共识之后，"单一议题政党"利用了大型政党统揽一切战略的空当，越来越重视特殊社会群体的利益并以此来巩固选民支持。2000年以来，退休党一直获得5%以上支持率并自此参与每届政府。2011年选举以来，绿色党已经获得议会席位。

在经济发展方面，入盟后的最初几年斯洛文尼亚经济增长率继续上升，参见下图。社会消费、政府开支、福利成本和人均工资都随经济增长而增加，斯洛文尼亚成为中东欧国家中最发达的国家。

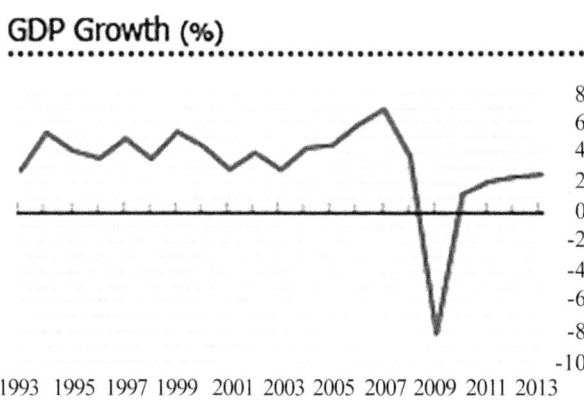

图2-2　斯洛文尼亚国内生产总值增长率

数据来源：欧洲中央银行，2015年。

2007年，斯洛文尼亚引入欧元，提高了斯洛文尼亚出口到欧盟成员国产品的竞争力，同时零售消费大幅增长。但是，劳动成本增长使斯洛文尼亚逐渐依赖来自巴尔干国家的工人。此外，由于欧盟共同市场的竞争，斯洛文尼亚重返前南地区国家市场，推动向黑山、塞尔维亚和北马其顿金融业的投资，力争实现前南地区国家进口斯洛文尼亚产品的增长。然而，由于执政联盟不稳定和右翼在野党的反对，斯洛文尼亚无法进行经济结构性的调整。同时，由于高度依赖西欧市场，2008年金融危机后，斯洛文尼亚国民经济发展缓慢乃至停滞，经济增长速度已明显放慢，2009年社会产值年均增长下降8%，失业率由4%涨到8%。为此，斯洛文尼亚政府采取紧缩措施来稳定经济，开始制止不良经济的问题，如降低外贸中的结构性逆差，提高国营企业的生产力，鼓励企业招聘失业人员，补助退休费用，保持工资的稳定等。此外，政府又采取措施促进外贸增长，完善金融体制，控制工资与消费之间的平衡。2013

年，斯洛文尼亚增长率恢复到了2008年前的水平。① 2014年，斯洛文尼亚已经走出经济衰退，但是结构性的调整还没有完成，其中产品竞争力的下降和劳动力成本高仍是斯洛文尼亚最突出的问题。

① 斯洛文尼亚统计局，www.dzs.si，访问时间：2016年4月7日。

第三章　克罗地亚的国家建构与社会发展

克罗地亚位于巴尔干半岛的西北部，北邻斯洛文尼亚，东北与匈牙利接壤，东部毗邻塞尔维亚，东南与西南环绕着波黑，领土面积56594平方千米，2015年人口总数422万。①1991年独立后，克罗地亚在冲突和战争中开始了国家建构和回归欧洲的漫长过程，并于2009年加入北约，2013年7月成为欧盟的成员国。从追求主权独立到成为欧盟成员国，从构建民族共和国到建立欧洲式公民国家，是1991年以来克罗地亚社会发展的主要内容。

第一节　从主权独立到加入欧盟

1991年之前，克罗地亚对外政策的基本原则是追求主权独立和实现领土完整。在这方面，克罗地亚同斯洛文尼亚紧密地站在一起。由于20世纪80年代南斯拉夫民族问题凸显且南联邦与共和国之间权力失衡，克罗地亚试图走向国家的独立。②但是，克罗地亚宣布独立后，战争随即爆发。对克罗地亚来说，维护领土完整成为它的首要目标。与此同时，克罗地亚在战争中还提出了"反对南斯拉夫一体化""回归欧洲"的口号，这些在很大程度上影响了克罗地亚对欧盟的政策。③

维护克罗地亚的独立自主和领土完整主要是针对所谓"大塞尔维亚的侵略"和聚居在克罗地亚塞族所提出的分离要求而言的。尽管如此，由于战争中与波黑的复杂关系，克罗地亚提出要遵守"阿夫诺伊边界协议"，这与波

---

① 据2011年克罗地亚统计局普查数据，参见：Drzavni ured za statistiku, 2012。
② 有些欧共体国家的外长提出，克罗地亚必须先履行巴丁特委员会关于宪法改革的要求，才能得到欧共体的承认。但是，由于克罗地亚战争的爆发，克罗地亚未改宪法就得到国际承认。
③ R. Vukadinovic, "Croatian Foreign Policy," *Balkan Forum*, Vol. 1, No. 2, pp.163-187; R. Vukadinovic, *The Break up of Yugoslavia? Threats and Challenges*, The Hague, 1991.

黑克族聚居区统一相矛盾。因此,有批评者认为,独立自主不仅是指克罗地亚独立自主,而且也意味着建立克罗地亚族的统一国家。此外,维护领土完整还表现为克罗地亚反对境内塞族的分裂。1991年春全民公决举行后,图季曼宣布克罗地亚将尊重少数民族塞族的权利,确保克罗地亚议会中塞族代表的比例。[1] 1991年夏,克罗地亚政府同一些塞族代表就塞族的地位进行谈判。塞族人民党主张塞族应当成为克罗地亚共和国的组成民族,并享有更大的自治权。但是,克罗地亚政府只同意给予有限的自治权。后来由于发生了武装冲突,塞族单方面宣布独立,双方的谈判中止。[2] 克罗地亚于1995年发动了"风暴行动",收复被塞族占领的领土,塞族人口大规模外流,克拉伊纳地区的人口大大减少。南联盟和克拉伊纳塞族流亡组织称"风暴行动"为种族清洗,指责克罗地亚军队在行动期间及之后参与犯罪活动,要求国际社会的干预。"风暴行动"的实施方式,对克拉伊纳塞族的镇压以及塞族人重返克拉伊纳等问题,成为后来南联盟(再后来是塞尔维亚)和克罗地亚双边关系中的敏感问题。[3]《代顿协议》签订后,在联合国的倡议下,南联盟和克罗地亚签署《艾尔杜特协议》(Erdut Agreement),确定向东部斯拉夫尼亚派驻维和特派团,并约定经过一个过渡期后将东部斯拉夫尼亚归还给克罗地亚。1998年维和任务完成,东斯拉夫尼亚领土正式回归克罗地亚。克罗地亚宣布双方难民和平返回,尊重塞族的权利。在领土纷争方面,克罗地亚同南联盟(以及后来的黑山)有南部普雷夫拉卡的归属争端,同意大利和斯洛文尼亚有亚得里亚海域外的控制区归属之争,但都在谈判解决的过程之中。[4]

---

[1] Cf. Ramet, 2006, p.77.

[2] Nina Caspersen, "The Thorny Issue of Ethnic Autonomy in Croatia: Serb Leaders and Proposals for Autonomy," London School of Economics and Political Science, London, 2003, http: www.ecmi.de,访问时间:2015年12月4日。

[3] 克罗地亚与塞尔维亚关系中的克拉伊纳塞族难民问题是极富争议的。以下论著在论述克罗地亚塞族问题上提供了不同的视角:J. Ilic, "The Serbs in Croatia before and after the break-up of Yugoslavia," *Zbornik Matice srpske za drustvene nauke*, Belgrade, 2006, No. 120, pp. 253-270; David Bruce Macdonald, *Balkan Holocausts?: Serbian and Croatian Victim Centered Propaganda and the War in Yugoslavia*, Manchester: Manchester University Press, 2003; Nikica Baric, *Srpska pobuna u Hrvatskoj 1990-1995*, Zagreb: Golden Marketing, 2005([克]尼·巴里奇:《1990—1995年克罗地亚塞族的暴动》,萨格勒布:黄金宣传出版社,2005年,克文版)。

[4] Mladen Klemencic, Dusko Topalovic, "The maritime boundaries of the Adriatic Sea," *Geoadria*, 2009, University of Zadar, pp. 311-324.

第三章 克罗地亚的国家建构与社会发展

"反对南斯拉夫一体化"指的是克罗地亚宣布放弃加入"前南地区"的任何整体框架,反对重建统一南部斯拉夫国家。① 20世纪70年代,"反对南斯拉夫一体化"是斯洛文尼亚和克罗地亚文化圈存在的东方主义倾向的一部分。随着80年代南斯拉夫南部和北部的发展差距明显加大,一些民众和政治精英,特别是克罗地亚的政治精英,认为克罗地亚在社会发展上属于中欧或地中海地区,不愿意与巴尔干其他地区交流,由此产生了对南斯拉夫和巴尔干文化的偏见。1991年以来,克罗地亚的新执政党据此来制定新的文化政策(主要是语言政策),奉行针对塞尔维亚化的"反南斯拉夫一体化"政策。主要体现在:第一,主张同南斯拉夫时期的外交彻底决裂,不继承南联邦时期克罗地亚建立的对外关系。② 第二,摆脱南联邦时期的社会主义制度,如自治体制和不结盟政策。第三,拒绝与前南的其他共和国在未来进行整合。当然,这三个方面并不意味着克罗地亚与所有南联邦时期的遗产决裂。比如1991年第一次颁布的《克罗地亚宪法》承认独立的克罗地亚源于反法西斯斗争的遗产,宣布独立的决定是1974年的《南联邦宪法》所赋予的权利。③ 1991年的新宪法意味着克罗地亚未来不会再参与统一南斯拉夫的建立。④ 1992年,获得国际承认后,克罗地亚不承认南联盟是南联邦的继承国,不重视发展同"前南地区"其他国家政治、经济、社会等方面的关系,也不急于处理南联邦的遗产问题。这一原则在整个20世纪90年代都一直没变,2000年后才有了某些调整。在融入欧洲一体化的进程中,克罗地亚的内外政策从强烈反对基于"前南地区"的任何框架,调整到与欧盟一起讨论对东南欧的政策,后来鼓励和帮助东南欧国家加入欧盟和北约。

---

① 关于"反对南斯拉夫一体化"的原则及其对克罗地亚内政和外交的影响,参见:Natasa Zambelli, "Između Balkana i Zapada: problem hrvatskog identiteta nakon Tuđmana i diskurzivna rekonstrukcija regije," *Politička Misao*, Vol. 47, No. 1, 2010, pp. 55-76([克]纳·萨姆贝利:《在巴尔干与西方之间:后图季曼时期克罗地亚的认同问题及(东南欧)地区话语重建》,《政治思想杂志》2010年第47卷第1期,克文版,第55—76页)。
② 尽管如此,克罗地亚和斯洛文尼亚继续遵守原南斯拉夫的双边协议。
③ Cf. Preamble of Croatian Constitution, Croatian Parliament, 1991, www.sabor.hr,访问时间:2016年10月30日。
④ Preamble of the first draft of the Croatian Constitution, 1991, Hrvatski Sabor, www.sabor.hr,访问时间:2016年12月1日。

克罗地亚的"回归欧洲"方针酝酿了十年。期间，克罗地亚的外交努力完全集中于恢复领土完整，融入欧洲一体化进程则处于次要地位。它与欧盟的关系大起大落，导致了克罗地亚曾短暂地陷入外交孤立的局面和出现亲欧政策的逆转。在1995年"风暴行动"阶段，克罗地亚与欧盟的关系出现恶化，即由于欧盟批评克罗地亚对波黑克族的政策、对塞族难民问题的政策以及克军所犯的战争罪行，导致双方关系紧张。

克罗地亚与欧盟的分歧首先体现在克罗地亚与海牙前南战争国际刑事法庭（以下简称前南刑庭）就引渡克罗地亚将军的合作上。1995年10月，欧盟部长理事会批评克罗地亚政府不合作的行为。几周后，联合国安理会1019号决议批评了克罗地亚对塞族少数民族的非人道行为。对于上述批评，克罗地亚进行强烈回击，并因此逐渐陷入外交孤立。与欧盟不合作的做法导致克罗地亚国内政治精英的分裂。右翼对欧盟的立场越来越不满，这种情绪源于战争时期欧共体在克罗地亚战争中犹豫不决的立场。[①] 右翼政党支持图季曼政权对欧盟的批评，认为克罗地亚战争是防御战，欧盟不尊重克罗地亚主权和基本价值观。另一方面，左翼政党却批评图季曼政权使克罗地亚脱离融入欧洲一体化的轨道，主张克罗地亚与布鲁塞尔和解。但是，战争结束几年后，克罗地亚舆论认为克罗地亚战争是防御战的观点是基本共识，这降低了公众加入欧盟的热情。与欧盟关系疏远的同时，克罗地亚与美国的关系亲近起来。在前南地区战争即将结束时，美国对克罗地亚的支持不仅导致了战争的决定性变化，而且使克罗地亚在对外政策上开始重视美国，忽略欧共体（欧盟）。[②]

在2000年克罗地亚的议会选举中，以社会民主党为首的左翼政党联盟取得胜利。克罗地亚恢复了与欧盟的合作，重启融入欧洲一体化的政策。此后，不论多么曲折，克罗地亚对外政策的主要目标一直是加入欧盟。2000年11月，欧盟成员国与东南欧国家联合峰会在萨勒格布召开，峰会推动了东南欧国家融入欧洲一体化的进程。萨格勒布峰会以来，克罗地亚做出了一系列重大的外交决策，其内容涉及与南联盟（塞尔维亚）关系的和解，稳定与邻国的关系，加强同欧盟机构的合作等。然而，2002—2004年克罗地亚联盟政府

---

① Cf. Z. Lerotic, "Postdejtonska Hrvatska," *Politička Misao*, Vol. 33, No. 4, pp.131-149（［克］佐·勒罗迪奇：《〈代顿协议〉后的克罗地亚》，《政治思想杂志》1996年第33卷第4期，第131—149页）。

② 图季曼外交思想对克罗地亚对外关系的影响，参见：Nobilo, 2000。

在与前南刑庭的合作问题上依旧存在分歧,克罗地亚与欧盟关系又冷却下来。2003年,克罗地亚民主联盟新领导人伊沃·萨纳德尔(Ivo Sanader)获得组阁权后,克罗地亚与欧盟关系趋于稳定并且开始改善,原因是萨纳德尔政府超越了左与右之间的分歧。他与塞族人民党联合组成政府,把极为激进的民族主义政党或团体边缘化。此外,他恢复了同前南刑庭的合作。2005年11月,在克罗地亚政府的支持下,将被起诉的将军格托维纳(A. Gotovina)逮捕。不久,克罗地亚同欧盟开始了入盟谈判的进程。

克罗地亚和欧盟之间出现分歧到关系恶化,再到缓和并签署《稳定与联系协议》,经历了很长的时间,欧盟对其扩大政策也经历了变化与调整。从2004年第五次扩大到2007年罗、保加入欧盟,欧盟出现了十个新成员国。随着罗马尼亚和保加利亚入盟,新成员国数量已超过老成员国的数量。然而,新成员国的社会发展程度与西欧国家相比差别比较大,直接影响欧盟放慢了扩大政策。同时,罗马尼亚和保加利亚入盟也导致克罗地亚的入欧盟热情逐渐冷却下来,甚至出现了"入盟的焦躁(impatience)"症状。

从2006年11月到2009年10月,克罗地亚政府花费相当多的精力和时间,反复讨论如何满足欧盟及其成员国的要求。欧盟提高了对申请入盟者的要求,包括更严格地筛查候选国在法治、司法、地区稳定等方面的改革。在这种情况下,如何加强同前南地区国家的合作,缓和与塞尔维亚关系,保障波黑的政治稳定,与邻国处理好边界与边境少数民族问题,成为当时克罗地亚政府关注的问题。2008年10月,克罗地亚与斯洛文尼亚的关系因皮兰海湾边界问题又趋紧张,斯洛文尼亚否决了欧盟委员会与克罗地亚的《克罗地亚入盟协定》。结果,克罗地亚入盟谈判陷入停顿,萨纳德尔因此辞职。从副总理成为新总理的科索尔(Jadranka Kosor)集中力量解决克罗地亚与斯洛文尼亚关系的障碍,继续根据欧盟委员会的建议进行改革。在随后一段时间里,克罗地亚成功地进行了法治方面的改革和反腐斗争。经过谈判,克罗地亚和斯洛文尼亚达成了仲裁协议,斯洛文尼亚撤回了否决票。2011年,克罗地亚与欧盟签订了《克罗地亚入盟协定》。2013年7月,克罗地亚加入欧盟。

入盟后,克罗地亚对外政策进入了新的阶段,开始了结构性调整,形成对欧盟成员国政策、参与欧盟共同安全和对外政策、对尚未入盟邻国政策和对欧盟外部国家政策四方面的外交政策。

第一，与欧盟成员国的关系。德国被视为克罗地亚的盟友。前南地区战争爆发后，德国率先打破了欧共体的外交僵局，承认克罗地亚独立并在战争中站在克罗地亚一边。在克罗地亚入盟谈判的进程中，德国的推动力也起了决定性的作用。同时，克罗地亚与德国经济关系也十分密切，在克罗地亚的银行业和通讯业，德国的投资尤其明显。目前，克罗地亚在德国的移民、侨民和务工人员已经超过30万。[①] 正是依靠与德国的双边关系，克罗地亚才度过了入盟的焦虑期。[②] 克罗地亚与意大利、奥地利关系的密切程度仅次于德国。意奥两国对克罗地亚的外交政策也有影响，主要体现在克罗地亚领导人反复提出发展同地中海国家的关系。克罗地亚看重意大利在地中海合作框架（地中海国家联盟）中的作用，由此也参加了促进区域性合作的"阿尔普—亚得里亚区域行动"。另外，克罗地亚还加强同欧盟中其他中东欧成员国的合作，支持它们在欧洲议会中提出的地区倡议等。在此基础之上，克罗地亚积极参与欧盟的共同安全和对外政策。

第二，对尚未入盟邻国的政策。南斯拉夫解体二十多年来，克罗地亚面临的前南地区历史遗留问题有四个方面。一是重新考虑之前的反对南斯拉夫一体化的外交原则。2000年后，克罗地亚开始重新考虑参与东南欧国家的地区框架。二是北约在地区安全中的影响力。从1995年波黑战争结束到《代顿协议》签署，克罗地亚与南联盟在地区安全方面的合作越来越深化。但是，由于塞尔维亚拒绝加入北约，克塞两个地区大国之间的关系也因此受到一些消极影响。三是南联邦遗产的继承问题。南联邦解体后，其主权债务的分配问题逐渐提上前南地区国家间处理相互关系的日程，包括主权债务的纠纷、南联邦外国资产（如大使馆、国有企业代表办公室等）、南联邦公司的财产和金融资产等。[③] 四是与战争相关的问题。主要体现在与塞尔维亚关系上，包括难民问题、战争赔款、双方的失踪者和受害者以及战争的责任。在2002年

---

① 德国与克罗地亚关系的更多内容，参见：Granic, 2005。
② 欧盟议会的党派和政治组织及其对本国外交政策的影响，参见：Dejan Jovic, "Hrvatska vanjska politika pred izazovima clanstva u Europskoj uniji," *Politička Misao*, Vol. 48, No. 2, 2013, pp.7-36（德·乔维奇：《加入欧盟后的克罗地亚对外政策》，《政治思想杂志》2013年第48卷第2期，克文版，第7—36页）。
③ 参见："Zakon o potvrdjivanju dogovora o pitanju sukcesije bivse SFRJ," *Sluzbeni glasnik SRJ*（《关于确认前南五国协定南联邦继承问题的法案》，《南联盟官方公报》，2006年，塞文版）。

和2007年签订的协议中,双方同意开展双边合作解决上述问题,而关于战争的责任则交由前南刑庭处理。五是民族主义的挑战。右翼政客仍经常煽动民众的民族主义情绪,干扰塞尔维亚和克罗地亚和解的进程。例如,2004年以社会民主党为首的竞选联盟因在对塞尔维亚的立场上过于软弱而输了选举;2008年克罗地亚承认科索沃的独立以及2013年前南刑庭宣判克罗地亚将军格托维纳和马尔卡奇无罪,都引发了克罗地亚的塞族和塞尔维亚公众的强烈反应。2016年前南刑庭释放了舍舍利,再次加剧了两国间紧张关系,克罗地亚否决了欧盟准备启动与塞尔维亚的第23章(审判和基本人权)的谈判。克罗地亚提出了三个条件:修改或废除起诉前南战犯的法律、与前南刑庭全面合作、保护少数民族尤其是克族人的权利。

第三,与欧盟外部国家的关系。入盟后,克罗地亚政府提出,在遵守欧盟共同安全和对外政策以及保持本国相关政策连续性的基础上,继续巩固和加强同美国、俄罗斯、中国的关系。

从美国承认其独立到加入北约,克罗地亚同美国关系的发展变化一直是以加入欧洲—大西洋区域整合进程为基础。克罗地亚对美国及以美国为首的北约的政策从一开始就与其对欧盟政策和"回归欧洲"的外交原则相一致。而在美国对巴尔干地区的政策中,克罗地亚被视为最可靠的地区伙伴之一。相对应,从战争结束到图季曼逝世,由于美国军事等方面的援助和克罗地亚同欧盟关系遇到的曲折,克罗地亚也把美国视为最重要的盟友和伙伴。

1992年克俄建交到1999年,由于俄罗斯的政治动荡以及在战争中站在塞尔维亚(南联盟)一边,克罗地亚对发展同俄罗斯的关系兴趣并不大,两国关系没有实质发展。2000年,普京就任俄罗斯总统,俄罗斯逐渐开始关注中东欧地区。与此同时,欧洲国家对俄罗斯的政策也开始发生变化。作为欧洲小国,克罗地亚对俄罗斯的政策在很大程度上体现了欧盟大国对俄罗斯的政策,特别是在石油能源的关系上。[①]2003年后,克罗地亚同俄罗斯的经济关系出现快速发展,但是乌克兰危机爆发后不久,随着欧盟对俄罗斯进行制裁,克罗地亚同俄罗斯的经济关系又开始冷淡。

---

① 2003年以来,克罗地亚和斯洛文尼亚与俄罗斯经济合作的主要项目是建立匈牙利—克罗地亚—斯洛文尼亚输油管道项目。

克罗地亚同中国的关系保持着稳步推进。1992年克罗地亚同中国建交时，双方通过联合国安理会才有所接触。其中，中国反对国际力量干涉前南地区，采取偏向于支持俄罗斯的立场，导致中国在克罗地亚舆论中有一些负面形象。1994年图季曼访华后，两国关系有了实质改善。克罗地亚领导人更详细地了解了中国对外政策的原则，双方在外交上增进了相互了解和政治互信，经贸和文化合作也开始推进。2000年以来，中国经济的崛起促使欧洲国家对华政策逐渐变化。许多欧洲国家尤其是中东欧国家开始重视同中国经济贸易关系的发展，克罗地亚也开始重视中国对中东欧和对东南欧的政策，寻找双方合作的空间和潜能。到2013年，克罗地亚试图利用其东南欧与中东欧之间的中间位置，推动中国在地区交通基础设施领域的投资，充当中国进入该地区的门户国。入盟后，克罗地亚奉行同欧盟一致的对华政策，集中发展双方经济和贸易关系，探索对华关系发展的新模式，寻找经济领域的"小众市场"，如推动中国企业在旅游业的投资等。①

除了重视同上述三个大国的关系外，克罗地亚还提出，恢复和加强同北非国家（以往属于"不结盟运动"国家）的关系，根据南联邦遗留下的软实力与近东石油国家和新兴中亚国家推动经济合作。②

第二节　从民族化到民主化的政治转型

一、民族化与民主化

20世纪80年代南斯拉夫经济、联邦体制和民族问题三个方面的巨大危机导致了南联邦中央政府的权威逐渐衰微，各共和国政府与共和国级共盟逐渐成为南斯拉夫政治的真正主角。由于在媒体自由化程度、宗教自由程度、个人自由程度、经济发展程度方面发展较好，克罗地亚的民主化有良好的环境。然而，克罗地亚的民主化进程中也有一些消极因素，导致其道路依然曲折。

---

① 关于克罗地亚与中国的关系，更多细节见：S. Plevnik, S. Mesic, *Kina Na Balkanu*, Zagreb: ATM Marketing, 2012（[克]斯·普勒夫尼克、斯·梅西奇:《中国在巴尔干》，萨格勒布: ATM出版社, 2012年, 克文版）。

② 2007—2009年间，梅西奇总统启动了与哈萨克斯坦的一系列经济贸易，还与哈萨克政府签订了一些商业合同。

第一，塞尔维亚共盟重新集权化运动的影响。重新集权化是塞尔维亚政治精英针对南斯拉夫政治危机提出的方针，要求南斯拉夫强化中央集权制，通过镇压公开抗议和罢工等方式消除社会上反南斯拉夫和反社会主义的因素。重新集权化虽然逐渐发展为"大塞尔维亚"民族主义运动，但是在80年代中期赞同和支持同一个南斯拉夫的主张仍然影响了克罗地亚民众尤其是克罗地亚塞族和党内干部。80年代后期，针对来自贝尔格莱德的塞尔维亚化和联邦集权化政策，克罗地亚的共盟领导开始强调1974年宪法的精神，既批评塞尔维亚共盟的集权化倾向，也反对共和国内部和共盟内多元化的倾向。1989年后，塞尔维亚共盟的重新集权化运动逐渐表现出非民主和民族主义的特征，不仅导致南联邦民主化进程的逆转，而且使得亲南斯拉夫派在克罗地亚共盟内逐渐被边缘化。

第二，克罗地亚共盟的内部分歧。80年代中期以后，克罗地亚共盟内部存在严重的派系之争，包括自由派的改革者、自由主义者和保守主义者。到80年代末期，克罗地亚共盟中占主导地位的是自由派改革者（也称作铁托主义者或铁托派），倾向于重塑自治体制，强调南斯拉夫社会主义的进步方面，重申1974年南共联盟十大提出的一体化的自治发展模式，企图在社会各领域重建利益共同体，坚持用联合劳动来替代全面市场经济，用代表制替代民主多元化。① 由于塞共盟重新集权化特征越来越突出，铁托派才逐渐接受了自由主义者的若干主张。1989年下半年，克罗地亚共盟召开十一大，引入了多党制并宣布即将进行多党选举。不久，克罗地亚政坛就成为意识形态上观点迥异的多元政治力量较量的舞台，包括了克共盟的主流派、民族主义者和自由主义者。1989年年底克罗地亚民主联盟成立后，因其主张共和国独立而引人关注，也导致其与克罗地亚共盟主流派的冲突。

第三，从民主化到民族化的逆转。1989年引入政治多元化以来，克罗地亚共和国有两种政治主张：一种是共盟主流派主张的民主化与自由化，另一种是由民族主义政党主张的独立方针。前者主张改革南斯拉夫自治制度，引入市场经济和西式民主体制；后者主张国家主权独立优先于体制改革，需要采取制度外的措施来而脱离南联邦。随着米洛舍维奇的塞尔维亚化政策逐渐

---

① 1985—1989年在克罗地亚特别明显。

明显以及由此带来的民族间的冲突加剧，克罗地亚的民族主义开始兴起并在政治舞台上占据上风。克罗地亚共和国的大多数公民选择了民族主义政党提出的"维护国家独立为主，完善民主为辅"的政治纲领，而拒绝由共盟提出的"先自由后独立"的政治方针。由此，克罗地亚政治体制的民主化转型被推迟了。

二、战争与"权威主义民主"

1991年4月，民主联盟主席弗拉尼奥·图季曼（Franjo Tudjman）击败了克共盟—民主改革党候选人伊维察·拉昌（Ivica Racan）当选克罗地亚首任总统。克罗地亚民主联盟因没有强大的在野党对其形成制约而顺利建立了总统制和多数代表制的原则，开始了所谓"权威主义民主"（authoritarian democracy）的阶段。[①] 相对于米洛舍维奇政权，图季曼政权的"权威主义民主"采取了有限的民主化和自由化，因而没有爆发大规模的民主反对派的示威，政权合法性并没有摇动。因此，图季曼政权的"权威主义民主"没有发展成反民主的权威主义，政权对社会的控制依然不强，媒体和民主反对派拥有一定的自由。此外，战争时期，克罗地亚民主联盟组建了跨党派战线，邀请主要的在野党进入政府，在野党的力量虽然不强，但是在政坛上可以发声。最重要的是，图季曼政权缺乏权威巩固的时期，即加强政治和社会控制的阶段。[②] 战争结束时，克罗地亚民主联盟的政权逐渐失去了政治合法性，公众对社会自由化的要求日益增长，在野党重新赢得公众支持。因此，图季曼政权也可以被看作"战争民主体制"。

---

① 根据普西奇的看法，由于克罗地亚民主联盟实行有限制的民主和社会自由化，克罗地亚建立民族国家的进程从政治角度也可以称"专制民主"，参见：Pusic, 1998, pp.23-70。

② 关于社会转型中的"专制巩固"，参见：Wolfgang Merkel, "Plausible Theory, Unexpected Results: The Rapid Democratic Consolidation in Central and Eastern Europe," *International Politics and Society*, 2008, No. 2, pp.11-29; Guillerno O'Donnell and Philippe C. Schmitter, *Transitions from Authoritarian Rule*, Baltimore: Johns Hopkins University Press, 1986; Adam Przeworski, et al., "What Makes Democracies Endure?" *Journal of Democracy* 1996, 7:1, pp.39-55; Thomas Ambrosio, "Beyond the transition Paradigm: A Research Agenda for Authoritarian Consolidation," *Demokratizatsya*, 2014, p.22。

第三章　克罗地亚的国家建构与社会发展

由于爆发战争，克罗地亚独立后的政治发展经历了较大的变化。[①] 1991年夏，克罗地亚民主联盟成功地团结了中间偏右翼的政治力量，排除了其他在野党兴起的可能性。不久，由于战争造成的政治动荡，克罗地亚民主联盟开始奉行民族国家的建国方针，利用公众的支持和战争来维护其执政地位。1992年年初，克罗地亚宪法法院进行选举法改革，引入比例制与多数制混合的方式。[②] 8月，在独立后的第一次议会和总统选举中，克罗地亚民主联盟赢得多票数，在138个席位中获得85席位。[③] 克共盟—民主改革党改名为社会民主党，但支持率暴跌；社会自由党（HSLS）成为最大在野党；极为右翼的权力党为第三大党。结果，克罗地亚民主联盟很轻松地与这些政党达成执政共识，获得了议会绝对多数的支持。不仅如此，克罗地亚民主联盟还利用公众的支持来干预国家机构，建立民族国家的主张逐渐开始影响到共和国的机构，使政党和国家之间的界限十分模糊。[④]

克罗地亚民主联盟一方面利用"反共、反南、反塞"的情绪来重申建立民族国家的合法性，另一方面利用在野党的分裂来瓦解民主化力量和抹黑左派。[⑤] 克罗地亚形成了"先自主后自由"的政治原则。在建立民族国家和反对塞族战争的过程中，坚持"克罗地亚不可辩驳的主权和领土完整"的原则在当时关系到克罗地亚能否独立，也是衡量克罗地亚政治舞台上任何一个政党水平和能力的关键标准。克罗地亚不仅面临国内塞族的反抗和来自贝尔格莱德的压力，而且经济到了崩溃的边缘，通货膨胀严重，人民生活水平下降。在这种状况下，克罗地亚民主联盟不仅坚持反对"大塞尔维亚主义"的政策，

[①] 关于制度转型前和后的社会运动，参见：Bronislaw Misztal, "Social Movements, Protest Cycles, and the Collapse of Communism," *Polish Sociological Review*, 1995, 1 (109), pp.15-30。

[②] 20世纪90年代克罗地亚的"选举法"经过几次修改，1990年引入绝对多数制，1992年引入所谓"持有直接与党派名单混合多数制"，1995年引入"直接与党派名单间不对称的混合选法制"，终于2000年才引入比例制。详见：M. Kasapović, "Lectoral Politics in Croatia," *Politička Misao*, Vol. 37, No. 5, 2000, pp.3-20。

[③] "Broj i postotak stranačkih zastupnika u Hrvatskome saboru od 1992, do 2001, godine," Parlamentarne stranke (in Croatian), Croatian Information-Documentation Referral Agency, 访问时间：2016年10月13日。

[④] Cf. J. Miric, "Fascinacija drzavom i nemogucnost oporbe," *Politička Misao*, Vol. 33, No.1, pp.93-109（［克］优·米利奇：《建立民族国家中的在野问题》，《政治思想杂志》1996年第33卷第1期，第93—109页）。

[⑤] 详见：Dražen Lalić, Zoran Malenica (priredili), *Kriza i transformacija političkih stranaka*, Centar za politološka istraživanja, Zagreb, 2007（［克］拉利奇、马雷尼察主编：《政党的危机与转型》，萨格勒布，政治学研究中心，2007年，克文版）。

而且指责是南斯拉夫自治制度导致了经济危机。此外，图季曼还指责南联邦对克罗地亚族的不公平政策，如波黑和伏伊伏丁那克族的政治状况、二战中南人民军对克族犯下的战争罪、二战后南内务部对克族持不同政见者的镇压等。所有这些都造成了这样一种舆论氛围，即"南斯拉夫是克罗地亚族的监狱"。[①] 克罗地亚民主联盟开始主张克罗地亚民族身份等于国家认同，强调克罗地亚现代历史上出现的三种建设主张[②]：19世纪权力党的民族主义、20世纪30年代农民党的政治主张以及二战后克罗地亚左派的进步主张。[③] 此外，由于图季曼的"先自主后自由"政治方针的本质是力图在国家危机的情况下先进行民族国家的构建，然后再引入民主，从而不让西式的民主主义和多元化影响到民族国家的构建，因而克罗地亚没有急于引入西式民主因素，如公民社会自由活动、完全自由选举、对少数民族政策的改善等。

三、走向民主化

克罗地亚政治发展的第三阶段是从"风暴行动"后克罗地亚逐渐陷入国际孤立到2000年1月以社会民主党为首的在野党联盟取得选举胜利。期间，克罗地亚国内政局有了新变化。

战争结束后出现了民族主义的凝聚力下降，跨党派共识出现动摇，克罗地亚民主联盟党内也发生分歧。社会上私有化的破产、官僚的腐败和媒体的控制等都让克罗地亚的中上阶层，尤其使萨格勒布的知识分子开始转向支持左派的政治方向。随着战争的结束，媒体也减少了反对塞尔维亚的宣传，而摧毁区域的重建及移民问题更使克罗地亚原本脆弱的经济雪上加霜。在此情况下，私有化过程中的贪污渎职、少数群体的特权和行政腐败问题越来越明显。作为最大的反对党，社会民主党则提出了建立社会民主主义的构想，包括党的社会基础、核心价值观、目标及其实现手段，展现了与民主联盟不同

---

① Cf. N. Zakosek, "Narod l opozicija," *Politička Misao*, Vol. 32, No. 3, pp.71-92（［克］尼·萨科谢克：《人民与反对运动》，《政治思想杂志》1991年第32卷第3期，第71—92页）。

② Cf. Hudelist, 2004, p. 213.

③ 权力党是主张克罗地亚独立的第一个政党，农民党主张克罗地亚在南王国的自治，而二战后克罗地亚的进步左派主张克罗地亚经济自治和南联邦自治制度的改变。关于这些政治力量对克罗地亚政治主张的影响，参见：Darko Hudelist, *Tuđman— biografija* (in Croatian), Zagreb: Profil, 2004（［克］达·胡德利斯特：《图季曼传》，萨格勒布：Profil, 2004年，克文版）。

的政治选择。社会民主党主张的效仿西欧的民主社会主义吸引了受过良好教育的公民。"亲欧"和民主社会主义逐渐成为最进步的政治选项，而支持民主联盟和强调民族政策则意味着接受经济停滞和政治孤立。

民主联盟和图季曼的统治面对着媒体自由化和公众抗议，越来越失去影响力。一些右翼党开始转向偏中间选民，许多偏右的组织和政党抛弃了与民主联盟相似的立场。1995年，民主联盟在第二次议会选举中虽然又获得多数票，但是在大城市的支持率出现下降。11月，萨格勒布地区选举后，图季曼拒绝承认左派联盟候选人的胜利，社会民主党等左派尖锐地批评图季曼的独裁政策，左派联盟重新获得舆论支持。① 1996年春发生"101号无线台的示威"后，克罗地亚的民主浪潮开始复兴。② 此外，1996年因克罗地亚政府不愿引渡战犯，克罗地亚与欧盟关系陷入僵局。这些都导致了克罗地亚民主联盟政权的合法性下降。尽管如此，图季曼不愿与欧盟妥协，依旧我行我素，逐渐让克罗地亚陷入国际孤立。1999年秋，议会选举的前夕，在野党组成"社社联盟"（社会民主党、社会自由党）和"四党联盟"（农民党、克罗地亚人民党、自由党和伊斯特拉民主会议党）。1999年12月，图季曼突然逝世，克罗地亚民主联盟发生内乱。2000年1月，在野党联盟在议会选举中获胜，组成联合政府。社会民主党主席拉昌出任总理。克人民党副主席梅西奇当选总统。克政权移交平稳，政局稳定。

在上台一年的时间内，社会民主党等着手进行政治改革，发起了所谓的"去图季曼化"运动。为减少中央集权制度，11月，克议会通过宪法修正案，改半总统制为议会内阁制；2001年3月，克议会再度修宪，决定取消省院，引入单院制。联合政府还放弃了图季曼的"一民族一国家"的主张，强调克罗地亚少数民族的权利和政治参与性，包括不干涉波黑内政和波黑克族的生活。在媒体方面，透明代替了控制。克中央电视台解雇了支持民主联盟的职员，开始批评图季曼的错误政策，尤其是官僚腐败和私有化问题。根据"透明国际""自由之家"等国际非政府组织的独立数据，在2000—2002年期间

---

① 在议会选举失败后，社民党和克罗地亚左派逐渐陷入政治边缘。由于战争和党内的矛盾，它们直到20世纪90年代后期才恢复声望。

② "101号无线台"针对图季曼政权采取批评性的态度，正因如此，1996年政府拒绝续发许可证，引发了公众反应。

内，克罗地亚的媒体自由度、执法透明度、少数民族境况都有很大提高。[①]

克罗地亚政府还致力于改善与欧盟的关系。上台不久，以社会民主党为首的执政联盟开启融入欧洲一体化的进程，2001年10月与欧盟签署《稳定与联系协议》。但是，由于西巴尔干安全局势不够稳定，以及克罗地亚的社会、司法、民族、财政等政策远不能满足欧盟的基本要求，克罗地亚为加入欧盟需要加快改革进程和加大改革的力度。2003年2月克罗地亚正式申请加入欧盟，但欧盟希望加强西巴尔干安全格局和改善少数民族政治地位的要求加剧了克罗地亚公众在评价图季曼的政治遗产和与融入欧洲一体化上的分歧。欧盟希望把克罗地亚改善同塞尔维亚（南联盟）关系以及提高克罗地亚塞族的权利作为加强西巴尔干安全格局的主要条件，招致了民主联盟等右翼政党的强烈批评。欧盟把克罗地亚同前南刑庭的合作当作克罗地亚入盟的重要前提条件，导致了右翼公众的强烈反应。2002年，退伍军人组织和几个右翼政党在一些大城市举行了大规模的示威，要求社会民主党政府下台，提出要有条件地实现与塞尔维亚关系的和解。正因为欧盟过高的约束性要求，克罗地亚政坛中民族主义势力再次上升，并导致了执政联盟出现分歧。2003年初，社会自由党离开执政联盟。2003年11月举行的议会选举中，以社会民主党为首的左翼联盟未获得多数票而失去了执政权。

四、民主化后的政治发展

2001—2003年，克罗地亚民主联盟也开始转型。民主联盟新主席萨纳德尔意识到，如果还跟随图季曼的民族主义政策，民主联盟将成为"永久的在野党"。所以，他在2002年促使党的政纲变为中右翼色彩，右翼激进分子被排挤出来。民主联盟的竞选政纲没依靠民族主义的复兴和怀旧的豪情壮语，而是强调解决经济困难，优先加入欧盟。2003年选举获胜后，民主联盟形成了一种右翼共识，即把国家利益与积极融入欧洲一体化的主张结合起来，同时遏制极右的政治力量。改革的民主联盟将极右翼的权力党排除在政府之外，注重与塞尔维亚人民党合作。民主联盟还推行促进克罗地亚融入欧洲一体化的政策，政府甚至接受了一些限制主权的法律。因此，2004年以来，克罗地

---

① 参见附图3、4、5。

亚融入欧洲一体化的进程取得显著进展。2004年6月，克罗地亚获得了欧盟候选国的身份；12月，明确了入盟谈判的开始日期。从2005年10月到2009年4月，在入盟谈判中，克罗地亚出台了关于财政、税务、外贸、福利、外交、司法等方面共100多个法案，促进相关领域的改革。

但是，与斯洛文尼亚关于皮兰湾的争端渐渐发酵，成为克罗地亚通向欧盟之路的重大障碍。2008年斯洛文尼亚社会民主党开始执政后不久，克罗地亚与斯洛文尼亚关于皮兰湾海域划分问题的谈判陷入僵局，斯洛文尼亚因而投票阻止克罗地亚的入盟谈判。这导致克罗地亚国内右翼共识逐渐瓦解，民主联盟再无法同步奉行主权主义和融入欧洲一体化，国家利益与亲欧政策间的矛盾逐渐爆发，民主联盟的支持率开始下降。此外，民主联盟奉行的放松金融政策导致2008年欧债危机后克罗地亚经济遭受重创，贫富分化加剧，失业率上升。民主联盟虽然在2007年选举中再次获得执政权，但是面对国内消费下降、生产停滞、外资减少、外债（包括前南继承的债务）高筑的局面，民主联盟政府并没有什么作为，而是继续采取被动的措施来挽救经济，如增加税务、依靠国际贷款、推迟养老金发放等。同时，一些民主联盟政客因为腐败遭到起诉。2009年6月，萨纳德尔突然辞去党内和政府职务，公众怀疑他涉嫌贪污，民主联盟的公信力因此遭到严重质疑。新总理科索尔上台后，加强了同经济危机和腐败行为的斗争，意图减少预算赤字，但外资继续下滑，腐败现象依旧严重。2011年前任总理萨纳德尔因贪污、渎职被逮捕，这意味着克罗地亚司法独立权的巩固，同时也给民主联盟以沉重的打击。

社会民主党在野期间也积极为重新上台做准备。2007年3月，社会民主党领袖拉昌因健康原因辞职，不久去世，米兰诺维奇（Milanović）成为社会民主党新主席。米兰诺维奇将党的定位从拉昌时期的"联盟党"转变为"纲领党"，即政党间的合作取决于党的政纲目标，而不是党员数量。2008年5月，社会民主党宣布了新章程，根据西欧社会民主党的结构（尤其德国社会民主党和奥地利的社会民主劳动党）调整了社会民主党的组织。中央委员会成员翻了一番，主席团取代了中央委员会执行局。新章程赋予了支部主席更大的表决权，并且推动了党的权力下放，推出了青年论坛、老年局、专家局等"特殊群体"的代表团体。社会民主党强调少数民族、妇女和"创新"人才的重要性。具体来说，从中央委员会到基层组织，各级党组织应至少包括30%的女性，在一些组织应包括一定数量的塞族成员。此外，社会民主党积极发展与工会和青年组织、妇女组织、军事志愿者等"特殊群体"的关系。借助"专家"战略，社会民主党在一定程度上影响了仍犹豫不决的选民。2008年以后，社会民主党让经济学家、政治学家、技术专家等知识分子处理新的议案。在欧债危机的情况下，社会民主党制定了保护欧盟市场中克罗地亚产品、削减开支和推动欧盟资助项目的方案。社会民主党的方案被认为是唯一一个能够使经济复苏的方案。

2011年，社会民主党同克罗地亚人民党、伊斯特拉民主会议党和克罗地亚退休者党成立了"打鸣儿联盟"（Cock-a-doodle-doo coalition），竞选政纲包括实行积极的就业政策、促进工业及服务部门的发展、吸引外资、改革行政和司法机构、减少财政支出等多项社会发展计划，目标群体为工人、年轻人和小企业。这个竞选纲领虽然招致了主流媒体的批评："复制—粘贴"模仿西欧社会民主党的政纲、经济问题空想、过分依靠欧盟基金等，但是仍旧帮助以社会民主党为主导的选举联盟获得了151个议席中的80个议席，再次获得组阁权。

2013年克罗地亚顺利加入欧盟。入盟后，克罗地亚遇到了一些同其他中东欧成员国相似的问题，当然也存在一些特殊问题。就相似问题来说，克罗地亚公众的入盟热情大幅下降了，向西欧国家的经济移民日益增长，政府不再大力调整克罗地亚法律等。特殊问题是克罗地亚各机构申请欧盟结构性基金援助的进程更长而资金额却更小，致使克罗地亚入盟后经济崛起的动力不足，也加剧了公众对欧盟的不满。同时，由于欧盟暂缓了扩大政策，克罗地亚与塞尔维亚的关系出现了波动，其在促进波黑融入欧洲一体化的方面也逐渐失去兴趣。

克罗地亚选民在政治上采取了一种冷漠的态度。由于左右翼之间的主张与言行区别越来越小，民主巩固时期的以意识形态主导的政治区分不再明显。选民参加选举的数量越来越少，例如在2011年的选举中，只有40%的选民投票。[1]根据选举前的调查，66%选民表现出对新政府的冷漠，36%的选民认为

---

[1] Drzavno izborno povjerenstvo, Izbori, 2011, www.dip.hr.

选举哪个党都不能改变现况。① 欧洲怀疑主义、右翼和左翼激进主义势力都有所抬升。② 有些专家认为，选民冷漠、极端主义和重视单一问题（如环境、养老保险、小型企业等）政党的出现，导致了传统右翼和左翼政党的支持率下降。正因如此，在2015年议会选举中，克罗地亚民主联盟和社会民主党都没有获得足够投票来独立组阁。经过两个月的选举后谈判，克罗地亚民主联盟与"桥"党（Most）获得组阁权，其领导人奥雷什科维奇（T. Oreskovic）出任总理。由于执政联盟中的分歧，这届政府一年之后就下台了。2016年9月，克罗地亚民主联盟在新任主席安德烈·普伦科维奇（Andrej Plenkovic）的领导下再次获胜，最终再次与"桥"党结为执政联盟，普伦科维奇成为新总理。

第三节　从国家干预主义到放松管制的经济转型

一、克罗地亚经济转型的三个特点

第一，战争是经济转型的催化剂。战争促使克罗地亚政府进行经济改革时选择以克罗地亚民主联盟为首的新的政治精英的方案，试图完全摆脱前南斯拉夫的制度遗产，而在新制度的基础上进行经济重建。于是，从1990年5月到1991年6月，克罗地亚议会通过法律形式取消了社会所有制的概念。根据政府的主张，克罗地亚需要依靠国际货币基金组织的贷款来进行经济结构的重构。③ 然而，1991年秋季后，克罗地亚境内战事进入胶着状态，南人民军已控制了克罗地亚约三分之一的土地，主要公路和铁路被阻断，战事扩展到克罗地亚主要的大城市、工业区和旅业区，导致了克罗地亚经济崩溃。1991

---

① Gong, http://www.gong.hr/page.aspx?PageID=37.
② Franicevic, 2000; Zupanov, 2002.
③ 研究20世纪90年代克罗地亚经济的主要概念包括：弗拉尼切维奇的"股东资本"（partners capitalism），参见：Vojmir Franičević, "Political Economy of the Unofficial Economy: The State and Regulation," in E. Feige, Katarina Ott, eds., *Underground Economies in Transition: Unrecorded Activity, Tax Evasion, Corruption and Organized Crime*, Aldershot: Ashgate Publishing, 1999, pp. 117-137; Vojmir Franičević, "Political and Moral Economy in the First Decade of Transition in Croatia," Transitional Economies in Central-Eastern Europe and East Asia, ICSEAD Workshop, Budapest, 2000, November, pp.24-25；格尔德西奇的反对政府工会的冲突模式，参见：Marko Grdesic, "Tranzicija, sindikati, politicke elite u Sloveniji I Hrvatskoj," *Politička Misao*, Vol. 43, No. 4, 2006, pp.121-141（［克］马·格尔德西奇：《斯洛文尼亚和克罗地亚转型、工会和政治精英》，《政治思想杂志》2006年第43卷第4期，第121—141页）。

年克罗地亚的GDP下降了20%，1992年又下降了24%。[1] 加上通货膨胀的不断加剧和国内市场的四分五裂，政府无法推进原定的经济转型计划，只能采取强力措施进行经济的管控，国家干预主义也因此复苏。

第二，独特的社会分层。1991年3月，在未经公共讨论的情况下，克罗地亚开始私有化进程，规定了在第一阶段通过分权私有化将所有社会所有制的企业变为私有制的企业；在第二阶段国家接管其余的独资企业，然后通过公开拍卖或直接议价的形式再次私有化。[2] 政府成立了克罗地亚私有化基金（HFP），在第一阶段专门管理企业从社会所有制到私有制转型的过程，在第二阶段代理政府出售国有制的企业。但是，克罗地亚私有化基金的运作并不透明，只有极少数人有机会参加私有化的进程。在私有化的第一个阶段，克罗地亚政府确定了100家需要进行私有化的企业。可是，这种所谓的"100家模式"[3] 不仅无助于克罗地亚经济恢复，而且因为出售国有资产的方式极为可疑，导致克罗地亚经济增长率进一步下降。此外，私有化造成了巨大的两极分化。在私有化的第二阶段，被指定的少数人（designated few）成为克罗地亚大多数私有资本的所有者。结果，克罗地亚在第一个和第二个阶段（1994—1997年）私有化的收入一直没能超过政府预算的5%，参见下表。

表3-1 克罗地亚GDP与来自私有化的收入

年份	GDP增长	预算赤字或盈余	国债（GDP比例）	来自私有化的收入
1994	5.9%	1.8%	22.20%	—
1995	6.8%	-0.7%	19.30%	0.9%
1996	5.9%	-0.4%	28.50%	1.4%
1997	6.6%	-1.2%	27.30%	2.0%
1998	1.9%	0.5%	26.20%	3.6%
1999	-0.9%	-2.2%	28.50%	8.2%
2000	3.8%	-5.0%	34.30%	10.2%

---

[1] 参见："1992—Statistical Yearbook of the Republic of Croatia," Croatian Bureau of Statistics, 访问时间：2016年3月10日。

[2] 详见："Zakon o privatizaciji," in *Stupanj i ucinci privatizacije u Hrvatskoj*, Zagreb, 2002（《私有法全章》，《克罗地亚私有化的效果和程度》，萨格勒布，2002年，克文版）。

[3] Cf. Franicevic, 2000, p.16.

续表

年份	GDP增长	预算赤字或盈余	国债（GDP比例）	来自私有化的收入
2001	3.4%	-3.2%	35.20%	13.5%
2002	5.2%	-2.6%	34.80%	15.8%

数据来源：William Bartlett, *Europe's Troubled Region: Economic Development, Institutional Reform, and Social Welfare in the Western Balkans*, Routledge, 2007, p. 65。

表3-2 1995年克罗地亚企业的所有制结构

	100%私有化的企业	50%—100%私有化的企业	50%私有化的企业	总计
公司的数量	1146	1159	293	2958
总资本（百万德马克）	2026	13469	8424	23919
小型股东（员工等）	86%	44%	16%	38%
大型股东（银行等）	7%	15%	2%	10%
其他私有股东	0%	2%	2%	2%
私营总数	93%	61%	20%	51%
克罗地亚私有化基金	0%	23%	51%	31%
克罗地亚养老基金	0%	10%	24%	15%
国营总数	0%	33%	75%	44%
保留的未私有化企业	6%	5%	3%	5%

数据来源：Croatian Ministry for Privatization, 1995。

第三，"党派庇护主义"。根据克罗地亚一些经济专家的说法，克罗地亚经济转型的突出特征就是"党派庇护主义"，即执政党完全控制和管理国家财产和私有化资产的分配。独立后，克罗地亚政治精英通过市场自由化和受其指挥的私有化为国家资本主义创造条件，官官相护是其最突出特点。被指定的少数人在私有化过程中享有优惠待遇，但是他们在私有化第一阶段后仍然高度依赖于国家分配的权利。关于克罗地亚经济转型中"党派庇护主义"的产生和发展，在克罗地亚学术界存在一些不同的看法。[①] 有人提出，克罗地亚"党派庇护主义"源于南联邦时期的政治精英地方主义。以民主联盟上台为起

---

① 参见：Franicevic, 2000。

点,"党派庇护主义"在克罗地亚经历了三个阶段。①

第一个阶段从1990年5月到1993年10月,维护国家独立和领土主权完整是这一时期的第一要务。为了保证战争的胜利,克罗地亚政府需要多方筹措资金,国内经济建设和发展停滞甚至倒退,通货膨胀上升,工资下降,经济处在崩溃的边缘,原本已经开始的私有化和经济转型等诸多措施也被搁置下来。这是"党派庇护主义"的形成阶段。

第二阶段从1993年10月政府实行经济稳定计划到1997年年底的第二次银行危机,可以称之为寡头资本主义（tycoon capitalism）阶段。② 在这个阶段,战争对克罗地亚经济的影响已经下降,克罗地亚政府不需借助于高通货膨胀来为战争筹措资金。不仅如此,政府通过一系列财政政策,引入了与德国马克挂钩的新货币库纳,稳定了通货膨胀率。经济转型也被提上日程并不断加速,政府颁布了《私有化法》修正案,通过了《企业破产法》《参与市场竞争法》《银行法》,成立了专门负责破产企业的机关等。③ 因此,克罗地亚经济开始复苏。然而,从宏观经济的角度来看,仍然存在不少问题,例如银行业需要重组、国家债务持续增加、大型企业严重依赖国家援助和补贴、小型企业依赖大型企业的合同等。总之,形成了寻租的恶性循环。

第三个阶段从1997年至2000年,是"党派庇护主义"的衰落期。由经济体系所积累的结构性问题,1997年,许多小型银行破产了,大型银行出现巨大赤字,国家再一次成为大型企业的救命稻草,向早已名存实亡和毫无竞争力的公司投放资金。然而,经济疲软让政府借贷能力大幅受限,政府已经难以保持经济稳定和社会政策的平衡。短短几个月,危机便影响了整个劳动力市场,失业率飙升,④ 一些大型企业与私有化初步阶段形成的巨头们一起衰

---

① 详见：I. Bicanic, V. Franicevic, "Izazovi stvarnoga i subjektivnog siromaštva i porasta nejednakosti u ekonomijama jugoistoène Europe u tranziciji," *Financijska teorija i praksa*, 2005, 29 (1), pp. 13-36（［克］伊·比查尼奇、弗·弗拉尼切维奇：《东南欧过渡国家经济中的客观与主观贫穷及贫富差距加剧的挑战》,《金融理论与实践》2005年第29卷第1期,第13—36页）。

② Cf. Franicevic, 2000, pp.10-14.

③ Cf. Josip Zupanov, *Od komunistickog pakla do divljeg kapitalizma*, Zagreb: Hrvatska sveucilisna naklada, 2002（［克］约·祖帕诺夫：《从共产主义地狱到野生的资本主义》,萨格勒布：克罗地亚高校出版社,2002年,克文版,第12—34页）。

④ Cf. Zupanov, 2002, p.78.

落。许多公司开始抗议政府的私有化政策，例如私有化过程中的不公平、官官相护、贪污行为。直至民主联盟执政结束，克罗地亚的经济仍停滞不前。1999年年底，克罗地亚GDP增长率下降为-0.9%，加剧了公众不满，社会上掀起了关于政府管理私有化进程的讨论。许多人认为，政府搞国家干预主义政策和私有化进程相关的舞弊行为对克罗地亚经济造成的恶劣影响，远甚于战争和引入市场经济的初级阶段。表3-3显示了1992—2001年十年间克罗地亚的政府开支情况。

表3-3　1992—2001年克罗地亚政府开支，GDP比例（%）

项目＼年份	1992	1993	1994	1995	1996	1997	1998	1999	2000	2001
公共总开支	—	—	44.3	44.0	51.2	48.9	58.5	55.3	54.1	46.9
中央政府开支	18.5	21.3	25.1	29.3	29.4	28.4	30.4	34.6	33.3	24.6
国防支出	7.4	8.5	8.9	10.1	7.2	5.7	5.5	4.0	3.6	2.6

数据来源：Bruno Schönfelder, "The Impact of the War 1991-1995 on the Croatian Economy: A Contribution to the Analysis of War Economies," *Economic Annals*, Jul.-Sept. 2005。

2000年社会民主党上台，由于奉行亲欧政策，促进了外资增长，克罗地亚经济恢复了稳定增长。新政府在改进私有化进程和政府机构的透明度、问责制度方面做出了很多努力。[①]

二、积累的问题及其调整

在经济转型的过程中，克罗地亚所积累的一系列经济问题日趋突出。第一，私有化问题。大多数企业的私有化过程暗藏玄机，私有化之后大部分企业仍然依赖国家的补助，从而迫使国家需要不断向其他国家借债，导致外债

---

① 关于克罗地亚私有化进程及其对克罗地亚社会稳定的影响，详见：Cengic Drago and Ivan Rogic, eds., *Privatizacija i javnost*, Zagreb, Institut Ivo Pilar, 1999（［克］德·切尼吉奇、伊·洛吉奇主编：《私有化与舆论》，萨格勒布，伊沃·毕拉尔科学院，1999年，克文版）。

不断增加。第二，宏观经济改组并未完成。从1993年经济稳定政策实施以来，克罗地亚政府试图重新瞄准中欧市场，扩大商品出口，但是效果并不明显。第三，消费增长超过生产力增速。各种生产性和非生产性的消费大于社会生产总值。国内总的消费量因旅游业和房地产业价格增长而高于社会总产值，造成的差额只能通过进口、发行货币和借债来弥补。第四，公共部门效率低下且增加了财政负担，但是裁员又会造成新的失业。第五，政府的福利开支过大，退休工人与在岗工人比例失调，退伍老兵和难民也需要政府担负巨额的社会福利花销。第六，企业缺乏竞争力。由于长期实行国家资本主义，大型企业依赖政府，中小型企业依赖大型企业，企业缺乏生产的主动性和积极性，生产力和竞争力低下。2002年，克罗地亚决定停止用世界银行的贷款来补贴公共部门，但是财政赤字依然在增长，于是又不得不继续依靠世界银行的贷款。结果是欧盟债务危机时，由于外资撤离，克罗地亚经济陷入了衰退，参见图3-1。此外，公共债务开始增长，在2008—2013年从国内生产总值中占30%增加到约70%，参见图3-2。2008年克罗地亚失业人员已经超过20万，相当于就业人员的20%，而就业人员中又有四分之一为隐性失业人员。同时，外贸逆差越来越高，外债负担越来越沉重，由2000年的56亿增加到2008年的90亿美元。[①]

图3-1　2007—2013年克罗地亚实际GDP增长

数据来源：Index.hr, 2014。

---

① Eurostat, Croatia-figures; Slovenia-figures, www.eurostat.com。

第三章 克罗地亚的国家建构与社会发展

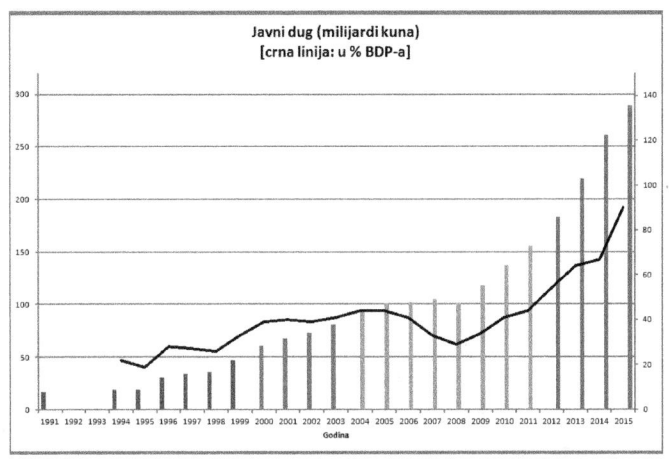

图3-2 1991—2015年克罗地亚GDP中债务比例

数据来源：HKV, 2016。

此时，克罗地亚尚未加入欧盟，政府可以自主地制定货币政策，控制通货膨胀率、外汇汇率、进口货物的关税等。然而，与之相伴的是，克罗地亚政府不能申请欧盟结构性基金的贷款来补助陷入困境的部门。此外，克罗地亚在加入欧盟的进程中，需要根据欧盟的要求进行金融和财政的改革，包括提高金融机构的竞争力和扩大向欧盟市场的开放程度，削减公共部门的开支等。

为了解决危机，也为了满足欧盟的要求，克罗地亚政府痛下决心进行了一系列的调整。第一，加强政府作用，通过行政手段和措施适当控制和引导宏观经济，提高财政体制的效率，加强对资本市场的管控。第二，制定长期的经济发展战略和全国性的经济计划，包括推动旅游业的发展，刺激农业产量，完成克罗地亚主要的基础设施建设，如A1高速公路、里耶卡汽油码头的修建，改善铁路和海路运输等。而重视"旅游业持续发展"的模式推动了小型企业的壮大，减少了经济集中化程度。第三，削减教育、医疗、行政、福利体制的开支。2009—2011年科索尔政府通过实行财政紧缩，保持了外债与GDP之间差额的平衡。然而，直至2015年，克罗地亚依旧未走出经济危机：

人均工资增长缓慢，在欧盟成员国中仅高于罗马尼亚和保加利亚。[①] 失业率不但没有下降反而不断攀升，参见图3-3。企业出口依然乏力，外汇收入主要来自于旅游业。

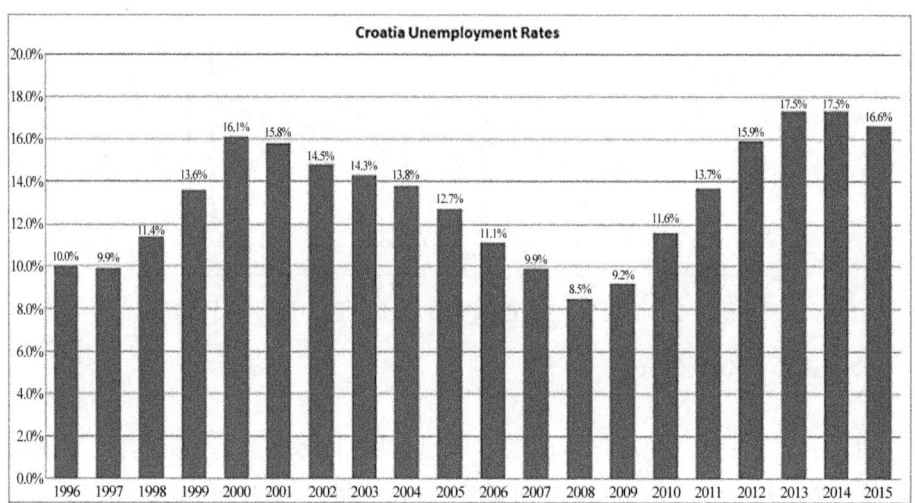

图3-3　1996—2015年克罗地亚失业率

数据来源：Eurostat, 2015（欧盟中央统计局，2015年）。

[①] 参见：Eurostat, 2014, http://ec.europa.eu/eurostat/web/labour-market/earnings/database。

第四章 塞尔维亚的社会转型和发展

在"前南地区"的斯拉夫民族中，塞尔维亚民族不仅人数多、分布广，而且在历史上建立过比较强大的王国。在"三个南斯拉夫国家"中，塞尔维亚人都起主要作用，贝尔格莱德始终是国家的政治、经济和文化中心。在南联邦解体的过程中，作为南联邦中一个共和国的塞尔维亚力阻南联邦解体。1991年，在斯洛文尼亚、克罗地亚、波黑、北马其顿宣布独立之后，塞尔维亚与黑山两个共和国组成了南斯拉夫联盟共和国（简称南联盟），继承南联邦的国际法的主体地位，以此延续统一的南斯拉夫国家。2003年，南联盟更名为塞尔维亚和黑山（简称塞黑）。2006年6月黑山独立之后，塞尔维亚宣布继承塞黑的国际法主体地位，称塞尔维亚共和国（简称塞尔维亚）。塞尔维亚有科索沃和伏伊伏丁那两个自治省，其中，科索沃在2008年单方面宣布独立。单独成国的塞尔维亚地处巴尔干半岛中北部，领土面积8.83万平方千米，2014年人口（不含科索沃）713万。[①] 塞尔维亚是一个内陆国家，从东北到西北依次与罗马尼亚、保加利亚、北马其顿、阿尔巴尼亚、黑山、波黑和克罗地亚接壤。与前南地区的其他国家不同，塞尔维亚不存在国家重新建构的问题，但社会转型的任务比较重。不仅如此，由于力图维护南联邦的统一和塞尔维亚的领土完整，塞尔维亚不同程度地卷入冷战后前南地区发生的几场战争，与美英为首的西方国家对峙得十分厉害。所以，塞尔维亚社会转型的进展同它与西方关系的演变紧紧地联系在一起。

---

① 根据塞尔维亚统计局的"塞尔维亚内陆"人口数量。参见：Државни статистички завод, http://www.stat.gov.rs/WebSite/public/PublicationView.aspx?pKey=41&pLevel=1&pubType=2&pubKey=4225, retrieved Nov. 2015。

前南地区社会转型与社会发展研究

第一节 民主化的政治转型

一、米洛舍维奇政权的兴衰

过去的二十多年，国际学术界对米洛舍维奇政权做了大量的研究，并给它贴上了各种标签，如"欧洲最后一个独裁政权""残存的社会主义堡垒""极端民族主义政权"等。这些称谓都表明了米洛舍维奇政权的特殊性。一方面，米洛舍维奇政权的塞尔维亚化政策给前南地区的地缘政治带来了根本性的变化。另一方面，南联盟在制度上并没有多大改变，仍然坚持联邦体制，旧的政治精英仍然主导社会。最重要的是，在引入政治多元化后，米洛舍维奇政权试图将社会主义与民族主义混合，在极端民族主义者和共产主义保守派之间寻求一条中间道路。因此，无论是激进党的"大塞尔维亚主义"还是联合左派追求的"新型社会主义"，都未得到米洛舍维奇领导的塞尔维亚社会党的公开称赞。20世纪90年代的米洛舍维奇政权缺乏独特的思想，没有领导民族运动的能力，也没有明确的发展模式，奉行的只是"生存第一主义"。与图季曼时期克罗地亚的权威主义民主相比，米洛舍维奇政权可以说是一种民粹的权威主义（populist authoritarianism）政权，[①] 主要通过重新集权化和迎合民族主义而继续执政。

塞尔维亚政治转型始于1990年7月的宪法公投。宪法公投后，塞尔维亚议会宣布塞尔维亚的主权并实行多党制。9月，塞尔维亚议会通过了选举法，规定多数代表制。在接下来的几个月内，新兴政党建立。塞尔维亚共盟与塞尔维亚劳动者社会主义者联盟（SSRS）联合成立了塞尔维亚社会主义党（简称社会党，SPS），主张将民主社会主义作为自己的奋斗目标，力图维持稳定的南斯拉夫联邦。塞尔维亚复兴运动党（SPO）主张快速地进行民主化转型，迫使前共产党的政治精英下台，并关心境外塞族的状态。复兴运动逐渐成为社会党的主要对手。泛联邦的南斯拉夫民主倡议联盟（UJDI）和总理马尔科

[①] 关于米洛舍维奇政权的研究，参见 J. Pesic, *Neotradicionalizam u srpskom drustvu*, SoC, Beograd, 2012（耶·佩西奇：《塞尔维亚社会中的传统主义》，贝尔格莱德，SoC出版社，2012年，塞文版，第12—56页）；塞尔维亚社会的"非自由化"（illiberal resilience），参见 Jens Stilhoff Sörensen, "War as Social Transformation: Wealth, Class, Power and an Illiberal Economy in Serbia," *Civil Wars*, 2003, 6 (4), pp.77-78。

维奇领导的改革力量党（SRS）也参加了大选，它们主张维护南联邦并进行彻底的政治经济改革，得到选民的支持。重建的民主党（DS）主张引进民主制，支持维护南联邦，而在民族问题上却犹豫不决。舍舍利领导的公民党（即后来的激进党）公开支持塞族对南斯拉夫其他民族的霸权，支持境外塞族的分离运动。此外，参加大选的还有几个少数民族政党，如桑贾克民主行动党（SDA Sandzak）、匈族民主联盟、伏伊伏丁那克族联盟等。

当时，斯洛文尼亚和克罗地亚已经进行了多党制选举。米洛舍维奇为了应对新的政治环境，同意政治多元化和允许独立政党竞选。然而，政府提供的政党活动环境明显有利于社会党。媒体受到"绝对的控制"[①]，对新政党的竞选纲领也有很大的限制。此外，塞尔维亚议会引入的多数制选举法，更是有利于塞尔维亚社会党。因此，在12月举行的第一次多党制选举中，塞尔维亚社会党虽然只获得45%的选票，但是获取了77.6%的议会席位，成为议会第一大政党。得票第二的塞尔维亚复兴运动获得约27%的选票，但是获得的议会席位只占7.6%。其他进入议会的15个政党各获得几个议会席位，获得5.52%选票的南斯拉夫民主倡议联盟只得到了一个议席。因此，塞尔维亚社会党可以单独组阁。

虽然不能说此次选举是完全公平的，但大多数专家都认为，选举结果，即塞尔维亚社会党取得的胜利反映了塞尔维亚选民的情绪。[②] 第一，重新集权化不仅帮助米洛舍维奇控制了科索沃、黑山、伏伊伏丁那共盟，而且也获得了共和国多数民众的支持。第二，米洛舍维奇不从根本上改变原有体制的主张也获得了大部分政治精英的支持。旧的政治精英能够继续执政，许多共盟的工作人员被提拔到管理岗位，政治精英获得变为新的经济精英的机会，这种现象存在于整个90年代。[③] 第三，国安局的帮助。米洛舍维奇担任塞尔维亚共盟中央委员会主席时，在内务部帮助下逐渐消除党内的温和派。此后，内务部始终效忠于米洛舍维奇。米洛舍维奇也通过内务部加强他在国家生活中的权威。1989年以后，他在内务部的基础上建立了国安局。国安局在米洛

---

① 细节详见：Vladimir Goati, *Jugoslavija na prekretnici*, Jugoslovenski institut za novinarstvo, Beograd, 1991（［南］弗·戈阿蒂：《在十字路口中的南斯拉夫》，贝尔格莱德，南斯拉夫信息业学院，1991年，塞文版）。

② Pesic, 2012, pp. 43-97.

③ Mladenovic, 2002, p.13.

舍维奇推行集权主义政策和民族化方面起了重要作用，它的人员渗透到了南联邦政府、南人民军、塞尔维亚的行政部门、贝尔格莱德电视台等主要媒体。

1991年3月9日，贝尔格莱德电视台播放了一篇不利于反对党的评论，批评反对党不承认第一次民主选举的结果，不遵守塞尔维亚人民的意志，想造成社会骚乱和政治危机，甚至试图颠覆政府。塞尔维亚复兴运动等反对党对此十分不满，在联邦议会前组织示威游行，要求罢免电视台负责人。一些示威者高喊反对塞尔维亚政府、塞尔维亚社会党以及新当选的共和国总统米洛舍维奇的口号。示威者与治安警察发生了冲突，造成2死76伤。南斯拉夫人民军出动了军队和坦克。当天，包括塞尔维亚复兴运动主席德拉什科维奇在内的数百位反对派领导人被捕。10日晚，贝尔格莱德大学的学生再次举行抗议集会，要求释放被捕人员和解除内务部长的职务，并得到了许多市民的支持。经过几天谈判，米洛舍维奇满足了大学生提出的全部要求，把全部责任推给了几个警察局局长。由此，米洛舍维奇平息了舆论的批评并确保了国内局势的平稳，也防止了抗议继续蔓延。

一些学者认为，3月9日事件是南斯拉夫（塞尔维亚）的第一次民主浪潮，对塞尔维亚政治产生了深刻的影响。[①] 第一，米洛舍维奇指责联邦政府无力制止暴力事件，提出塞尔维亚当局应当采取相应措施处理塞尔维亚的内部事情。米洛舍维奇还宣布成立不受联邦主席团领导的塞尔维亚特种警察部队。第二，米洛舍维奇通过操纵媒体和国安局分裂了塞尔维亚在野党和反对党。事件发生后不久，塞尔维亚复兴运动主席武克·德拉什科维奇（Vuk Draskovic）被指控暗通图季曼，要求克罗地亚方面帮助推翻米洛舍维奇政权。[②] 这极大地削弱了塞尔维亚复兴党的威信。第二，米洛舍维奇政权还加强了对持不同政见者、独立政党、记者和有影响力媒体的镇压，比如查禁"B-92"无线台的活动并逮捕它的领导人，指使国安局暗杀政治对手，威胁和勒索反对派领导人和独立记者，等等。[③]

[①] "Objetnica 7 marta. Sto se promenilo?" B-92（"'3月7日事件'25周年之际"，B-92网站，访问时间：2015年3月7日）.

[②] Dubravka Stojanovic, "The Traumactic Circle of the Serbian Opposition," in Nebojsa Popov, eds., *The Road to War in Serbia*, Budapest: Central European University Press, 2000, pp. 470-480.

[③] Cf. Stojanovic, 2000, pp.470-475.

第四章　塞尔维亚的社会转型和发展

米洛舍维奇政权的做法引起了国际社会的不满。1991年9月，联合国安理会对南斯拉夫首次实行武器禁运，禁止武器的进出口，并于1992年和1993年两次延期，欧共体也对南联盟实行有限的经济制裁，禁止向南联盟进出口大规模的产品，冻结南联盟境外资产。然而，这些措施并没有动摇米洛舍维奇的统治，反而使其更为巩固。首先，由于无法接触邻国，塞尔维亚民主化运动出现的可能性大大地减少。但是，3月9日事件以及米洛舍维奇政权加强对媒体和社会的控制，也大大地增加了社会运行成本。其次，反对派和在野党实际上是处于分散的状态，执政的塞尔维亚社会党的政治对手只有极端民族主义的塞尔维亚激进党（SRS）和南斯拉夫联合左派（JUL）。①

到了20世纪90年代中期，由于经济困难，克罗地亚战争、波黑战争带来难民问题以及国外势力的介入，米洛舍维奇的威信下降，公众支持率大幅度地下滑。在1992年11月举行的塞尔维亚地方选举中，塞尔维亚复兴运动为首的民主反对运动（DEPOS）联合民主党（DS）、沃·科什图尼察（V. Kostunica）领导的塞尔维亚民主党（DSS）以及佩西奇领导的塞尔维亚公民联盟（GSS），与塞尔维亚社会党展开竞争。这些政党在塞尔维亚很多地区（包括贝尔格莱德）获得了多数选票。最终，在塞尔维亚东正教教会的劝告下，米洛舍维奇与民主反对派进行谈判并做出让步，承认反对派选举胜利，并且同意民主党主席佐·金吉奇（Zoran Djindjic）担任贝尔格莱德市市长。期间，国外媒体和舆论一直关注塞尔维亚政治局势，批评米洛舍维奇政权。②

从1997年2月金吉奇担任贝尔格莱德市长到9月塞尔维亚总统选举期间，米洛舍维奇政权与反对派之间力量对比发生了变化。由于民主反对派的支持率不断上升，反对政权的组织聚集了越来越多的学生和公民，独立媒体更是尖锐地批评米洛舍维奇政权。对此，米洛舍维奇采取分而治之的策略，与德拉什科维奇商谈组织竞选联盟的谈判。因此，塞尔维亚复兴运动逐渐失去反对党的主导地位，最终于6月离开了反对派联盟。与此同时，塞尔维亚激进党

---

① 关于南左派及其与社会党的关系，参见：Janusz Bugajski, *Political Parties of Eastern Europe: A Guide To politics in the post-Communist Era*, Armonk, New York, USA: The Center for Strategic and International Studies, 2006, p. 407.

② 根据拉梅特（Ramet）的观点，美国重视与反对党的接触和合作，但克林顿政府不一定重视搞民主化的政党。美国政府忽视了民主反对派一些不搞民主的政党。Ramet, 2005.

的支持率逐渐上升，吸引了农村和主张民族主义的选民，而米洛舍维奇试图依靠国家机构干部以及原来德拉什科维奇获得的城镇中产阶级的支持。经过几个星期的谈判，复兴运动决定参选。民主党、塞尔维亚民主党和公民联盟因不愿同米洛舍维奇组阁，抵制此次选举。在9月的议会选举中，社会党得票率第一，激进党第二，复兴运动第三，但都没获得绝对多数票。12月，在第二轮选举中，激进党得票率第一，社会党第二，复兴运动第三。三党同样没一个获得绝对多数票，只能通过谈判组阁。由于德拉什科维奇在组阁谈判中提出过于高的要求，社会党与复兴运动无法达成妥协。最终，社会党与激进党组成了联合政府。[①]

同时，米洛舍维奇成功地拉拢几个反对派政党，大大削弱了反对派并使之政治边缘化。另外，国际社会更倾向于与"所熟悉的魔鬼"[②]合作，因而米洛舍维奇和社会党能够继续执政。但是，由于社会党和与激进党联盟对科索沃实行强硬的政策，以鲁戈瓦为首的科索沃民主联盟越来越失去了对科索沃阿族的影响力，好战的科索沃解放军的势力越来越大。1998年后，科索沃的民族矛盾逐渐演变成武装冲突，在几个阿族占多数的村庄发生了骚乱，科索沃解放军开始实行小规模的恐怖活动。国内应对科索沃危机的压力加大，米洛舍维奇决定采取武力解决科索沃问题，动用军队和警察清剿科索沃解放军。武装冲突造成了大量人员伤亡和难民，因此遭到国际社会的强烈反对。在有偏向的调解无效之后，从1999年3月开始北约以严重违反人权、战争罪行和造成难民问题为借口，在未经联合国安理会授权的情况下对南联盟进行军事打击。北约对南联盟78天的轰炸总共造成2000多人死亡，6000多人受伤，近100万人沦为难民，给南联盟造成的直接经济损失高达2000亿美元。

在南联盟遭北约轰炸时，米洛舍维奇呼吁塞尔维亚所有政党参加统一政府，不愿参加统一政府的反对党的活动被暂时禁止。但是，在北约轰炸南联盟结束后不久，南联盟开始出现"倒米"运动。1999年10月，以民主党为首的反对派组织在贝尔格莱德进行了持续一个月的抗议集会，要求更大的社会自由化。尽管有比较充分的组织准备、国外势力的支持以及一些学生团体

[①] Cf. Damjan de Krnjevic Miskovic, "Serbian Prudent Revolution," *Journal of Democracy*, Vol.12, No.3, July 2001, pp.96-110.

[②] Holbrooke, 1998.

的配合行动，但是抗议并没有得到广大民众的支持。12月中旬，反对派被禁止活动。在这种情况下，金吉奇提出制定一个反对派的共同纲领，但各反对党派并没有就此达成一致，而且在采用何种策略继续与政权对抗的问题上发生分歧。极端的反对派主张采取暴力措施来推翻米洛舍维奇政权，而自由党（LS）和民主党偏重于依靠西方国家的援助。

2000年1月初，反对派发表联合声明，呼吁提前举行议会选举。在接下来的几个月中，反对党派始终保持低调，只在4月份领导过大规模示威。7月，米洛舍维奇决定提前举行总统大选。8月，在金吉奇的推动下，反对派宣布成立民主反对党联盟（DOS），以民主反对党联盟的身份参加议会大选，推举科什图尼察为总统候选人，但是联盟不包括塞尔维亚复兴运动党和激进党。

二、米洛舍维奇时代的终结

2000年9月24日，南联盟举行总统大选，米洛舍维奇领导的社会党、沃伊斯拉夫·米哈伊洛维奇（Vojislav Mihailovic）领导的复兴运动、托米斯拉夫·尼科利奇（Tomislav Nikolic）领导的激进党以及科什图尼察领导的民主反对党联盟都参加了选举。在总统大选中，科什图尼察获得48.22%的选票，米洛舍维奇获得40.23%，后者落选已成定局。但是，选举委员会宣布，由于两位候选人得票数都不过半，在10月8日举行第二轮投票。9月27日，米洛舍维奇在欧美国家和国内民主反对党联盟的反对声中宣布参加第二轮选举。但是，科什图尼察宣布自己在首轮选举中已经获得过半的选票，不同意参选并要求重新验票。科什图尼察的要求被选举委员会拒绝后，民主反对党联盟在贝尔格莱德发动了大规模的示威游行和全国总罢工。10月6日，民主反对党联盟控制了贝尔格莱德市。最终，宪法法院裁定科什图尼察当选总统。第二天，科什图尼察就任南联盟总统，米洛舍维奇时代结束。

导致米洛舍维奇下台的主要原因是多方面的，其中主要的有以下几个。

第一，科索沃危机的后果。1999年夏，南联盟同北约签署《库马诺沃协议》（Kumanovo Agreement），北约轰炸结束，南联盟军队开始撤离科索沃，科索沃暂时由北约部队管理。这些导致塞尔维亚舆论界逐渐开始批评米洛舍维奇的科索沃政策。塞尔维亚的大多数公众仍然认为，科索沃根本上属于塞尔维亚，科索沃解放军是恐怖组织，要求米洛舍维奇彻底解决科索沃恐怖威胁的根源。当时,金吉奇领导的民主党和科什图尼察领导的塞尔维亚民主党也都也支持米洛舍维奇的科索沃政策。但是,也有人认为,米洛舍维奇处理科索沃问题的方法与他的暴力政权有着密切关联,持这种看法的主要是一些知识分子和部分的民主反对党联盟成员。

第二,国际社会的影响。《代顿协议》签订后,联合国取消对南联盟的国际禁运,跨境交易也恢复了。在这种情况下,国际社会对南联盟的影响逐渐突出。1996年学生示威时,欧美开始关注塞尔维亚的反对派,试图通过非政府组织的经济援助支持他们的政治活动。[①] 1998年,这些非政府组织已经接触了南联盟的学生组织,向他们提供经济支持和进行培训,而这一切都是通过南联盟移居国外的持不同政见者进行的。2000年1月,克罗地亚政局发生变化后,美国和欧盟通过支持塞尔维亚民主反对党联盟,来影响塞尔维亚的政治局势。

第三,独立媒体和非政府组织的快速发展。塞尔维亚独立媒体和非政府组织在20世纪90年代初中时期并没有得到外部援助,主要依靠的是草根网民和反对派的联合。到90年代后期,与米洛舍维奇政权直向衰落同步的是独立媒体的快速发展。除"B-92无线台"之外,又出现了学生主办的无线台Anem和Index。这些媒体均批评米洛舍维奇政权。此外,特种警察部队和国安局公开地参与镇压甚至暗杀著名记者,如斯·丘鲁维亚(S. Curuvija)被暗杀,这些引起了公众的强烈不满。

第四,反对派力量的增长。反对派在对抗米洛舍维奇政权上有共识,但是内部也存在着分歧。在北约空袭南联盟后,德拉什科维奇的复兴运动仍是反对派中的最大政党。后来,德拉什科维奇因参加米洛舍维奇的政府而被激进青年抵抗运动斥责为米洛舍维奇的"木马",声望衰落,取而代之的是金吉奇。1999年9月,以金吉奇为首的反对派中的几个温和政党与极端反政权的"抵抗运动"达成了妥协。这样,金吉奇将反对派凝聚起来共同行动,不久建立了统一的民主反对党联盟。由于德拉什科维奇的拒绝,复兴运动没有加入民主反对党联盟。

---

① 关于塞尔维亚反对派与西方国家之间的联系,参见:Dragan Bujoševic and Ivan Radovanovic, *The Fall of Miloševic: The October 5th Revolution*, New York: Palgrave Macmillan, 2003。

第五，米洛舍维奇的个人因素和策略性的错误。2000年7月，在没有事先与黑山伙伴协商的情况下，根据米洛舍维奇的指示，塞尔维亚议会就通过于9月提前举行总统大选的法案。米洛舍维奇之所以决定这样做，主要有两方面的原因。一方面，南联盟经济形势不断恶化，债务沉重，外汇储备水平低，国家已经到了濒临崩溃的边缘，提前进行总统选举有助于米洛舍维奇继续控制南联盟。另一方面，米洛舍维奇认为，此时的反对派四分五裂，缺少决断能力，无法组织起有广泛基础的联盟，也找不到强硬的、有魅力的人物参选总统。所以，在竞选期间，米洛舍维奇再次利用宣传机器打压民主反对党联盟等反对党，指责它们的领导人是"外国代理人"和"叛徒"。然而，米洛舍维奇完全低估了民主反对党联盟竞选活动的颠覆性潜力。民主反对党联盟知道通过政府媒体直接对抗米洛舍维奇是毫无意义的，因此致力于开展自下而上的活动和发展动员民众的政治组织。结果，在竞选快要结束时，民主反对党联盟力量大增。在此情况下，米洛舍维奇不得不与民主反对党联盟进行零和博弈，到了选举这天才发现了民主反对党联盟已经得到了足够的支持。

第六，亲政权群体的立场摇摆。米洛舍维奇下台还因为政治精英和亲政权群体与民主反对党联盟达成一致，放弃了米洛舍维奇。2000年10月5日，在抗议者占领联邦议会和塞尔维亚电视台时，南联盟军队、警察部队和特种警察部队都没有对示威者进行镇压，一些特种警察部队甚至加入了游行队伍。结果，一天之内，米洛舍维奇政权的支柱就倒了。事实上，在9—10月间，民主反对党联盟领导人就已与国安局进行了多次接触，亲米洛舍维奇政权的国安局和特种警察部队已经改换门庭了。① 不过，有些民主反对党联盟领导人与国安局有非常紧密的关系，因此，国安局仍然在塞尔维亚政治舞台继续发挥重要作用。新的执政联盟在推动它们的新政时步履维艰。

三、后米洛舍维奇时代的政治发展

对比中东欧其他国家，人们普遍认为塞尔维亚的社会转型从2000年才真正地开始。米洛舍维奇下台后，科什图尼察就任南联盟总统。这时的南联盟已进入后期，起主导作用的是塞尔维亚共和国。2000年12月23日，塞尔维亚

---

① Insajder, "DB", B-92（国安局，"内部人集"，B-92网站，访问时间：2015年12月4日）.

共和国举行议会选举，民主反对党联盟得到250个议席中的176个，社会党获得37个议席，激进党获得24个议席。民主反对党联盟获得单独组阁权，金吉奇出任政府总理。

然而，获得执政权的塞尔维亚民主反对党联盟中的一些党派在社会转型的方式、速度等方面，特别是在经济体制改革上的确存在分歧。金吉奇领导的民主党主张从新起点出发，快速地进行经济改革、司法改革和重新组建国安局。但是，尤万诺维奇领导的塞尔维亚自由民主党（LDS）主张采取渐进措施来解决这些问题。不仅如此，由于事实上已经失去了科索沃，塞尔维亚的民族主义情绪渐浓，南联盟也变得越来越脆弱。民主党与自民党之间出现裂隙，塞尔维亚民主党则退出执政的民主反对党联盟并呼吁提前进行选举。

此时，塞尔维亚发生的一个重大事件就是金吉奇被刺身亡。米洛舍维奇下台后，美国等西方国家不断要求将其引渡到海牙法庭。科什图尼察虽然力图改善米洛舍维奇时代的国际孤立状态，但多次顶住西方压力拒绝引渡米洛舍维奇。然而，金吉奇却希望与海牙国际法庭就此问题达成一致。因此，金吉奇政府暗地同美国进行交易，于2001年4月1日逮捕了米洛舍维奇，并且不顾科什图尼察和南联盟宪法法院的反对于6月28日把米洛舍维奇强行引渡到海牙。8月，以科什图尼察为首的塞尔维亚民主党以塞政府支持和保护有组织犯罪活动为由退出政府。在2002年9月和12月举行的两次塞尔维亚总统大选中，科什图尼察得票遥遥领先。但是，由于金吉奇的抵制，两次大选均因参加投票的人数未达法定人数而被宣告无效。12月30日，南联盟塞尔维亚共和国议长娜达莎·米契奇（Nataša Mićić）出任塞尔维亚代总统。2003年2月4日，南联盟正式更名为塞尔维亚和黑山。

在塞黑中，塞尔维亚仍旧是主导者，其政府总理金吉奇更是一个实权人物。金吉奇树敌也很多，按照《政治报》上刊登的一篇文章的说法，金吉奇坚持把米洛舍维奇引渡给海牙法庭，米洛舍维奇的支持者痛恨他；他阻止了科什图尼察再次当选总统，科什图尼察的支持者痛恨他；他发誓铲除黑恶势力，黑恶势力痛恨他。因此，就在塞尔维亚和黑山新国家进行建构的时候，3月12日中午，金吉奇在塞尔维亚政府大院内遇刺，背部和腹部各中一枪，抢救无效于当日下午身亡。刺杀事件发生之后，塞尔维亚政府宣布进入紧急状态，在一个多月里拘禁了1000多名涉案人员。2007年5月，原塞尔维亚特

第四章　塞尔维亚的社会转型和发展

别行动队指挥官米洛拉德·乌莱梅克和兹韦兹丹·约万诺维奇以策划和执行谋杀罪分别判处40年有期徒刑，另外10名同案犯分别被判处8—35年有期徒刑。

从塞尔维亚民主党离开执政联盟到2003年3月金吉奇遇刺的这段时期，南联盟政坛上出现了新的变化。首先，2003年进行了宪法改革，联邦制改为邦联制，南联盟改为塞尔维亚和黑山，联邦总统与联邦总理变为塞黑总统及塞黑部长会议主席。可是，由于两个共和国的政府拥有很大的自治权，塞黑总统及塞黑部长会议主席的实际权力有限。此外，虽然民主反对党联盟的执政有效防止了再度出现某一党独大的局面，然而，这也导致了任何一个政党都没有领导联盟的实力，也无力完全实现民主自由。由于民主党与塞尔维亚民主党关于塞族民族问题、经济转型、科索沃问题等主要问题的立场不同，两党都无法得到民主反对党联盟的多数支持。

其次，民粹的民族主义出现。民粹的民族主义表现得更加柔和，坚持主权但不支持聚居境外的塞族搞分离运动。政党由于缺乏广泛的选民基础，都试图在其纲领上扯上民族问题并冠以"科索沃""波黑塞族"的标签，标榜所谓的真正的塞尔维亚民族主义。这实际上有利于社会党和激进党的东山再起，二者支持率开始增加，它们又回到了自己的传统选民当中。前者成功地放弃了米洛舍维奇的政治遗产，但在民族问题上保持着进退自如；后者仍然主张极端民族主义立场，对科索沃问题坚持不妥协的原则，要求塞尔维亚保护境外的塞族。实际上，科索沃问题造成了塞尔维亚严重的社会分裂和民族主义的上升，从而影响了塞尔维亚融入欧洲一体化的过程。由于欧盟在科索沃问题上施加的压力，一些政党反对塞尔维亚融入欧洲一体化。持相同看法的塞尔维亚选民也不断增加，因此，亲欧政党需要更谨慎地改变自己的策略。它们继续主张欧洲一体化的必要性，同时坚持塞尔维亚对科索沃的主权和支持波黑塞族的自治。[①] 欧盟越要求贝尔格莱德要面对科索沃新的政治现实，塞尔维亚民族主义者就越反对塞尔维亚融入欧洲一体化的进程。因此，后米洛舍维奇时期的第二个鲜明特征就是欧洲一体化主义与塞尔维亚领土主权完整诉

---

① 细节详见：Krsto Cviić, Peter Sanfey, *Jugoistočna Europa od konflikta do suradnje*, Zagreb: EPHLiber, 2008（［克］克·斯维奇等：《东南欧：从冲突到合作》，萨格勒布，EPHLIber出版社，2008年，克文版）。

求之间的对立。这时，塞尔维亚政治舞台上的主导情绪可以这样概括："1999年太近，202X年又太远"。[①] 由于加入欧盟的前景还很遥远，塞尔维亚只能努力实现短期的政治目标，从而导致塞尔维亚无法坚定地为获得欧盟候选国地位而进行必要的改革，以及在拒绝加入北约方面采取更加强硬的立场。

2004年年初，塞尔维亚举行总统大选，竞争者是民主党的鲍里斯·塔迪奇（Boris Tadić）和激进党的托米斯拉夫·尼科利奇。选举结果是塔迪奇以53.34%的得票率击败了尼科利奇，并于同年7月就任塞尔维亚总统。

塔迪奇对内对外都实行亲西方的政策。2005年9月，他与梵蒂冈教皇会面，全面缓和了塞尔维亚东正教与罗马天主教会的关系。塔迪奇还支持黑山独立并且成为第一个到黑山访问的外国元首。在2008年2月举行的塞尔维亚总统选举中，塔迪奇再次当选。在第二个总统任期里，塔迪奇继续奉行亲欧盟、向西方的政策，推进同欧盟签订《稳定与联系协议》的进程。

但是，2004—2008年，即塔迪奇担任总统、科什图尼察担任总理的时期（所谓塔迪奇—科什图尼察时期），塞尔维亚出现了一种反对融入欧洲一体化的情绪，影响了塔迪奇主导的亲欧共识。其表现，一是总理科什图尼察强烈反对欧盟干预塞尔维亚在科索沃问题上的立场；二是反欧盟的激进党再次提出关于境外塞族的问题，支持率大增；三是科索沃塞族的状况及其与阿族的关系导致了塞尔维亚政治舞台中民族主义力量再次崛起，出现要求重新评价塞族在克罗地亚和波黑战争中作用的呼声。在这种背景下，塞尔维亚的政治天秤逐渐转向民族主义党派。2008年，塞尔维亚的民族主义党派分为两个政治阵营。一个阵营是那些处于中间偏右翼位置的中小型政党，另一个阵营是那些主张极端民族主义的激进党。两大阵营在政治主张上存在着很大的分歧，但是都没能得到处于右翼和极右翼之间广大选民的支持。

2008年，由于在塞尔维亚与欧盟关系上的分歧，激进党发生分裂，一些人成立了新的塞尔维亚进步党（SNS）。塞尔维亚进步党在保持民族主义者身份的同时，主张亲欧的政策。它利用科索沃"独立"引起民族情绪，获得了大量选民支持，在2012年的议会和总统大选中都获得了胜利，不仅与塞尔维亚社会党组成联合内阁，它的候选人尼科利奇也当选为总统。有人担心民族

[①] Cf. Pesic, 2003, pp.23-65.

主义者的上台会阻碍塞尔维亚融入欧洲一体化，但事实上，塞尔维亚与欧盟之间的关系有了比较大的进展。在入盟谈判的进程中，塞尔维亚同意进行财政调整、司法改革和稳定地区安全。尤其是在稳定地区安全方面，塞尔维亚与科索沃当局从2013年开始谈判。在重申塞尔维亚对科索沃主权的立场基础之上，双方在跨境运输、建立科索沃塞族联合镇区、提供电力能源等方面取得了进展。

第二节　经济转型和经济发展

许多学者认为，塞尔维亚的经济转型开始于2000年，其内容是摆脱南联邦和米洛舍维奇时代的遗产，向欧盟和西方靠拢。不过，严格地说，与前南地区其他国家的经济转型类似，塞尔维亚的经济转型从20世纪80年代后期就开始出现了，并为后来的经济转型奠定了比较成熟的条件。塞尔维亚的经济转型可以分以下四个阶段：80年代后期是第一阶段，米洛舍维奇时代是第二个阶段，2000—2008年是第三个阶段，2008年欧债危机以后开始的经济调整是第四个阶段。

1988—1990年，当时的南联邦政府采取了激进措施减少通胀增长，保持外汇储备的稳定，甚至开始考虑进行私有化。南联邦的这些措施也影响了塞尔维亚的经济发展，塞尔维亚政府和塞共联盟的改革派开始关注如何落实改革方案，进行社会所有制企业的调整，加强塞尔维亚国内外贸易平衡，缩小同比较发达的共和国的经济差距，推动向西方出口和加强大型企业的管理权。

在米洛舍维奇执政年代，塞尔维亚的经济改革出现停滞甚至倒退。南联邦各共和国间的冲突发生之后，塞尔维亚于1990年对斯洛文尼亚实行贸易禁运，导致南联邦国内经济合作下降。各共和国实际的经济主权和自主取代了经济上的联邦制，导致联邦经济的崩溃。与此同时，塞尔维亚不仅恢复全面的经济自主权，而且实施重新集权化政策，逐渐放弃了经济改革的路线，向市场经济改革逐渐停滞甚至倒退：小型私营企业的发展中断，商品价格冻结，国营企业禁止解雇工人，混合所有制企业进行重新国营化。1992年初，前南地区战争爆发后不久，联合国对前南地区国家实行武装禁运；1994年对南联盟实行为期两年的经济禁运；科索沃冲突发生后又于1998年再次对南联盟进行经济禁运。国际禁运不仅影响了南联盟的对外贸易交流，还导致塞尔维亚的境外资产被冻结，外汇储备大幅度下降，投资风险增大，难以加入国际经济组织，处于被国际社会孤立的状态。[①] 此外，由于推行错误的货币和财政政策，塞尔维亚1992—1993年的国内生产总值比1990年少了80%。1992年以后，无控制的印钞、剧增的军事开支和没有改革的福利制度造成了极高的通胀。由于外汇储备的赤字，南联盟政府允许使用离岸账户来资助预算开支。1994年，塞尔维亚贫富差距加大，公民的外汇储蓄、实际收入和购买力大大地下降，腐败和走私行为猖獗。1994年1月，新任中央银行行长德拉戈斯拉夫·阿武拉莫维奇（Dragoslav Avramovic）提出了一项经济稳定计划，内容包括引入固定汇率制和降低通胀。由于财政改革的困难和在私有化问题上的分歧，塞尔维亚缺少进行激进改革的政治共识。1995年后期，塞尔维亚的通胀再次上升。受克罗地亚的塞族难民危机、科索沃危机和北约轰炸南联盟的影响，90年代后期塞尔维亚的经济发展十分低迷。

2000年，塞尔维亚开始了面向西方的经济转型，经济转型进入第三个阶段。在2000—2001年，民主反对党联盟提出一系列的法案，采取"休克疗法"来进行快速的经济转型，并且推动塞尔维亚经济向着与欧洲国家一体化的方向发展。"休克疗法"特别表现在实行宏观经济稳定化、私有化和市场自由化上面。第一，实现宏观经济的稳定化。塞尔维亚国家银行成功地维持了价格稳定，结束了高物价波动的时代，90年代标志性的四位数通货膨胀戛然而止，外汇储备和进口额上升，第纳尔对德马克（后来是欧元）汇率稳定。这样做的直接结果是第纳尔的自由兑换，商品价格和工资的稳定。塞尔维亚的公共债务也从2000年占国内生产总值的200%降到2004年的50%。[②] 可是，货币升值对塞尔维亚经济也有消极的影响。比如，商品竞争力下降，出口萎缩，制造企业只能改组甚至破产，日益依赖进口产品。第二，私有化。塞尔维亚政府进行两种私有化，即银行业私有化和国营大型企业的私有化。私有化的收入成了塞尔维亚预算的主要收入来源。几乎所有国营银行都已私有化，国外银行一般购买全部或者控制股份。国营大型企业中几个战略性的公司如国家

[①] Cf. Uvalic, "Serbia's Transition to Market Economy," *Montenegrin Journal of Economics*, Vol. 8, No. 2, Special issue, pp. 87-99.

[②] Ministry of Finance of Serbia, www.mfin.rs, 访问时间：2015年11月10日。

石油公司（NIS）和国家钢铁公司的控制权都卖给了国外投资者。第三，市场的自由化。2001年塞尔维亚减少了进口关税和出口补贴，加剧了国内市场的进口依赖。为了减少财政赤字，政府不得不开始推行新的借贷政策。①

通过上述政策，塞尔维亚的经济出现明显好转，主要通过以下几个宏观经济指标表现出来。第一，2001—2008年的年均经济增长率达到5%以上。第二，直接利用外资大幅增加。2003年达到200亿美元，人均2900美元。第三，人均国民生产总值从2000年的1200美元增长到2004年的3100美元。②

不过，在这一阶段，塞尔维亚宏观经济还面临典型的转轨问题。第一，外资看重金融部门而外国贷款看重服务部门，塞尔维亚的工业生产增长迟缓，失业继续增加，贫富差距的缩小不大，城市和农村的差距尤其明显。第二，内外贸易间失衡的增加。贸易和经常账户赤字开始增加，塞尔维亚市场对外国市场的依赖越来越大，见图4-1。

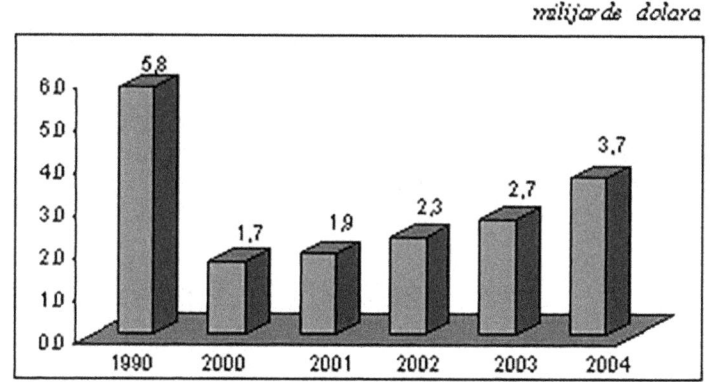

图4-1　塞尔维亚出口额（10亿美元）

M. Jovanovic et al, *Privatizacija u Srbiji*, 2005; passim (Statisticki Zavod Srbije)（[塞]米·约万诺维奇等:《塞尔维亚中私有化》，2005年；数据来源：塞尔维亚统计局）。

---

① Mladjen Kovacevic, "Srbija u kandžama neoliberalizma"，www.mfn.rs，访问时间：2015年10月9日。
② IMF, "Report for Selected Countries and Subjects: Serbia"，imf.org，访问时间：2015年11月10日。

从2008年开始，塞尔维亚的经济转型进入了第四阶段，其标志是《稳定与联系协议》的签署。塞尔维亚为积极地融入欧洲一体化的进程，经济发展也更多地依赖欧盟。通过CARDS、IPA、IPA II等经济援助项目，塞尔维亚从欧盟得到了30亿欧元的补助，推动了塞尔维亚的私有化和金融部门、行政部门的改革。这导致了塞尔维亚的经济更加依赖欧盟，与欧盟的贸易额占到全部贸易的75%，欧盟资本控制了塞尔维亚银行业的75%。武契奇政府还采取了欧盟关于外债与GDP平衡的建议，削减公共部门的预算，努力保持预算的平衡。塞尔维亚开始入盟谈判后，不断成功地吸引外资，直接外资流入量总体呈上升趋势。尽管国内媒体有大量的批评声音，塞尔维亚政府持续推行刺激外国投资的政策。从2008—2013年，塞尔维亚在食品、石油和汽车制造等领域吸引了大量外资。例如，美国钢铁公司进入了塞尔维亚的金属加工行业，微软公司和西门子公司进入了ICT行业，克罗地亚的公司进入了塞尔维亚的零售业。同时，塞尔维亚政府还注意外资的多元化。例如，阿联酋航空公司与塞尔维亚国家航空公司组建了合资企业；吸引中国在基础设施建设上投资，如贝尔格莱德—尼什—普雷舍沃段铁路项目、普平桥项目等。

然而，塞尔维亚经济发展却出现了新的问题，主要是对欧盟经济依赖过重。正因如此，塞尔维亚经济受欧债危机影响很大，GDP大幅度下降，直到2013年才开始回升。同时，塞尔维亚中小私营企业缺乏生命力，由此导致了失业率不断上升。

第三节　从对抗到对话的对外关系

一、推行南联邦的塞尔维亚化

所谓南联邦的塞尔维亚化，指的是南联邦塞尔维亚共和国总统米洛舍维奇推行的让南联邦成为稳定联邦的改革。它试图通过把塞尔维亚共盟成员派到联邦机构，使聚居境外的塞族人渗透进克罗地亚、波黑、黑山、马其顿共和国政府及其党中央，以此来影响各共和国的共盟接受米洛舍维奇提出的重新集权化的方案，最终形成以塞族为核心、高度集权的联邦制。

米洛舍维奇推行南联邦的塞尔维亚化有其历史和现实的原因。首先，由于历史、地缘等因素，塞尔维亚对境外的塞族格外关注，这是塞尔维亚对邻国政策的出发点。从历史角度来看，从19世纪提出解决塞族问题的《草案》（Nacertanije）开始，到一战前塞尔维亚激进党主张聚居奥匈帝国的塞族与塞尔维亚王国统一，再到1985年塞尔维亚科学院提出的《关于塞族地位的纲领》，塞尔维亚对邻国政策的主张就是与境外塞族统一。其次，南斯拉夫王国建立后，塞族一直是占支配地位的民族。塞尔维亚民族主义者认为，塞尔维亚和塞族应当领导南斯拉夫。因此，建立塞尔维亚族主导的统一国家，已经成为20世纪80年代后期塞尔维亚对外政策的主要政治目标，也是米洛舍维奇主张南联邦重新集权化的地缘政治核心。

1990年7月，由塞尔维亚共盟演变而来的塞尔维亚社会党（SPS）在议会选举中获得胜利。同年12月，塞尔维亚社会党主席米洛舍维奇在总统大选中获胜，成为塞尔维亚共和国总统。塞尔维亚进入了米洛舍维奇时代。此时的南联邦则到了生命尽头，不久便解体了。

塞尔维亚的对外政策形成于南联邦解体的过程中，主要表现在对其他共和国的政策上面。当时，南联邦中的极端民族主义思潮盛行，米洛舍维奇在塞尔维亚与原南联邦其他共和国之间关系上采取"大塞尔维亚主义"的政策，试图在南联邦搞重新集权化（recentralization），向南联邦其他共和国推行塞尔维亚化的政策，在此基础上形成了集权民族主义（centralist nationalism）。"重新集权化"实际上是要使南联邦塞尔维亚化，利用多民族国家的政治框架来追求自己的民族主义目标。在南联邦解体的最后阶段，塞尔维亚的集权民族主义政策主要表现在以下三个方面。

第一，反对斯洛文尼亚和克罗地亚两国的主权诉求。斯洛文尼亚共盟要求更多政治和经济上的独立，建立一个给予各共和国更大政治权、经济权的联邦。集权民族主义者则在联邦机构中追求支持塞尔维亚的民族主义。1989年，塞尔维亚与斯洛文尼亚发生短暂的经济制裁纠纷时，中央银行、外贸部等联邦金融机构站在了塞尔维亚一边。1990年1月，在南共联盟第十四次（非常）代表大会之后，集权民族主义已经渗透到了南共联盟、科索沃和黑山的共盟中，最终导致南共联盟无法存在下去。斯洛文尼亚和克罗地亚宣布独立后，塞尔维亚试图通过联邦金融机构、媒体和警察部队推翻斯洛文尼亚和克罗地亚的民选领导人，甚至利用南人民军在斯洛文尼亚发动了"十日战争"，并支持武装克罗地亚的塞族分裂组织。

第二，支持聚居在塞尔维亚境外的塞族分离主义。米洛舍维奇的崛起同科索沃的塞阿民族关系的紧张、波黑的塞克穆三大民族间冲突紧密地联系在一起。[①] 当时，米洛舍维奇等塞尔维亚的领导人认为，南联邦的其他共和国采取的保护境内外同胞的特殊行动损害了塞尔维亚的利益，也威胁了塞尔维亚境外的塞族聚居区。于是，塞尔维亚采取措施保护境外塞族的权益，比如，通过军事援助支持克罗地亚克拉伊纳塞族聚居区的分离运动。塞尔维亚在科索沃、克罗地亚、黑山、波黑和马其顿境内的塞族地位问题上表现出极强的民族主义立场，招致了克罗地亚和斯洛文尼亚的强烈反对，波黑和马其顿的领导人也将米洛舍维奇视为大塞尔维亚主义者。

第三，推动南联邦的塞尔维亚化（Serbification）。所谓塞尔维亚化，是指通过亲塞派系对非塞尔维亚共盟进行控制，继而实现对联邦机构的控制。[②] 到1990年，重新集权化运动使亲塞共盟的干部控制了科索沃共盟、伏伊伏丁那共盟以及黑山共盟的领导机构，由此开始了这些共盟的塞尔维亚化。当亲塞派系占据主导地位后，在政治上与塞尔维亚共盟结成统一阵线，奉行对非塞族的同化政策。在阿族占多数的科索沃，塞尔维亚化的做法招致了民众的不满。波黑和马其顿担心南斯拉夫将完全被塞尔维亚控制，认为民族地位平等的概念执行过程中出现了双重标准，实际上是公开的塞族化，是对少数民族的同化。留在南斯拉夫对波黑和马其顿有地缘政治、文化、社会和经济方面的好处，但是波黑和马其顿领导人对塞尔维亚化十分反感，由此加剧了他们的离心倾向。在1991—1999年前南地区的战争期间，米洛舍维奇的塞尔维亚化政策表现在支持境外的塞族自治甚至分离，向境外塞族提供经济和军事援助，传播"大塞尔维亚"的主张。2000年科索沃战争结束，米洛舍维奇的对外政策遭受挫折，塞尔维亚化政策也失败了。但是，塞尔维亚化政策并没有消亡。由于科索沃宣布独立，民族主义的情绪又演变成塞尔维亚对邻国的隐

---

① 关于波黑的分裂，详见：Branka Magaš, Ivo Žanić, eds., *Rat u Hrvatskoj i BiH 1991-1995*, Zagreb: Naklada Jesenski i Turk; Sarajevo: Dani, 1999（［克］布·马加斯、伊·扎尼克主编：《1991—1995年克罗地亚和波黑的战争》，萨格勒布Jesenski Turk出版社/萨拉热窝：日期出版社，1999年，克文版）；Mladen Klemenčić, *Territorial proposals for the settlement of war in Bosnia and Hercegovina*, University of Durham, Durham, 1994.

② 与塞尔维亚化和塞族化类似的俄罗斯化和俄族化的概念，详见：Vernon V. Aspaturian, "The Non-Russian Peoples," in Allen Kassof, eds., *Prospects for Soviet Society*, New York: Prager, 1968.

第四章　塞尔维亚的社会转型和发展

形政策，塞尔维亚与境外塞族的关系使周边国家非常敏感。

二、对西方国家的政策

南联邦解体后，塞尔维亚和黑山组成南联盟，但主导者仍是塞尔维亚。与许多中东欧国家不同，南联盟的对外政策不仅不急于融入欧洲一体化，而且缺乏对西欧的亲近感。1989年以来，塞尔维亚反对斯洛文尼亚和克罗地亚独立，反对科索沃和黑山拥有更大的自主权，反对波黑穆斯林族的独立诉求。这些做法恶化了它与西方国家的关系，也阻绝了塞尔维亚参与到欧洲一体化的框架当中。

南联盟力求维持原南联邦的地缘政治地位，寻求在东西方大国间的平衡策略。[1] 针对苏东剧变带来的对外政策中的新挑战，南联盟提出，应当继承南联邦"平衡外交"的思想遗产。在实践中，南联盟继续坚持南联邦的不结盟政策，发展与周边国家、社会主义国家和第三世界国家的政治和经济关系。其中，南联盟重视与古巴、俄罗斯、白俄罗斯、中国等国在政治和经济上的合作。由此，南联盟也逐渐被欧盟孤立。在米洛舍维奇开始主张重新集权化的时候，西欧国家还认为他是在维护南联邦的统一，乐见其成。但是，随着在克罗地亚战争的爆发，西欧国家意识到米洛舍维奇的真实意图。[2] 尽管如此，直到1994年，有些西欧国家仍视米洛舍维奇是可靠的伙伴。由于波黑和平谈判一直没能成功，波黑塞族军队对穆斯林族犯下战争罪行的传言四起，西欧国家才逐渐放弃了通过与米洛舍维奇接触来影响波黑和平谈判的做法，与南联盟的关系逐渐冷了下来。[3] 1994年美国介入了前南地区安全危机之后，

---

[1] 塞尔维亚民族主义与东欧国家民族主义的比较，参见：S.P. Ramet, "Sabrina, Trajectories of Post-Communist Transformation: Myths and Rival Theories about Change in Central and Southeastern Europe," *Perceptions*, Summer 2013, Vol. 18, No. 2, pp. 57-89。

[2] 详见：Vukadinovic, 1996; M. Stojkovic, A. Damian, *Savremeni procesi i odnosi na Balkanu*, IMPP, FPN, Beograd, 1997（[塞]莫·斯托伊科维奇、阿·达米扬：《现代巴尔干的主要趋势和互动关系》，贝尔格莱德，政治学学院，1997年，塞文版）。关于南联盟与欧共体的关系，参见：J. Gow, *The Victory of the lack of good will: International Diplomacy and Yugoslav Wars*, New York: Columbia University Press, 1997, pp. 45-104。

[3] 塞尔维亚与波黑塞族之间关系的发展，详见：Biljana Plavšić, *Svedočim*, Banja Luka: Trioprint, 2005（[塞]比·布拉夫西奇：《我承认》，巴尼亚卢卡：Trioprint出版社，2005年，塞文版）；Nebojša Popov, eds., *Srpska strana rata*, Beograd: Republika, 1996（[塞]尼·波波夫主编：《战争中的塞尔维亚之边》，贝尔格莱德：共和国出版社，1996年，塞文版）。

西欧国家对南联盟的态度发生了根本性的变化：更加严厉地批评米洛舍维奇的塞尔维亚化政策及其对波黑战争的影响，谴责南联盟帮助波黑塞族武装，强烈要求南联盟对波黑塞族承担政治责任和保护地区安全与稳定。① 1995年签署的《代顿协议》保障了波黑的稳定与和平，但是，科索沃危机又加剧了南联盟与西方的冲突，导致它陷入国际孤立之境。1999年，科索沃危机爆发时，西欧和美国已经完全与南联盟断交，只有俄罗斯和中国依然与其维持着友好关系。但是，由于俄罗斯、中国等国不愿卷入科索沃危机，南联盟外交面临了"单独对抗世界"的局面。② 1999年3月，北约开始了对南联盟持续三个多月的空袭。6月，南联盟签署了《库马诺沃协议》，在北约军队的监视下将军队撤出科索沃，北约空袭结束。③ 这场战争对南联盟的外交政策及其一直坚持的原则带来了致命的打击。在后来对外政策的调整过程中，南联盟实际上放弃了塞尔维亚化政策。由于失去了对科索沃的控制，黑山开始走向独立，塞尔维亚的内政也开始发生变化。2000年10月，米洛舍维奇下台，南联盟的对外政策也进入到了新的阶段。

三、回归国际社会

米洛舍维奇下台后，南联盟逐渐走出孤立，开始全方位地发展对外关系。塞尔维亚对外关系的变化主要体现在三个方面。

第一，融入欧洲一体化。2000年，金吉奇宣布塞尔维亚要加入欧盟并且签署了《东南欧稳定公约》，此举成了塞尔维亚（南联盟）与周边的东南欧国家政治、安全和经济合作的平台，标志着塞尔维亚从被排斥的国家变为保障区域稳定的国家，塞尔维亚回归了西巴尔干地区。2004年6月，欧盟委员会批准了与塞尔维亚开始就《稳定与联系协议》签署的谈判，打开了塞尔维亚融入欧洲一体化的大门。从此，塞尔维亚正式宣布申请加入欧盟。2006年由

---

① A. Vukadinovic, "Balkanska kriza i medjunarodna sigurnost," *Politička Misao*. Vol. 32, No. 1, 1995, pp. 3-18（［克］拉·弗卡迪诺维奇：《巴尔干危机与国际安全》，《政治思想杂志》1995年第32卷第1期，第3—18页）.

② *Politika*, 1999-03-12.

③ 关于《库马诺沃协议》，参见：NATO, "Military Technical Agreement between the International Security Force (KFOR) and the Governments of the Federal Republic of Yugoslavia and the Republic of Serbia", 1999-06-09, 访问时间：2015年9月15日。

于黑山宣布独立和塞尔维亚激进党在议会选举中获胜,塞尔维亚加入欧盟的进程出现倒退。

第二,科索沃宣布独立不仅导致世界大国和欧洲国家产生巨大分歧,也引起了塞尔维亚政府强烈不满,从而出现了所谓"贝尔格莱德与普里什蒂纳间的外交战争",即双方关于科索沃主权及其国际承认上的冲突。到2016年为止,由于一些国家的反对,科索沃尚未加入联合国。因此,科索沃(塞尔维亚的官方说法是普里什蒂纳当局)试图通过加入其他国际组织的"小门"逐渐得到剩余国家的承认。但是,塞尔维亚特别关注和强烈反对科索沃加入任何国际组织。

第三,塞尔维亚领导人为稳定和发展塞尔维亚的对外关系,有针对性地提出要加强与欧盟、美国、俄罗斯和中国的外交关系,将它们当作塞尔维亚对外关系的支柱。①

首先,与欧盟的关系。加入欧盟是塞尔维亚对外政策中最重要的战略和政治目标。加入欧盟优先,还是将其与发展同美国、俄罗斯和中国的关系并举,塞尔维亚舆论界一直在热烈地讨论。过去十年的变化表明,加入欧盟更为优先。无论塞国内如何看待欧洲一体化与欧洲经济一体化,其所带来的利益都是值得肯定的和必要的。所以,2000年以来,塞尔维亚的主政者不断地促成加入欧盟的国内共识,以迎合广大选民和舆论加入欧盟的想法。

2008年2月科索沃宣布独立后,英国、法国、德国等一些欧盟国家给予承认。塞尔维亚采取了比较强硬的外交措施,向欧盟国家的大使提交了抗议备忘录。不过,不久塞尔维亚方面的言辞逐渐变得温和起来,并且更多地将其外交行动的重点放在联合国和仲裁机构上,采取外交措施反对国际社会对科索沃的承认,比如,向海牙国际法院(ICJ)提交了科索沃当局违法宣布独立的提案。为防止塞尔维亚公众情绪激化,欧盟也加快了塞尔维亚融入欧洲一体化的进程。同年4月,欧盟与塞尔维亚签署了《暂时贸易协议》,取消了对塞尔维亚的关税,宣告塞尔维亚公民免签进入申根区。由于总统塔迪奇的推动,塞尔维亚很快同克罗地亚、黑山、斯洛文尼亚等国恢复因承认科索沃

---

① 塞尔维亚外交部,"塞尔维亚外交政策的四个重点",www.mofa.gov.rs,访问时间:2015年9月12日。

独立而暂时恶化的关系。①

2012年选举中民主党失利,尼科利奇继任总统。以塞尔维亚社会党和进步党为首的选举联盟获得了组阁权,达契奇成为总理,武契奇任副总理。新政府对欧盟的政策,特别对科索沃的立场比民主党更强硬。尽管如此,进步党和社会党联合政府在入盟谈判和科索沃地位两个问题上都取得了进展。

塞尔维亚重启了同科索沃谈判,内容包括地区合作、聚居科索沃塞族的迁徙自由、实行法治三个主要问题。从2011年3月到2013年4月,谈判进行了七轮,最终签署了塞尔维亚和科索沃关系正常化的《布鲁塞尔协议》,决定先不谈科索沃主权等根本性的问题而解决双方次要性的问题,如科索沃塞族区与塞尔维亚交通连接,改善科索沃出入境系统,科索沃米特洛维察公共服务的问题等。但是,《布鲁塞尔协议》的签订也招致了塞尔维亚国内一些人的批评。有的学者认为,协议违反了塞尔维亚宪法以及联合国宪章,是对科索沃独立的间接承认,因为2006年塞尔维亚通过的新宪法,把"科索沃是塞尔维亚不可分离的部分"写进了宪法的序言,并奉行在入盟谈判和任何外交活动中坚持科索沃主权是绝不可谈判的立场。联合政府回应说,谈判从保护塞族的权利和实事求是地寻求地区合作为基本出发点,谈判及其达成的一致并不意味着塞尔维亚愿意谈判科索沃主权问题。②

2014年1月,武契奇继任总理后,在坚持塞尔维亚对科索沃主权的前提下与科索沃方面开始谈判,主要内容是加强科索沃塞族联合地区(ZSO)的权限及其自治机构的权力,塞尔维亚与科索沃之间海关、交通、行政等方面的问题。七轮谈判结束后,塞方重新声明与普里什蒂纳当局的谈判是为了解决科索沃塞族地位,并不意味着塞尔维亚承认科索沃独立,也不影响塞尔维亚关于科索沃主权问题的立场。可是,普里什蒂纳将其视为塞尔维亚实际承认科索沃独立。

塞尔维亚对科索沃当局的温和政策使它在入盟谈判的进程中更进一步。2014年1月,塞尔维亚与欧盟开始入盟谈判。2015年12月,欧洲理事会与塞尔维亚开启了塞尔维亚"35步入盟计划"的谈判,涉及与科索沃恢复正常邦

---

① Kostunica, "SAA breaking Serbia up," B-92, 3 May 2008, 访问时间:2015年9月12日。
② Cf. *Politika*, 2013-06-12。

交、进行国家财政改革两项内容。2016年11月,欧盟委员会发布2016年塞尔维亚入盟进展年度报告,充分肯定塞尔维亚为加入欧盟在经济建设、国家行政机构改革、法治建设、地区关系发展等方面取得的成就,并提出了进一步的改进建议。

其次,与俄罗斯的关系。2008年1—2月,塞尔维亚总统塔迪奇和总理科什图尼察在会见到访的俄罗斯总统普京和俄第一副总理梅德韦杰夫时,重新提出了塞俄伙伴关系。2008年7月,俄罗斯与格鲁吉亚发生武装冲突时,塞尔维亚保持中立立场,不承认南奥塞梯和阿布哈兹的独立。2008年12月,俄时任总统梅德韦杰夫访问塞尔维亚,并表示俄罗斯支持塞尔维亚融入欧洲一体化的进程及其关于科索沃的立场,俄罗斯重视发展与塞尔维亚的伙伴关系。2009年以后,塞尔维亚和俄罗斯加强了领导人层面的互访和交流,两国关系变得密切起来。在经济领域上,俄罗斯国有石油、天然气公司控股了塞尔维亚石油公司(NIS),塞尔维亚增加了向俄罗斯的汽车和农业出口。2012年乌克兰危机开始后,俄罗斯同欧美关系恶化,塞尔维亚则尽量保持同欧盟和俄罗斯的稳定关系。越来越多的塞尔维亚人主张塞尔维亚奉行"弹双琴"立场,即试图与欧美站在一边,但保持与发展同俄罗斯的友好关系。这样一来,"弹双琴"成了2013年后塞尔维亚对外政策的突出特征。塞尔维亚一方面继续推进入盟谈判,发展民主和法治,促进市场经济的改革,进行司法、金融、行政的改革,推动塞尔维亚与科索沃、地区内国家间、民族间的对话、和解、合作;另一方面,与俄罗斯继续加强政治和经济的合作,两国高层交往频繁,如2014年俄时任总统普京出席了贝尔格莱德阅兵仪式,2015年塞时任总统尼科利奇出席莫斯科的胜利日游行。

再次,与美国的关系。塞尔维亚和美国的关系从2008年开始缓和。奥巴马当选总统后,美国虽然承认科索沃独立,但是逐渐恢复了同塞尔维亚的高层对话和人员互访。2009年,美国副总统拜登访问塞尔维亚,与塔迪奇总统会谈,支持两国深化政治经济关系,赞成塞尔维亚融入欧洲一体化的努力。[①] 不过,两国在科索沃的地位和塞加入北约的立场上仍然分歧很大。美国虽然

---

① 关于拜登访问贝尔格莱德,参见:"Biden to Press Reset Button in Balkans," *Financial Times*, 19 May 2009, 4.

支持塞尔维亚融入欧洲,但是认为为了稳定和改善巴尔干地区的安全形势,必须在塞尔维亚和科索沃的关系上做出进一步的外交努力。奥巴马政府想翻开同塞尔维亚关系的新的一页,但美国国会批评塞尔维亚的民族政策,甚至大多数国会议员提出,美国1995年撮合达成的《代顿协议》对塞族人来说过于慷慨了。[1] 由于1999年北约轰炸南联盟事件,塞尔维亚拒绝加入北约。因此,塞尔维亚和美国的关系并没有取得实质性的进展。

最后,与中国的关系。中国在国际事务中同塞尔维亚保持着良好的外交关系,塞尔维亚是中国的全面战略伙伴关系国,是中国在东南欧地区"最好和最稳定的朋友"。[2] 2009年两国共同发表《中华人民共和国和塞尔维亚共和国关于建立战略伙伴关系的联合声明》,2013年和2016年又分别发表《中华人民共和国和塞尔维亚共和国关于深化战略伙伴关系的联合声明》和《中华人民共和国和塞尔维亚共和国关于建立全面战略伙伴关系的联合声明》,双方关系不断深化,承诺尊重和支持彼此的核心利益和重大关切,在重大问题上持有相同或相近立场。科索沃宣布独立后,中国至今尚未予以承认。此外,塞中双边经贸关系也蓬勃发展。自2012年中国开始全面推动与中东欧国家合作时,塞尔维亚就考虑如何吸引中国在塞尔维亚投资。[3] 由于没有加入欧盟和不承担调整与欧盟共同市场(ECM)的义务,塞尔维亚同中国的经济关系有"不受约束的双边主义"的特点。[4] 除了中国私有企业在塞尔维亚的投资之外,中国政府还大力投资塞尔维亚的基础设施建设,如普平大桥项目、贝尔格莱德—尼什—普雷舍沃铁路、欧洲高速公路11号走廊塞尔维亚段项目。2015年年末,李克强总理和匈牙利、塞尔维亚两国总理共同见证"16+1合作"旗舰项目匈塞铁路两个合作文件签署。据中国海关统计,2015年中塞双边贸易额为5.49亿美元,同比增长2.2%,其中中方出口4.15亿美元,同比下降2.2%,进口1.34亿美元,同比增长18.8%。[5]

---

[1] 关于美国国会对巴尔干政策,参见:Melissa McConnell, "Serbia's Foreign Policy Capacity," *Mediterranean Quarterly*, Vol. 20, No. 4, Fall 2009, pp. 71-82。

[2] Cf. "China reiterates support for Serbia", B-92, 2009-04-07,访问时间:2015年4月7日。

[3] Cf. Francois Godement et al, *Scramble for China*, European papers, ECFSP, Brussels, 2009, p.13。

[4] Cf. M. Myers et al, *China in EE*, European Papers, ECFSP, Brussels 2012, pp.1-23。

[5] 参见中国外交部网站:http://wcm.fmprc.gov.cn/pub/chn/gxh/cgb/zcgmzysx/oz/1206_34/1206x1/t257882.htm。

此外，塞尔维亚还致力于借助原南联邦的声誉发展与不结盟运动国家的政治经济关系。由于科索沃国际承认问题的僵局，塞尔维亚特别重视每个支持塞尔维亚立场的国家和国际组织。

第五章　黑山的社会转型、国家建构与社会发展

黑山位于巴尔干半岛的西南部，东北是塞尔维亚，东南是阿尔巴尼亚，西北是波黑和克罗地亚，西南濒临亚得里亚海。在前南地区国家中黑山有以下特点：第一，国家规模最小，领土面积是13812平方千米，人口只有62.2万。[①] 第二，建国时间最晚，2006年6月才正式宣布独立。第三，与塞尔维亚的关系最密切，南联邦解体之后，它与塞尔维亚组成了南联盟、塞黑。因此，同前南地区其他国家相比，黑山的社会转型、国家建构和社会发展的内生动力比较弱，在很大程度上受制于外部影响。整个20世纪90年代，黑山的社会发展基本上与塞尔维亚绑在一起。在南联邦制改为塞黑邦联制，尤其在独立之后，黑山在欧盟的支持下"回归欧洲"的步伐不断加快，不仅获得了欧盟候选国的地位，而且于2016年签署了加入北约的协议。

第一节　政治转型、国家建构与回归欧洲

1990年黑山开始政治转型之时，还是南联邦的一个共和国。当时的南联邦，随着多党制的推行，反对党派出现，斯洛文尼亚、克罗地亚、马其顿、波黑和塞尔维亚共和国的共产主义者联盟改弦易辙，南共联盟丧失了作为一个全南统一组织活动的能力。此后，各共和国纷纷举行大选。1990年12月，黑山进行总统和议会选举，黑共联盟以绝对优势获胜，该党的莫米尔·布拉托维奇（Momir Bulatovic）和米洛·久卡诺维奇（Milo Djukanovic）分别就任总统和总理。

1991年1月，南共联盟彻底瓦解。与斯洛文尼亚、克罗地亚、马其顿和波黑谋求独立并陷于战乱不同，黑山选择了另一条道路。11月，欧共体特使

[①] Monstat, popis stanovnistva iz 2013 godine（黑山国家统计局，2013年普查结果）.

第五章 黑山的社会转型、国家建构与社会发展

卡林顿（Carrington）提出南联邦共和国实行松散联邦制的方案（所谓"卡林顿维和计划"），①以此平息民族间冲突。斯洛文尼亚、克罗地亚、波黑和马其顿领导人宣布接受"卡林顿维和计划"，黑山则犹豫不决。面对米洛舍维奇的压力，以及党内已经"塞尔维亚化"的党员和亲塞尔维亚的政治力量，布拉托维奇不得不拒绝"卡林顿计划"，从此站在了塞尔维亚一边，同塞尔维亚形成"残余南斯拉夫"（rump Yugoslavia）的联邦。在接下来的几个月内，黑山政治精英开始考虑黑山在新的联邦制中合法性的状况。推行南联邦塞尔维亚化的人主张接收米洛舍维奇提出的"国家连续性论"，即塞尔维亚和黑山作为仅有的两个愿意留在南联邦的国家，继承南联邦共和国框架而非成立新的联盟。社会主义者民主党（DPS，即原黑共联盟）中央领导则主张确立新的宪法和邦联制的方案，希望赋予各共和国更大的经济和政治权限，而联邦政府主要管理防御、外交、货币等的政策。黑山自由联盟（LS）等小型新兴民主反对党及其支持者反对塞尔维亚实际控制黑山政治的方案，主张先同塞尔维亚就平等地位问题进行谈判，若失败再宣布独立。

1992年1月，布拉托维奇向黑山议会提出基于邦联制的宪法改革方案，但经过同塞尔维亚领导人"协商一致"，最后还是接受了联邦制的方案。这表明黑山领导人实际上服从了米洛舍维奇政权，这也导致了黑山独立派的形成。3月，黑山举行了被黑山反对党强烈反对的全民公决，66%的公民参加投票，其中96%的人赞同黑山留在与塞尔维亚组成的共同国家中。②4月，南联邦中仅存的黑山和塞尔维亚两个共和国联合组成南斯拉夫联盟共和国。《1992年南联盟共和国宪法》规定：南联盟是建立在公民的平等和成员共和国的平等基础上的主权联盟国家。成员国通过自己的宪法独立地确定政权组织机构。政治多元主义是南联盟民主政治制度的条件和保证。③就这样，黑山加入了实际上是极为"不对称"的联邦。由于米洛舍维奇推行重新集权化和塞尔维亚化，

---

① Lord Piter Karington, "Karingtonov plan: Slobodna asocijacija suverenih republika bivše Jugoslavije," *Politika*, 5 novembar 1991. Godine（[英]彼得·卡林顿：《前南斯拉夫主权国家自由自治关系的方案》，《政治报》1991年11月5日）。

② 参见：Robert Bideleux and Ian Jeffries, *The Balkans: A Post-Communist History*, Routledge, 2007, p.477。

③ 参见：《南斯拉夫联盟共和国宪法》（一九九二年四月二十七日通过和颁布），姜士林等主编：《世界宪法全书》，青岛：青岛出版社，1997年，第1053—1063页。

联盟机构仅仅是一个橡皮图章。据黑山议员的说法，黑山加入了一个"貌似的联邦"。① 尽管如此，在新宪法的框架下，黑山开始走向了独立的第一阶段，也就是从"貌似的联邦"逐渐转为宪法主义（constitutionalism）。与此相关，黑山通过了自己的宪法。它宣称：黑山是民主、社会和生态国家，是共和国和南联盟的成员。黑山建立在法治基础上，实行立法、行政和司法三权分立的原则。② 黑山取消了国名中的"社会主义"字样，放弃了国家的社会主义性质，以民主、法治、三权分立为政治发展目标。

一、政治转型的第一阶段：走向多党制

通过重新集权化运动，以布拉托维奇为首的亲米洛舍维奇的"进步社会主义者"上台，此后黑山一直由社会主义者民主党统治。黑山政治转型首先表现为执政党的内部转型，从半权威主义（semi-authoritarianism）转向有缺陷的民主政治，这个过程是由一个执政党控制的。社会主义者民主党一党独大并连续执政表明，"黑山共产主义政权倒台的原因，并非来自寻求自下而上政体变革的的社会力量，而是由于1989年以来，执政党内部发生了旧精英到新精英的权力更迭"。③ 虽然黑山的国家性质发生了巨大变化，但是这些新精英在转型开始后仍牢牢掌握着权力。

社会主义者民主党没有强有力的领导者，主要通过"老大哥"塞尔维亚社会党才在1992年12月议会选举中获得了46%投票，在85个议席中获得46个议席，保持住了议会的多数。④ 反对米洛舍维奇但支持与塞尔维亚建立统一国家的黑山人民党⑤和倡导黑山独立的黑山自由联盟⑥都无法与之抗衡。布拉托维奇和久卡诺维奇继续担任总统和总理。黑山政府试图照搬塞尔维亚的一些做法，如严格控制国家媒体，成立有效和忠诚的警察部队以及用政党干部

---

① Srdjan Darmanovic, "SRJ cetiri godine posle," *Republika*, br. 104, 1996（［黑山］斯·达尔马诺维奇：《成立四年后的南联盟》，《共和国杂志》第104卷，1996年，塞文版，第25—41页）.

② 参见：Constitution of the Republic of Montenegro, http://oncampus.richmond.edu/~jjones//confinder/Montenegro.htm。

③ Ibid.

④ 1992年黑山议会和总统选举，参见：http://www.cemi.cg.yu/izbori/svi/，访问时间：2016年10月1日。

⑤ 1990年建立。

⑥ 1990年建立，2005年解散。

及家族成员"填充"政府部门。其中在最后一个方面上,黑山比塞尔维亚更为明显,然而,这些做法有的却带来了负面影响,如造成了严重的腐败和裙带关系。

作为南联盟的成员共和国,黑山的政治转型也深受国际社会的影响。犯罪团伙、走私者和黑市商人从事非法武器和毒品运输、偷盗汽车等活动,这些类似黑手党的犯罪网络十分迅速地控制了黑山30%—50%的经济总量。① 塞尔维亚指责黑山将来自塞尔维亚的食品出口到包括阿尔巴尼亚在内的与塞尔维亚敌对的邻国,因而对黑山实行食品禁运。这加剧了黑山的食品短缺,更导致了零售价格上涨和黑市交易剧增。② 更为严重的是,由于被隔绝在欧洲之外,黑山无法获得发展经济所需的西方国家的援助,更无法像其他许多中东欧国家那样从"回归欧洲"中获得转型的动力。

严峻的经济形势和难以摆脱的经济困难引起黑山民众和部分精英对米洛舍维奇和塞尔维亚的不满,黑山开始与塞尔维亚疏远关系。从1993年起,黑山政府坚持从黑山招募的新兵不到黑山境外服役。从1994年起,为减轻制裁造成的损害,黑山发展与西方国家的直接贸易和其他往来。③ 波黑战争结束后,"1995年年底到1996年年初,南联盟与西方关系的快速改善被黑山政府看作是与西方国家建立更密切的经济和政治联系并放松与塞尔维亚联盟的机会"。久卡诺维奇发现了新的政治伙伴——排在首位的是欧盟和美国。④ 与此同时,黑山社会主义者民主党党内也开始酝酿分裂。到90年代中期,米洛舍维奇的巴尔干政策的失败已成定局。第一,民众对造成经济制裁和社会绝望的陈旧政策的不满情绪日益增长。第二,出现了黑山是米洛舍维奇"嗜血政策"间接受害者的公共舆论。第三,黑山取得了实际上的经济独立。由于这三个现象,社会主义者民主党党内独立派与亲米洛舍维奇派之间产生了严重的分歧。

---

① 关于走私活动对黑山经济的影响,可详见:Milos Vasic, *Atentat na Zorana Djinjica*, Beograd: Narodna knjiga, 2005, str. 150-172([塞]米瓦斯奇:《金吉奇刺杀》,贝尔格莱德:大众图书出版社,2005年,塞文版)。
② 参见:Robert Bideleux and Ian Jeffries, *The Balkans: A Post-Communist History*, pp.478-479。
③ Ibid., p.507.
④ 参见:Ivan Vuković, "The Post-communist Political transition of Montenegro: Democratization prior to Europeanization"。

1996年年底，在贝尔格莱德市政选举引发的抗议活动①中，久卡诺维奇公开支持塞尔维亚反对党，反对米洛舍维奇。与久卡诺维奇不同，布拉托维奇仍坚持一贯立场，继续做米洛舍维奇坚定的盟友。"社会主义者民主党无限的政治权力，以及反对派对此的束手无策，无疑是黑山转型第一阶段的主要特征。然而，它的进一步发展不由这一政治冲突，而由执政党内部的冲突所决定。"②

1997年后，久卡诺维奇更为激烈地反对米洛舍维奇，与布拉托维奇的分歧愈加突出。在10月的黑山总统选举中，二人得票十分接近，在第一轮投票中布拉托维奇以微弱优势领先，第二轮投票中久卡诺维奇以微弱优势反超。1998年1月，久卡诺维奇就任总统。此后不久，布拉托维奇脱离社会主义者民主党，另行组建了社会主义人民党。5月，黑山举行议会选举，以社会主义者民主党为首的三党竞选联盟"让我们的生活更美好"战胜社会主义人民党。久卡诺维奇和排除了布拉托维奇一派的社会主义者民主党完全控制了政权，从此带领黑山走上了一条新路。"只有在1997年更保守的亲塞尔维亚派离开后，该党才开始支持更自由的议程，包括与西欧的密切联系、民主改革和经济自由化。它逐渐支持独立并开始超越早些时候与塞尔维亚的密切联系而赞同黑山认同。"③争取独立、接近欧洲和政治转型同时展开。

久卡诺维奇当选黑山总统后，米洛舍维奇对黑山实施了经济封锁。1998年5月，米洛舍维奇提名布拉托维奇担任南联盟政府总理，联盟议会予以批准。黑山议会宣布不承认以布拉托维奇为总理的南联盟新政府，不再尊重联盟议会颁布的法律，并撤换了联盟议会共和国院中的6名黑山议员，要求他们遵守黑山议会的指令。6月，黑山议会通过法律，剥夺了社会主义人民党在南联盟议会中的席位。7月，黑山政府决定发放独立于南联盟政府的进出口许可证。8月，黑山政府宣称在布拉托维奇从联盟总理职位上离开前，暂停与南联盟政府的所有联系，警告说黑山有可能举行脱离南联盟的全民公决。随

---

① 1996年11月，塞尔维亚反对党在贝尔格莱德市政选举中获胜，塞尔维亚总统米洛舍维奇宣布选举无效，反对党举行抗议活动，要求米洛舍维奇下台。

② Ivan Vuković, "The Post-communist Political Transition of Montenegro: Democratization Prior to Europeanization".

③ Věra Stojarová and Peter Emerson, eds., *Party Politics in the Western Balkans*, Routledge, 2010, p. 123.

第五章　黑山的社会转型、国家建构与社会发展

后，黑山政府接管了批准大众媒体、征收海关关税等职权，不再向南联盟政府上缴税收，并宣布将在5个外国首都开设联络处，单独与西方国家进行贸易谈判。1999年3—6月的科索沃战争期间，黑山保持中立。7月，黑山与塞尔维亚就重新定义彼此关系进行磋商，黑山要求控制在其领土上的南联盟军队，有权选择南联盟总理和建立自己的货币委员会。8月，黑山政府建议重新定义与塞尔维亚的关系，改南联盟为"黑山和塞尔维亚联合体"，黑山在联邦议会中拥有与塞尔维亚相等的席位，实行独立的国防、外交和货币政策。由于塞尔维亚的反对，这个建议无果而终。11月初，黑山政府宣布德国马克与南斯拉夫第纳尔并行流通，月底以波德戈里察和蒂瓦特机场是黑山国家财产为由将其从南斯拉夫航空公司手中收回。12月，南联盟军队控制了波德戈里察机场，禁止所有航班进出，一度与黑山警方对峙。

在最初的两年里，出乎意料地看不见米洛舍维奇的干预。于是，谣言四起。其中一个谣言说，米洛舍维奇部分地策划了黑山的民主变革，为的是进行类似1989年重新集权化运动的动员。[①]科索沃危机暂时推迟了米洛舍维奇应对黑山的独立。但是，由于科索沃危机，亲塞族的民众和米洛舍维奇的支持者又活跃起来，塞尔维亚化政策的后果再次出现。在这种情况下，社会主义者民主党调整了策略。为了独立计划的持续性，该党不仅继续渲染反米洛舍维奇的情绪，而且开始制定长期的独立目标。社会主义者民主党强调，从独立中而不是从民族冲突中获得政治经济利益，即依赖与欧盟积极合作，与反对党派保持共识和保持民族关系的稳定。具体表现为：第一，久卡诺维奇通过各种渠道与欧洲国家保持良好的关系，使这些国家能够及时支持黑山民主改革并提供财政支持。科索沃危机期间，欧洲国家试图保持黑山稳定，帮助它避免卷入冲突。在北约对南联盟的打击中，尽管有几枚炸弹落在黑山的土地上，[②]但是，久卡诺维奇仍然坚持保持中立，继续与英国首相布莱尔和北

---

① Cf. F. Bieber et al., *Montenegro in Transition: Problems of Identity and Statehood*, Baden-Baden: Nomos Publishers, 2003, p.34.

② 北约是否轰炸了黑山，这在黑山是否申请加入北约问题上是一个极为争议的问题。参见："Djukanovic nije znao za bombardovanje," Vijesti.me, 2015-07-12（《久卡诺维奇不知道北约要轰炸黑山》，《新闻报》2015年7月12日）。细节详见："Podgorica, Dan nakon protesta," B-92, 2015-11-1（《示威一天后的波德戈里察》，B-92网站，2015年11月1日）。

约秘书长索拉纳展开会晤。后者保证，如果米洛舍维奇的南斯拉夫人民军攻击波德戈里察，北约将尽快做出反应。后来，当区域安全与稳定的最低要求被践踏时，这些保证使北约有条件地支持黑山独立。同时，欧盟帮助黑山走向实际的经济独立。第二，经过与反米洛舍维奇政治力量和独立派成功联合之后，社会主义者民主党谨慎地引入新生的政治多元主义，与认同"欧洲思想"的政治党派结成联盟。社会主义者民主党支持亲欧盟政党的诞生和发展，由此保持了执政党的地位。最终，它与几个新兴的亲欧政党组织了联盟，无可争议地在政治上保持了主导的地位。毫无疑问，在处理与在野党合作方面，社会主义者民主党也利用了正式的和非正式的措施，如官方交易、无监管的融资、私人捐赠等。第三，维护民族稳定是社会主义者民主党最令人称道的成绩之一。这部分需归功于社会主义时期黑山使少数民族成功地融入大众生活，以及在20世纪90年代没有出现民族主义浪潮。社会主义者民主党积极推行民族包容性，颁布保护少数民族的法律，鼓励保护少数民族语言和文化。具有民族包容性的政策也附带一定的独立色彩，遏制了黑山塞族少数民族的影响。社会主义者民主党的包容政策成功地吸引了波斯尼亚人、阿尔巴尼亚人和克罗地亚人的选票以及他们的政党。由于塞族仍然占全国人口的40%以上，所以社会主义民主党的独立运动不仅需要黑山人、穆斯林、阿尔巴尼亚人和克罗地亚人的支持，而且要使塞族人能接受黑山的独立。

2000年南联盟大选虽然以米洛舍维奇下台告终，却并未停止黑山脱离南联盟的脚步。大选前，黑山议会反对南联盟议会通过有助于米洛舍维奇再次当选联盟总统的宪法修正案[①]，久卡诺维奇宣布黑山不参加大选。大选开始后，社会主义者民主党予以抵制，久卡诺维奇表示，黑山不会接受任何来自贝尔格莱德的反黑山政权，无论它是专制的还是民主的。[②]大选后，久卡诺维奇也不承认沃伊斯拉夫·科什图尼察当选南联盟总统，社会主义者民主党也不参加塞尔维亚民主反对派领导的联盟新政府。11月，黑山通过新的中央银行法，取消南斯拉夫第纳尔，将德国马克作为黑山唯一的法定货币，直至

[①] 修正案改联盟总统由联盟议会选举为公民直接选举，改为同一人不能两次当选为同一人最多可任两届总统。这不仅使米洛舍维奇极有可能再次担任联盟总统，而且由于黑山与塞尔维亚相比人口数量很小，大大削弱了黑山对南联盟政治的决定权。参见赵乃斌、汪丽敏主编：《南斯拉夫的变迁》，第403页。

[②] 同上，第409页。

第五章　黑山的社会转型、国家建构与社会发展

使用欧元。黑山政府还决定在2001年6月举行有关黑山地位问题的全民公决。12月底，黑山政府通过了关于重新确定黑山同塞尔维亚关系的方案：黑山同塞尔维亚的关系将具有国际承认的、独立国家组成的联盟的特点，通过全民公决决定独立和联盟的方式，新联盟将拥有共同的国防和外交，拥有共同的市场和可兑换货币，联盟的组织机构将由单院制议会、联盟总统和联盟部长委员会组成。[①] 2001年2月，黑山议会通过《全民公决法》，规定如有1/4的黑山常住选民赞同，即可通过全民公决。此后，黑山与塞尔维亚就彼此关系问题举行了数次会谈，但均未有结果。由于欧盟担心黑山过早宣布独立会影响塞尔维亚内政，2002年3月，南联盟、塞尔维亚和黑山的领导人才进行谈判并达成协议（所谓"贝尔格莱德协议"），宣布将建立名为"塞尔维亚和黑山"的国家共同体。2003年1月底2月初，塞尔维亚议会、黑山议会、南联盟议会共和国院和公民院相继通过《塞尔维亚和黑山宪章》。2月4日，塞尔维亚和黑山正式宣告成立，南联盟不复存在。《塞尔维亚和黑山宪章》规定：塞尔维亚和黑山建立在塞尔维亚和黑山两个成员国平等的基础上，三年后成员国有权在全民公决后决定是否退出塞尔维亚和黑山，有关全民公决的法律由成员国通过。[②] 由此，黑山在独立的道路上前进了一大步。2005年年初，没等到三年期满，黑山便正式提议塞尔维亚和黑山各自独立成为主权国家，宣布将于2006年初举行全民公决。

与南联盟渐行渐远的同时，黑山与欧洲逐渐接近。久卡诺维奇和黑山政府多次表示与前南斯拉夫问题国际刑事法庭合作。[③] 2001年10月，社会主义者民主党第四次代表大会正式确认了亲欧政策，宣布融入欧洲一体化是除独立并获得国际承认之外的另一伟大政治目标。[④] 不过，黑山这时还不是独立国家，无法单独提出加入欧盟和北约的要求。

西方国家支持久卡诺维奇与米洛舍维奇对抗。美国和欧盟国家派使节出

---

① 参见张森主编：《俄罗斯和东欧中亚国家年鉴（2000）》，北京：当代世界出版社，2002年，第173页。
② 参见：The Constitutional Charter of the State Union of Serbia and Montenegro, http://www.mfa.gov.yu/Facts/charter_el.html。
③ 与前南刑庭合作是欧盟提出的西巴尔干国家入盟的一个前提条件。一段时间以来，塞尔维亚不与前南刑庭充分合作，直至2005年前后，这种状况才有所改观。
④ 参见：Ivan Vuković, "The Post-communist Political Transition of Montenegro: Democratization Prior to Europeanization"。

席了久卡诺维奇的总统就职典礼。美国一再对米洛舍维奇可能在黑山挑起冲突、给驻扎在黑山的南联盟军队推翻黑山政府提供借口表示担忧。1999年4月，北约秘书长哈维尔·索拉纳·马达里亚加警告米洛舍维奇，北约会阻止把久卡诺维奇赶下台的任何企图。① 12月，在西方国家的压力下，南联盟军队在波德戈里察机场与黑山警方对峙12小时后撤走，黑山航空恢复正常。

西方国家支持久卡诺维奇和黑山不只是出于孤立米洛舍维奇、稳定巴尔干局势的需要，还有希望通过黑山向民主、法治国家的转型影响塞尔维亚和南联盟的考虑。但是，它们却不赞成黑山的独立倾向，因为担心这会引发巴尔干地区的冲突。米洛舍维奇下台后，西方国家更不愿冒引起巴尔干地区动荡的风险来支持黑山独立。2001年12月至2002年3月，欧盟负责外交和安全政策的高级代表索拉纳斡旋黑山与塞尔维亚的谈判时，向黑山施加压力，迫使黑山留在与塞尔维亚的共同国家内，这才有了"贝尔格莱德协议"的达成与塞尔维亚和黑山的建立。此后，欧盟一面继续维护塞尔维亚和黑山的存续，一面推动塞、黑入盟。2005年4月，欧盟委员会通过了关于塞、黑入盟的可行性研究报告。10月，欧盟与塞尔维亚和黑山正式启动签署《稳定与联系协议》的谈判。② 然而，欧盟的举措没有动摇黑山执政当局独立的决心。随着三年之期的临近，黑山开始准备举行有关独立的全民公决。欧盟虽然无法剥夺《塞尔维亚和黑山宪章》规定的成员国全民公决的权利，但要求黑山尊重国际社会的意见，与塞尔维亚和反对党对话，保持国内和巴尔干地区稳定，不要擅自确定公决日期，并为公决设置了至少55%支持票和50%投票率的较高门槛。

二、政治转型的第二阶段：走向独立

黑山政治的第二次转型起于社会主义者民主党内部长久的以卡诺维奇为首的一派反对米洛舍维奇的斗争。伴随着与欧洲的接近并获得西方国家的支持，黑山本应加快政治转型的步伐，然而事实却并非如此。虽然1998年5月议会选举后"组成的政府较以前民主"，"让我们的生活更美好"竞选联盟的

---

① 参见：Robert Bideleux and Ian Jeffries, *The Balkans: A Post-Communist History*, p.486.

② 2006年5月初，因塞黑未能在欧盟规定的期限前将波黑塞族共和国军队前总司令姆拉迪奇引渡到前南刑庭，欧盟决定推迟与塞黑的《稳定与联系协议》谈判。

三党——社会主义者民主党、社会民主党[①]和黑山人民党"分担责任",但"高层政要与选民之间的直接交流极为缺乏,所有决定都是由总统久卡诺维奇和总理菲利普·武亚诺维奇为首的政治领导人小圈子做出"。[②]此后的情形并无大的改观,只不过久卡诺维奇和武亚诺维奇互换了职位。之所以出现这种状况,在很大程度上是因为争取国家独立作为黑山最为重要的政治议题,主导着政治转型进程。

首先,2001年4月和2002年10月的两次提前议会选举都与独立议题密切相关。

2001年年初,为给计划于6月举行的有关黑山地位问题的全民公决创造条件,社会主义者民主党要求提前选举。久卡诺维奇承诺,如果支持独立的政党赢得议会2/3多数,他将在6月13日举行关于独立的全民公决。[③]但事与愿违,社会主义者民主党和社会民主党组成的竞选联盟"黑山胜利"虽然赢得了议会选举的胜利,但在议会77席中只占36席,即便加上同样支持独立的黑山自由联盟的6席和两个阿尔巴尼亚族政党——阿尔巴尼亚族民主联盟[④]和黑山民主联盟[⑤]的2席,也不够2/3多数,全民公决计划因此搁浅。这令在独立问题上态度更为坚决的黑山自由联盟非常失望,因为它曾经以马上举行全民公决作为支持"黑山胜利"少数派政府的条件。2002年3月黑山与南联盟和塞尔维亚达成建立"塞尔维亚和黑山"的协议更让黑山自由联盟忍无可忍,它撤回了对政府的支持。同时,执政联盟内的社会民主党也因不满退出政府。政府失去议会多数的支持,议会选举提前举行。在10月的议会选举中,由社会主义者民主党和社会民主党组成的"欧洲的黑山"联盟获得半数以上席位,主张黑山独立的政党在议会中的力量有所增强。

其次,政党竞争主要围绕独立议题进行,社会主义者民主党继续保持优势地位。

[①] 1993年建立,1998年起与社会主义者民主党联合参选和执政,2016年初与社会主义者民主党分道扬镳。

[②] 参见:Aleksander Fatić, "The Montenegrin Transition: A Test Case," *South-East Europe Review for Labour and Social Affairs*, 04/1998, http://www.ceeol.com/search/article-detail?id=106791。

[③] 参见:Robert Bideleux and Ian Jeffries, *The Balkans: A Post-Communist History*, p.493。

[④] 1993年建立。

[⑤] 1990年建立。

自社会主义者民主党内部分歧、社会主义人民党成立以来,"政党家族按有关黑山的政治地位(独立或作为南斯拉夫的一部分),或支持特定的政治领导人(支持/反对斯洛博丹·米洛舍维奇,支持/反对米洛·久卡诺维奇)的问题定位。虽然多数政党在形式和名称上把自己放置在经典的左—右派别上,但这些标签经常只是表面的,没有多少实质内容。"[1] 米洛舍维奇下台前,政党竞争在反对米洛舍维奇和支持独立及久卡诺维奇的政党,与支持米洛舍维奇和反对独立及久卡诺维奇的政党间展开。前者以社会主义者民主党为代表,包括社会民主党、黑山人民党和黑山自由联盟等,后者有社会主义人民党和黑山塞尔维亚人民党。[2] 米洛舍维奇下台后,是否支持黑山独立成为政党竞争的主要议题。社会主义人民党在继续反对黑山独立的同时,修正了支持米洛舍维奇的立场,转而与塞尔维亚民主反对派合作,并在社会主义者民主党抵制2000年南联盟大选、不参加联盟政府的情况下,与黑山塞尔维亚人民党一道进入联盟议会,与塞尔维亚民主反对派组成联盟政府。黑山人民党则因既反对米洛舍维奇又反对黑山独立而离开了社会主义者民主党阵营,与社会主义人民党和黑山塞尔维亚人民党先后组成"为南斯拉夫在一起"和"为变革在一起"竞选联盟,与社会主义者民主党为首的竞选联盟竞争。而同样是支持黑山独立的政党,黑山自由联盟和社会民主党的态度比社会主义者民主党更激进,2002年的政府危机和提前选举便是源于它们支持独立的强硬立场。大致来看,社会主义者民主党阵营与社会主义人民党阵营在独立议题上的对抗是这一阶段政党竞争的主要特征,两大阵营的力量曾一度非常接近,以致有学者认为:"黑山似乎变成了有两个强大政党组成的两党制"。[3] 不过,社会主义者民主党阵营从未被超越,并且很快就再次拉大了与反对党的距离,所谓两党制的猜测终未变成现实。

总之,1997年以后,黑山由反对米洛舍维奇开始,走上一条争取独立、接近欧洲和向民主、法治国家转型的道路。对于政治转型来说,一方面,"民

---

[1] Věra Stojarov and Peter Emerson, eds., *Party Politics in the Western Balkans*, p.122.

[2] 1998年建立,2009年与黑山人民社会主义党合并成新塞尔维亚民主党。

[3] Věra Stojarov and Peter Emerson, eds., *Party Politics in the Western Balkans*, pp.120-121.

主需要国家地位。没有主权国家，不可能有可靠的民主制度"。① 获得主权国家地位是政治转型顺利进行的前提条件，而西方国家支持黑山反对米洛舍维奇，实行民主、法治和三权分立，却不支持黑山独立。另一方面，争取国家独立是压倒一切的首要任务，占据了黑山大部分政治空间，议会选举和政党竞争都围绕独立议题展开，政治转型进展缓慢。社会主义者民主党仍是国内第一大党，执政权仍掌握在该党和及其个别领导人手中。

三、政治转型的第三阶段：走向欧洲

黑山政治的第三次转型始于2006年。黑山通过全民公决，正式宣告独立，随即提出"回归欧洲"，将加入欧盟和北约作为首要战略目标。

2006年2月中旬，欧盟建议黑山于5月14日举行有关独立问题的全民公决，公决结果生效的投票率应不低于参加投票总人数的55%。2月底，社会主义者民主党和反对党就5月21日进行全民公决达成共识。3月初，在总统武亚诺维奇的提议下，黑山议会确定5月21日为全民公决日，并接受欧盟建议，规定黑山独立需要至少50%的投票率和55%的支持票，若公决失败，下一次公决将在三年后举行。5月21日，全民公决如期进行，86.3%的选民参加投票，其中，230711名选民支持独立，占投票总人数的55.5%，184954名选民反对独立，占44.5%。② 欧安组织、欧盟委员会和欧洲议会等国际组织及一些国家的观察员监督公决过程并认可了公决结果。6月3日，黑山议会通过独立决议和独立宣言，正式宣告独立。6月28日，第60届联合国大会一致通过决议，接纳黑山为联合国第192个成员国。

黑山独立后，将"回归欧洲"作为其优先选择。黑山《独立宣言》称黑山将继续走欧洲一体化道路，2006年6月通过的国家安全战略更是明确指出黑山的首要战略目标是加入欧盟和北约。黑山的政治转型终于站到了与20世纪90年代初的波兰、匈牙利等国相似的起跑线上。

十多年来，黑山的入盟进程不断取得进展。2006年6月12日，欧盟正式承认黑山为独立主权国家。7月，欧盟决定分别与黑山和塞尔维亚进行《稳

---

① ［美］胡安·J. 林茨、阿尔弗莱德·斯泰潘：《民主转型与巩固的问题：南欧、北美和后共产主义欧洲》，孙龙等译，杭州：浙江人民出版社，2008年，第20页。

② 参见：Robert Bideleux and Ian Jeffries, *The Balkans: A Post-Communist History*, p.510。

定与联系协议》谈判。9月底，欧盟开始与黑山谈判。12月初，谈判完成。2007年3月和10月，欧盟先后与黑山草签和签署《稳定与联系协议》。2008年12月，黑山正式递交入盟申请。2010年5月，《稳定与联系协议》生效。12月，黑山获得欧盟候选国地位。2012年6月，欧盟启动与黑山的入盟谈判。到2016年1月，它已经开启了入盟谈判35个章节中的20个，并结束了其中的两个。①

黑山加入北约的进程也不断取得进展。2006年8月底，黑山外交部长致信北约秘书长，要求早日加入北约"和平伙伴关系"计划。11月底，北约首脑会议邀请黑山加入北约"和平伙伴关系"计划。12月，黑山加入该计划。2008年4月，北约首脑会议邀请黑山加入"强化对话机制"。2009年12月，北约批准黑山加入"成员国行动计划"。2015年12月，北约成员国外长在北约理事会上批准启动黑山加入北约的谈判。2016年5月，北约成员国外长签署黑山加入北约的协定，黑山加入北约正式进入批准程序。

作为独立主权国家，伴随"回归欧洲"，黑山政治发生了第三次转型。

首先，通过新宪法，确定国家认同，重申政治转型目标。

2006年9月，黑山举行独立后的第一次议会选举。"欧洲的黑山"联盟再次获胜，在81席的议会中占41席，反对党力量分散，社会主义人民党失去与社会主义者民主党抗衡的可能（参见附录）。11月，"欧洲的黑山"联盟组建的新政府就职，制定并通过新宪法成为其第一要务，围绕新宪法的斗争随之展开。反对党代表退出负责起草新宪法的委员会。"变化运动"②和黑山人民党要求黑山宪法法院就政府支持的新宪法程序的合法性做出裁定。根据该程序，新宪法需经议会2/3多数通过，如以简单多数通过，则需进行全民公决。12月，宪法法院拒绝反对党的要求，表示政府有权决定宪法通过的方式。

对于"欧洲的黑山"联盟来说，要想得到议会2/3多数的同意，必须寻求某些反对党的支持，而它与反对党在新宪法的某些内容上恰恰存在争议。争议主要集中在黑山国家认同，特别是官方语言的确定上。"欧洲的黑山"联盟主张将先前宪法规定的官方语言由塞尔维亚语改为黑山语，以便加强黑山认

---

① 参见：Montenegro: Accession Negotiations—Summary Chapter Status, http://ec.europa.eu/enlargement/pdf/montenegro/20160108-montenegro-state-of-play.pdf.

② 2002年作为非政府组织建立，2006年议会选举前重组为政党。

同，反对党不赞成这一修改，担心这将清除黑山的塞尔维亚认同。2007年7月底，议会宪法起草委员会在反对党代表缺席的情况下通过宪法草案文本，有关官方语言的争议仍未解决。随后，反对党协调立场，并于9月签署了有关宪法的共同立场的纲领，但纲领除了反对将黑山语定为官方语言外，并没有提出明确的建议。实际上，反对党在确定何为官方语言上是有分歧的，比如，"塞尔维亚族名单"[①]坚持将塞尔维亚语作为官方语言，"变化运动"则提议把黑山语和塞尔维亚语都定为官方语言。经过商谈，"欧洲的黑山"联盟与"变化运动"、黑山波什尼亚克党[②]和阿尔巴尼亚族选择党[③]达成妥协。10月，议会以2/3多数通过新宪法。新宪法规定："黑山的官方语言是黑山语。西里尔字母与拉丁字母具有同等地位。塞尔维亚语、波斯尼亚语、阿尔巴尼亚语和克罗地亚语也是官方使用的语言。"[④]

新宪法重申黑山是独立主权国家，是建立在法治基础上的公民、民主、生态和社会公正的共和制国家，实行三权分立，立法权、行政权、司法权相互平衡和制约并受宪法和法律限制，宪法法院保护宪法和法律，军队和安全部门置于民主和公民控制之下。[⑤]

其次，政党竞争的主要议题发生变化，社会主义者民主党仍是国内第一大党并一直执政。

某种意义上，执政联盟与反对党围绕新宪法的斗争延续了此前政党竞争的主要议题——是否支持黑山独立。执政联盟旨在加强黑山认同，反对党则强调塞尔维亚认同。不过在这场斗争中，也有政党不在黑山独立和认同问题上选边站队。"变化运动"就是这样，它试图远离独立和认同问题，转而批评政府的经济政策和腐败行为，拥护黑山入盟，希望以此吸引支持和反对独立的选民，这也是它与"欧洲的黑山"联盟达成妥协的一个重要原因。实际上，黑山独立后，政党就不再仅仅以是否支持独立划线。反对党不再团结在反对

[①] 2006年议会选举前由黑山塞尔维亚人民党联合其他小党组成，2009年随新塞尔维亚民主党建立而解散。

[②] 2006年建立。

[③] 2006年建立。

[④] The Consititution of the Republic of Montenegro, http://www.legislationline.org/upload/legislations/01/9c/b4b8702679c8b42794267c691488.htm.

[⑤] Ibid.

独立的旗帜下，而是提出不同的政治主张。比如，社会主义人民党放弃了与塞尔维亚组成共同国家的要求，承认黑山独立的现实，支持与欧洲的一体化，但坚持不与社会主义者民主党合作；"塞尔维亚族名单"强调维护黑山的塞尔维亚族利益；黑山人民党则认为塞尔维亚族和黑山族是一个民族，批评争取塞尔维亚族取得黑山少数民族地位的观点。执政联盟内社会主义者民主党和社会民主党的分歧也不再只是对独立的支持程度不同，而是扩展到能源企业私有化等具体政策上。① 新宪法通过后，黑山塞尔维亚人民党和社会主义人民党因"变化运动"支持新宪法而与之断交，反对党间矛盾加大，以致在2008年4月总统选举中无法提出共同的候选人，2009年3月议会选举中也无法联合参选，结果社会主义者民主党总统候选人武亚诺维奇在第一轮投票中便轻松胜出，"欧洲的黑山"联盟比上届议会选举多得7个席位，执政地位更为稳固。

《西巴尔干政党政治》一书推测："只要后者（社会主义者民主党）仍是最大的党并继续控制政府，政党发展的许多问题可能会集中在支持或反对社会主义者民主党上。"② 事实正是如此，近年来黑山政党竞争的主要议题已从是否支持黑山独立，经由各种政治主张的碰撞，逐步转向是否支持社会主义者民主党。

反对党努力在反对社会主义者民主党的大旗下联合起来。早在2008年8月，"变化运动"就提出与社会主义人民党和"塞尔维亚族名单"合作的建议，但因党派利益差异过大无果而终。不仅如此，反对党还继续分裂。2009年议会选举失利后，"变化运动"再次呼吁反对党团结起来。2010年3月，"变化运动"、社会主义人民党、新塞尔维亚民主党和民主塞尔维亚党③、黑山人民党等组成"更好的黑山"联盟，在5月的地方选举中与社会主义者民主党竞争。2012年7月，新塞尔维亚民主党、"变化运动"与一些小党、非政府组织、工会、学生组织等组成民主阵线，旨在推翻社会主义者民主党的统治。虽然不论在2010年5月地方选举还是2012年10月议会选举中，"更好的黑山"联盟

---

① 社会民主党主张能源企业应由国家控股，反对出售普列夫利亚的煤矿和热电厂给俄罗斯人。2007年5月，社会民主党与反对党一道要求社会主义者民主党放弃出售计划。6月，为避免与社会民主党发生冲突，妨碍新宪法通过，社会主义者民主党决定推迟出售。

② Věra Stojarov and Peter Emerson, eds., *Party Politics in the Western Balkans*, p. 130.

③ 2003年由黑山塞尔维亚人民党分裂而来。

和民主阵线都未能撼动社会主义者民主党的执政地位，但反对党通过联合增强了力量。在2013年4月的总统选举中，民主阵线、社会主义人民党和"积极的黑山"①支持米奥德拉戈·莱基奇参选，反对党达成前所未有的统一并因此力量得到增长。莱基奇所得选票与另一候选人、后来担任总统的武亚诺维奇十分接近，二人都在选举当日自称获胜。黑山选举委员会宣布武亚诺维奇以微弱优势当选后，民主阵线指责选举存在舞弊行为，拒绝接受选举结果。2015年9月起，民主阵线多次组织反政府示威，反对腐败和选举舞弊，要求政府下台，建立临时政府，举行新的选举，并抵制议会活动。不过，2016年以来，在民主阵线与社会主义者民主党对抗的同时，一些反对党开始缓和与社会主义者民主党的关系。1月底，在对政府的不信任投票中，因部分"积极的黑山"议员的信任投票，议会未通过对政府的不信任案。4月底，德莫斯②、联合改革行动③等反对党与社会民主党一道与社会主义者民主党就组成有反对党参加的政府、保证自由和公正选举达成协议。5月中旬，议会通过了吸收反对党参加政府的改组方案。

执政联盟内部社会民主党与社会主义者民主党的分歧却不断加大，逐渐与社会主义者民主党拉开距离，甚至联合反对党与之对抗。除了反对出售普列夫利亚的煤矿和热电厂给俄罗斯人外，社会民主党还在巴尔港和国家机场私有化、允许外国人无限制购买黑山土地等政策上与社会主义者民主党意见相左。2010年5月地方选举中，社会民主党在波德戈里察单独参选。2013年总统选举前，社会民主党认为武亚诺维奇第三次竞选总统违宪，向宪法法院提出上诉，并威胁要结束与社会主义者民主党的联盟。④2014年1月，社会民主党与"积极的黑山"签署协议，在5月波德戈里察地方选举中联合参选。2016年1月，社会民主党对政府投了不信任票，与社会主义者民主党18年的联盟走到尽头。其后，社会主义者民主党议员要求社会民主党领导人兰

---

① 2012年成立。
② 2015年3月由民主阵线分裂而来，在议会中有4名议员。
③ 2015年3月建立，在议会中有2名议员，2012年议会选举中在积极的黑山选举名单上当选。
④ 《黑山共和国宪法》规定："同一个人至多两次当选黑山总统"（参见 The Consititution of the Republic of Montenegro）。2013年2月，黑山宪法法院正式批准武亚诺维奇的候选人资格，理由是他的2003—2008年任期的大部分时间黑山尚未独立，2008—2013年任期才是他作为独立国家总统的第一任期。

科·克里沃卡皮奇辞去议长一职,社会民主党则与德莫斯、联合改革行动、社会主义人民党等反对党一起与社会主义者民主党谈判,力图解决黑山自2015年9月以来的政治危机。5月中旬,克里沃卡皮奇被免职。

在民主阵线拒不合作、与社会民主党分道扬镳、而德莫斯和联合改革行动等一些反对党有意妥协的情况下,社会主义者民主党能否在2016年秋天的议会选举中获胜并组成多数政府,在当时是不确定的。"如果政府通过选举发生变动,政党派别的分界线将可能变化。除了意识形态的区别外,种族政治和(经济上和文化上的)南北分界都可能是政党影响黑山政务的途径。"①

再次,"回归欧洲"对黑山政治转型与发展影响巨大。

加入欧盟是黑山几乎所有政党和全社会的共识,正因如此,社会主义者民主党可借助入盟进程中取得的成果巩固执政地位。2009年1月,黑山政府以需要一个4年任期完整的政府应对申请入盟后的繁重义务为由,建议缩短现政府任期,议会批准了这一建议,总统武亚诺维奇宣布3月提前举行议会选举。实际上,提前选举不仅是政府需要完整任期完成入盟任务,更是社会主义者民主党想要利用2008年12月正式递交入盟申请而提高的声望达到继续执政的目的。同样,2012年10月的提前议会选举也有以同年6月开启的入盟谈判的成功吸引民众对社会主义者民主党的支持,保证其连续执政之意。

正是因为入盟几乎是黑山所有政党和全社会的共同追求,欧盟对黑山的政治要求对黑山政治转型和发展具有规范和促进作用。2006年9月,黑山举行独立后的第一次议会选举后,欧盟启动了与黑山的《稳定与联系协议》谈判,要求黑山加强法制、改善行政能力、打击腐败和有组织犯罪。2007年3月,欧盟与黑山草签《稳定与联系协议》后,通过符合欧盟标准的新宪法成为正式签署协议的一个重要条件。10月,在新宪法通过已成定局之时,《稳定与联系协议》正式签署,"支持黑山加强民主和法治的努力"是其目标之一。②2008年4月,黑山准备提交入盟申请,欧盟认为黑山行政能力欠缺、腐败现象严重,直到12月才接收黑山的申请。2009年4月,欧盟理事会要求欧

---

① Věra Stojarov and Peter Emerson, eds., *Party Politics in the Western Balkans*, p.130.

② 参见:Stabilisation and Association Agreement between the European Communities and their Member States, of the one part, and the Republic of Montenegro, of the other part, http://ec.europa.eu/enlargement/pdf/montenegro/key_documents/lexuriserv2nd_en.pdf.

盟委员会提交有关黑山申请欧盟成员资格的意见,按照成员资格标准[1]对黑山进行评估。2010年11月,欧盟委员会认为黑山是建立在宪法和法律框架基础上的议会民主国家,符合欧洲原则和标准,但是在民主制度运作和法律实施方面存在缺陷,议会对政府的监督有限,司法机构的权力分离没有得到充分尊重,行政管理仍高度政治化。[2] 12月,欧洲理事会决定给予黑山欧盟候选国的地位。2012年5月,欧盟委员会向欧洲议会和欧盟理事会提交关于黑山实施改革的进展报告,肯定黑山在加强议会的立法和监督作用、公共行政改革和司法改革、打击腐败和有组织犯罪等方面的进展,建议欧盟开启与黑山的入盟谈判,表示在谈判期间,继续对法治和基本权利领域,尤其是打击腐败和有组织犯罪给予特别关注。[3] 6月,欧洲理事会同意启动入盟谈判。此外,自2011年起,欧盟委员会每年10月或11月都会向欧盟理事会和欧洲议会提交关于黑山入盟的进展报告,考察和评估黑山自上年10月到当年9月的社会发展情况,其中包括对黑山议会、政府、公共行政、公民社会、司法机构以及宪法、选举、打击腐败和有组织犯罪等的评估。

与入盟相比,加入北约对黑山政治转型与发展的影响更为复杂。一方面,为达到北约要求,黑山在司法、军队和安全部门进行了一系列改革,力求加强司法独立,更为有效地与腐败和有组织犯罪做斗争,实现军队现代化,精简安全机构;另一方面,黑山国内在是否加入北约问题上存在争议,引发政党争斗,甚至政局动荡。2007年11月底,黑山与北约签署协议,允许北约军队过境黑山。此举引起一些亲塞尔维亚政党的异议。12月,黑山人民党提出黑山应寻求军事中立,宣称黑山加入任何军事联盟都应由全民公决决定。2008年4月,在黑山受邀加入"强化对话机制"之际,黑山人民党重申其反

---

[1] 即政治上必须拥有保证民主、法治和人权的稳定制度,经济上必须拥有可行的市场经济,能够应对欧盟内的竞争压力和市场波动,法律上必须接受已确立的欧盟法律和实践,特别是政治、经济和货币联盟的重要目标。参见Enlargement, EU, http://europa.eu/pol/enlarg/index_en.htm。

[2] 参见:Communication from the Commission to the European Parliament and the Council, Commission Opinion on Montenegro's application for membership of the European Union, http://ec.europa.eu/enlargement/pdf/key_documents/2010/package/mn_opinion_2010_en.pdf。

[3] 参见:Report from the Commission to the European Parliament and the Council on Montenegro's Progress in the Implementation of Reforms, http://ec.europa.eu/enlargement/pdf/key_documents/2012/montenegro_spring_report_en.pdf。

对加入北约、支持军事中立的立场，黑山自由党[①]也对黑山加入北约持保留态度，"塞尔维亚族名单"的总统候选人安德里亚·曼迪奇则把反对黑山成为北约成员作为他竞选时的一个重要主张。6月，因"塞尔维亚族名单""变化运动"、社会主义人民党、黑山人民党和自由党的反对，有关黑山参与北约维和行动等国际维和使命的法律草案未获议会2/3多数通过。11月底，为满足北约要求，黑山议会通过新的国防战略，遭黑山人民党批评。12月初的民意调查显示，北约成员资格没有得到多数民众的支持。[②]进入2009年后，黑山加入北约仍未获得多数民众的支持，根据6月中旬的民意调查，只有30%的应答者表示支持，43%的应答者反对。[③]新塞尔维亚民主党要求举行全民公决决定是否加入北约，被久卡诺维奇拒绝。2009年12月黑山加入"成员国行动计划"后，变化运动转而支持黑山入约，但要求就此问题举行全民公决，社会主义人民党内部也有部分党员支持黑山入约，支持加入北约的民众数量也有所上升，到2015年9月，42.1%的应答者支持黑山入约，38.7%的应答者反对。[④]同年9月，黑山议会以50票对26票通过黑山成为北约成员资格的决议。[⑤]但黑山国内反对加入北约的呼声远未销声匿迹，并在即将开启黑山入约谈判之际爆发。自9月起，黑山多次爆发反政府示威，甚至演化为暴力冲突，示威者提出的一个重要要求便是就加入北约问题举行全民公决。

综上所述，黑山既不像同时推进政治转型与"回归欧洲"的波兰、匈牙利等国，又不像先取得国家独立、再推进政治转型与"回归欧洲"的斯洛文尼亚、克罗地亚、北马其顿，更不像因和平分手而未中断政治转型与"回归欧洲"进程的捷克、斯洛伐克，甚至也不像曾经共处一国、但从未谋求独立、也未要求加入北约的塞尔维亚。黑山先是在南联盟框架内，在欧洲之外，进行了第一次政治转型，继而在争取独立和接近欧洲的过程中，进行了第二次政治转型，最终才在获得独立后，在"回归欧洲"的进程中，进行了第三次政治转型。在相当长的时间里，黑山没有主权国家地位，较少得到西方国家

[①] 2004年由黑山自由联盟分裂而来。
[②] 参见：EIU Country Roport: Montenegro, January 2009, http://www.eiu.com。
[③] 参见：EIU Country Roport: Montenegro, July 2009, http://www.eiu.com。
[④] 参见：EIU Country Roport: Montenegro, 4th Quarter 2015, http://www.eiu.com。
[⑤] 同上。

的支持，又被争取独立的任务占据了大部分政治空间，以致政治转型滞后于绝大多数中东欧国家。时至今日，社会主义者民主党和久卡诺维奇对黑山政治的主导[①]方才稍稍显露出松动的迹象，黑山政治转型任重道远。不过，黑山毕竟已经获得了主权国家地位，不用再纠缠于争取独立的政治议题，它开启了加入欧盟和北约的谈判，并为满足欧盟和北约的政治要求推动政治转型。近年来，社会主义者民主党与一些反对党达成协议，反对党得以进入临时政府，社会主义者民主党对权力的垄断出现松动。凡此种种，皆有利于政治转型的进行。

第二节 经济转型与经济发展

南联邦时期，黑山是南部不发达地区之一，投资率低，基础设施不发达，原料稀缺，人口稀少，无法支持城市化和工业化，严重依赖联邦补贴。随着南斯拉夫解体，黑山的公司大多失去了原来联邦内的市场，在20世纪90年代漫长的停滞期间，除了小型服务产业，黑山的收入来源严重依赖于黑市。[②]

黑山经济转型同其他前南地区国家一样开始于1989年。当时，南联邦政府通过了一些法律，试图促进南联邦与西欧市场经济的一体化。其中，《共有资产法》规定，联合劳动组织（OUR）变为国营企业，并将其股份分配给工人，[③]实际上开始了私有化。私有化第一阶段是所谓的"工人债券私有化"。"工人债券私有化"高度依赖联邦政府，忽略了各企业的特殊状况。[④]同时，由于黑山企业的市场竞争力低，工人购买股份的数量不足，工人股东委员会也不够负责任，政府需要补贴和管理企业。于是，黑山议会于1992年通过了《所有制和管制转型法》，这标志着黑山开启私有化的第二阶段，目标是将中

[①] 当然，社会主义者民主党和久卡诺维奇之所以能在长达20余年的时间里主导黑山政治，除去上述原因，也与黑山国小人少、民主传统薄弱的客观条件、社会主义者民主党审时度势、制定政策的主观努力以及久卡诺维奇的执政能力有很大关系。

[②] 国际禁运对黑山经济的影响是极大的。据估计，在1993年，三分之二的黑山人口生活在贫困线以下。来源：黑山统计局，www.monstat.org-cg。

[③] "Zakon o drustvenom kapitalu," *Sluzbeni list SFRJ*, br.13|XV, 1989.

[④] Cf. B. Mihajlovic, *Prestrukturiranje i privatizacija—eseji i pogledi*, Podgorica: CIP, 2006, str. 17（［黑山］布·米哈伊洛维奇：《私有化与重组——理论观点》，波德戈里察：CIP出版社，2006年，塞文版，第17页）.

小型企业私有化。① 在接下来的几年里，黑山的中小型企业转型和私有化的进程因直接外资不足和国际制裁而陷入停滞。②

南联盟成立后就处于国际制裁与孤立之下。1992年5月，在美国建议下，联合国安理会通过了第757号决议，对南联盟实行经济制裁。1993年4月，安理会又通过了第820号决议，对南联盟实行更严厉的包含政治、经济、外交、文体等领域的全面制裁。随后，南联盟陷入极端孤立和艰难的境地，在联合国、欧安组织、国际货币基金组织、世界银行等国际组织的成员资格和不结盟运动的主席地位被取消，在国外的资产被冻结，对外交通运输和经济联系中断，外交活动大部分停止。

但是，黑山由于其特殊的地理位置，成为意大利和阿尔巴尼亚走私活动的一个枢纽，香烟和汽油走私活动在此盛行，而这些在南联盟都是稀缺商品。当遭到国际禁运以及获得贝尔格莱德默许之后，在黑山政治精英的控制下，走私实际已经合法化。久卡诺维奇总理在1997年成为执政的黑山社会主义者民主党领导人之后，开始了执行"追随欧盟一步，距离塞尔维亚两步"政策，目的是切断与塞尔维亚的经济联系，实现经济独立和获得欧盟的资助。在第一次以总理身份发表的声明中，他公开指责米洛舍维奇忽视了黑山，批评南联盟的经济模式。此后，久卡诺维奇努力使财政和经济不依赖贝尔格莱德，计划在遵循经济独立的前提下借助欧盟资助实现经济转型，通过刺激投资来繁荣黑山的经济。作为回应，欧洲不仅允许黑山使用德国马克作为法定货币，还帮助其制订经济改革中期发展计划，包括实施更快的私有化和引入增值税，削减外债，寻求各种措施以减少失业。

1999年，黑山政府颁布一系列法案以吸引外资，巩固财政和实现金融的自治。黑山议会通过的《所有制和管制转型法》修正案③ 开启了私有化第三个阶段。这个阶段的特征是"股份私有化"，政府放松管制并出售大型国营企

---

① 黑山议会网站，http://www.gov.me/biblioteka/zakoni?pagerIndex=2，访问时间：2016年10月3日。

② B. Kovač, "Privatiza cija i preduzetništvo kao pravci reforme," in B. Cerovi, *Od nacionalizacije do privatizacije*, Beograd: Ekonomski fakultet i Ekonomski institute, 1991（［塞］布科瓦奇：《作为改革道路的私有化和创业》，塞洛维奇编：《从国营化到私有化》，贝尔格莱德：经济学院出版社，1991年，塞文版，第43—63页）.

③ 黑山议会网站，http://www.gov.me/biblioteka/zakoni?pagerIndex=2。

第五章　黑山的社会转型、国家建构与社会发展

业股份。2000年以来，黑山政府重点搞国营房地产的私有化，试图短期增加预算金额。这种政策以失业增长为代价，帮助公共部门获得了可持续性资金，导致房地产取代走私成为黑山政府预算的主要收入之一。2003年，黑山议会通过《外资法》，把大型企业卖给具有特殊利益的战略伙伴。[①] 第一批被出售的企业有黑山联通公司、波德戈里察银行、尼克西奇钢铁厂等。可是，根据一些经济学家的看法，由于政府没有采取适当的措施来推动经济的自由化、提高市场竞争力和生产率，私有化第三阶段未取得应该有的成功。不仅如此，波德戈里察钢铁公司的多数股份卖给了外国投资者，由于投资政策的失误，两年后波德戈里察钢铁公司就宣告破产，政府需要承担500多名下岗工人的福利。波德戈里察钢铁公司的工人组织了几次示威，要求政府保障福利费用和退休金。由于政府未能满足工人的要求，媒体和舆论开始批评政府贪污公司的资产，在野党要求政府下台。

尽管改革方案不断翻新，在2000—2004年，黑山人民的生活水平没有明显提高。对此，黑山社会主义者民主党的解释是黑山仍然与塞尔维亚的政治动荡有着很密切的联系，从而失去了对投资者的吸引力，也阻碍了黑山成为欧盟正式成员的进程。正因如此，黑山社会主义者民主党把解决私有化过程中出现各种问题的赌注都押在了独立公投上。

黑山独立后，私有化带来的问题并没有迎刃而解。黑山政府暂时叫停了大型企业的私有化，谨慎进行尼克西奇矿石公司的部分私有化，并开始致力于旅游业和绿色投资项目。在这种情况下，黑山出现了房地产热，富有的俄罗斯人和欧洲人在黑山海岸购置房产。2008年，黑山获得的人均外国投资额超过欧洲其他任何国家。同年，黑山政府发布了"黑山经济发展议程"，提出黑山经济转向以服务业为主，将旅游业作为主要收入，吸引外国投资者进入绿地投资和大型基础设施开发项目，以此来促进旅游业发展。然而，黑山也遭遇2010年的经济衰退，为此，政府出台了提高税收、削减支出的措施。

在发生经济危机的同时，黑山政府实施了一些宏观经济改革，为签署2012年《稳定和联系协议》做准备。随着协议的签署，黑山继续努力进行对司法和公共部门的改革，完成经济转型。总的来说，按照主要经济数据，黑

---

① 黑山议会网站，http://www.gov.me/biblioteka/zakoni?pagerIndex=2。

山经济转型比其他前南地区国家经济转型要成功，例如保持了最高经济增长率和稳定基尼系数，参见表5-1。

表5-1 2000—2009年黑山主要社会经济指示比较

国家	国内生产总值增长率（%）	贫困线以下的人口（%）	基尼系数（从0到100）	社会开支（国内生产总值的比例，%）
波黑	4.5	18.7	29	13.48
克罗地亚	3.37	17.24	28.66	20.55
黑山	4.71	10.58	25.74	16.77
塞尔维亚	4.87	8.88	32.66	20.06
北马其顿	2.59	28.4	38.73	16.09
斯洛文尼亚	3.1	11.2	22.76	23.41

数据来源：Welfare States in Transition—20 years after the Yugoslav Welfare Model, Frederich Ebert Stiftung, Sofia 2014。

尽管如此，黑山经济发展中依然存在一些问题。主要有：第一，仍然依赖于后米洛舍维奇时期制订的经济改革计划，把外国直接投资、国际货币基金组织和欧盟财政援助作为经济转型的动力。根据黑山经济学家的观点，黑山尚未走出私有化的第一阶段，即私有化的主要方式还是出售国营房地产，但这并没有促进生产率的提高。[①] 第二，经济自由化水平不高，国家干涉主义严重的。黑山社会主义者民主党领导的联盟在黑山独立期间始终手握大权，到黑山的投资在一定程度上依靠政治批准，尤其是大型企业。第三，进出口失衡，服务业是经济的支柱。正因如此，2009年经济危机对黑山经济影响相当大。第四，基础设施落后阻碍旅游业的发展。第五，失业率居高不下，长期保持在10%以上。参见表5-2。

[①] Cf. J. Zugic, "Direktne strane investicije I crnogorska privreda, Foreign direct investment and Montenegrin economy," *Montenegrin Journal of economics*, No.11, Podgorica, 2010, pp. 131-139.

表5-2 2004—2011年黑山经济基本数据

	2004年	2005年	2006年	2007年	2008年	2009年	2010年	2011年
GDPcp*（亿欧元）	16.7	18.5	21.4	26.8	30.8	29.8	31.0	32.7
失业率（%）	27.7	18.4	14.6	11.8	10.8	11.4	12.1	11.5
FDI流入量（亿欧元）	—	4.02	4.95	6.82	6.55	10.9	5.74	4.01
FDI流入中的房地产比例（亿欧元，%）	—	3.04 75.6%	4.50 90.9%	5.26 77.1%	4.19 63.9%	9.64 88.4%	4.29 74.7%	3.14 78.3%
旅游业增长（预定酒店天数，每千人）	—	—	596.6	729.4	779.4	755.2	796.4	877.5

数据来源：Bulletin of Central Bank of Montenegro, April-May, 2013 (double issue)。

*据黑山中央银行：按现价的国内生产总值

第六章 波黑的国家建构与社会发展

波斯尼亚和黑塞哥维那(以下简称波黑)位于巴尔干半岛的西北部,西部和北部与克罗地亚接壤,东部与塞尔维亚为邻,东南部与黑山接壤,领土面积51129平方千米,2015年的人口总数为381万,首都是萨拉热窝。[①] 与前南地区其他国家不同,波黑的国家建构是在战争中由大国主导的,战争后遗症、民族间的冲突、统一国家的认同等问题对波黑的国家建构与社会发展有着不同程度的影响。欧盟大国、美国和波黑邻国一直在干预波黑的国家建构,推动它参与地区安全的框架以避免民族冲突再起。国际社会的干预虽然未能完全解决波黑面临的所有问题,但是经过二十多年的发展,波黑的国家建构和社会发展都已步入正轨。

第一节 艰难的建国进程

1992年波黑宣布独立后,首先面临的不是新国家的建构,而是三年残酷的战争。三个民族你死我活的争斗不是为了建设共同的国家,而是各求所需。《代顿协议》签订之后,波黑统一国家的建构才在国际社会的监督和干预下开始,但步履维艰,经历了不同的发展阶段。

第一个阶段是1995年到1998年,主要内容是维持战后和平和民族关系的稳定、实行三方非军事化。根据《代顿协议》,由欧盟、美国、波黑邻国等组建了一个"实现和平委员会"(Peace Impementation Committee),协调对波黑的政策并开启波黑建国的进程,向波黑派驻主要负责维持和平和保障《代顿计划》执行的国际维和部队(IFOR)。在这几年中,国际社会对波黑的干

[①] 根据波黑联邦统计局2015年发布的数据。由于塞族共和国与穆克联邦两个实体的统计局的数据存在冲突,波黑全国人口数据还存在争议。

预有一种非正式的分工，即美国负责非军事化与维和问题，欧盟负责帮助波黑建立统一的国家机构。波黑虽然在非军事化和维持和平方面有很大的进展，但建国进程一直较为缓慢。首先，波黑未能成立统一的国家管理机构，难民问题仍然突出，各民族政党都有自己的支持者并重建了地区间组织网络。正因如此，民族关系在这三年处于僵局。① 其次，塞尔维亚族、克罗地亚族和穆斯林三方领导人都不支持《代顿协议》。穆族政党批评授予塞族共和国很大的自治权，克族政党要求建立自己的政治实体，塞族政党则对塞族共和国领土的缩小而强烈不满。加之国际社会的高度干涉，三方的支持者都很快失去了"代顿的热情"。根据1997年盖洛普巴尔干调查报告，95%以上的塞族继续不支持统一的波黑，克族持相同看法的人数比例从1996年的31%上升到了1997年的65%。②

第二阶段是1998年到2003年，主要内容是落实《代顿协议》。由于欧盟加大了约束力来加快波黑建国进程，波黑国家的建构有了比较大的进展。1998年4月，在德国的支持下，"实现和平委员会"在波恩做出决定，加强驻波黑高级代表（High Representative）的行政权力，以突破波黑民族政党间僵局。此后，高级代表采取强制手段来减弱分离主义的塞族、克族等政党和政治组织的影响。其中，最初几年在推动民族政党支持率下降方面取得了成功。1998年初，高级代表卡尔·比尔特（Karl Bildt）否定了塞族共和国议会的一些法案，公开支持塞族社民党（SDSS）的米洛拉德·多迪克（Milorad Dodik）出任塞族共和国总理。由于前南刑庭（ICTY）起诉卡拉季奇和姆拉迪奇，布尔奇科（Brcko）的法律地位问题，③ 以及欧盟威胁减少对塞族共和国的经济援助，反对统一波黑的塞族民主党（SDS）逐渐失去了多数公众支持，2000年后成为次要政党。主张承认"代顿现状"的塞族社民党获得了大

---

① Cf. Rafael Biermann, "Coercive Europeanization: The EU's struggle to contain secessionism in the Balkans," *European Security*, (2014) 23:4, pp. 484-508.

② 来源：Gallup Balkan Monitoring, 1997。

③ 布尔奇科是塞族共和国北部和东部以及波黑（穆克）联邦和克罗地亚的交叉区。《代顿协议》未规定布尔奇科的法律地位，经与三方协商，1999年设立布尔奇科特区（Brcko District），规定布尔奇科特区作为波黑特殊政治实体，接受特殊国际代表管理以实现和平进程。详见：Statute of the Brčko District of Bosnia and Herzegovina, official document, http://www.wikipedia.en/External-link/Statute-of-Brcko-District-of-Bosnia-and-Herzegovina。

多数民众的支持。此外，通过与克罗地亚的协商，波黑克族政党也放弃了分离主义的主张，开始同意与穆族共建政治共同体。1999年以后，波黑统一的国家机构如联邦议会、人民议会、部长委员会等逐渐超越了民族仇视，增加了法案的通过率。不仅如此，2000年欧盟公布的《稳定与联系协议的蓝图》，制定了波黑融入欧洲一体化的进程，内容涉及波黑宪法改革指南、司法体制改革、加强统一国家机构的行政能力、申请欧盟经济援助的程序等。

  第三阶段是2004年到2009年，主要内容是民族主义复兴和《代顿协议》的推行遭遇困难。波黑之所以在2003年后再次陷入民族主义僵局，学者有不同的看法。波黑学者穆扬诺维奇（Mujanovic）和马赫姆特切哈伊奇（Mahmutcehajic）认为，塞族主张的核心内容是否认波黑认同，[①] 2003年后大塞尔维亚主义的重现是《代顿协议》未彻底解决的战后民族共存问题的后果。[②] 德国学者比尔曼（Biermann）针对欧盟对波黑的约束性政策提出，2000年以来欧盟及其高级代表加强约束性并采取强制措施来加快波黑建国进程，不仅加剧了欧盟与波黑塞族的摩擦，还加深了穆族与塞族之间的分歧。前者主要体现在2003年进行的《国防法》改革上。在欧盟支持下，高级代表提出波黑地区的军队要合并成波黑统一军队。经过两年的政治压力，塞族共和国2006年才出台了新的《国防法》。但是，根据一些学者的看法，欧盟及其高级代表施加高强度压力的做法，不仅引发了塞族的民族主义反应，而且还失去了塞族亲欧政治力量的支持。塞族共和国主张"代顿现状"的政治力量逐渐转变为"反对宪政改革者"。后者主要体现在宪法改革和加强中央机构的进程当中。2004年以来，欧盟以波黑政治经济权力过于分散为由，推动波黑国内关于宪法改革的公共讨论。欧盟及其高级代表和穆族的政党认为，只有进行集权化的经济改革，波黑才能克服经济危机，只有进行集权化的行政改革，才能减少种族政治的影响；而大多数塞族和克族政党则认为，取消现有实际上的邦联制将不可避免地导致民族主义、分离主义的出现。有些克族和塞族政党甚至提出，穆族政党的主张是"口头上推动经济发展，实际上是搞穆族霸权"。[③]

[①] R. Mahmutcehajic, *The Denial of Bosnia*, Penn State University Press, 2000.

[②] Cf. Mujanovic, 2014, p 38.

[③] Ibid., p. 45.

第六章　波黑的国家建构与社会发展

2005年，西巴尔干地区地缘政治局势的变化对上述讨论带来了决定性的影响。首先，黑山的独立公投加剧了波黑的亲塞尔维亚与主张独立两种政治力量之间的冲突，强化了波黑塞族的民族主义。其次，科索沃当局与贝尔格莱德谈判陷入僵局。国际社会开始关注科索沃当局单方面宣布独立对地区政治稳定带来什么样的影响。最后，前南刑庭起诉塞族军人及其关于斯雷布雷尼察屠杀的看法，进一步恶化了穆族与塞族之间的关系，加剧了波黑的社会分裂。2006年春天，塞族政党开始主张独立公投之后，欧盟在统一波黑建国进程方面的控制权逐渐丧失。

第四个阶段是2009年以后，主要特征是各民族政党争吵不休。[①] 当年，欧盟拒绝了波黑的免签申请，它标志着波黑融入欧洲一体化的进程要慢于其他西巴尔干国家。不仅如此，欧盟对波黑的约束性战略从积极鼓励其宪法改革逐渐转变为对波黑民族僵局的失望。欧盟挥舞"棍子"，更频于施予"萝卜"，欧盟国家驻波黑使馆也不再扮演"靠山"的作用，高级代表时常采取1997年"实现和平委员会"所授的执行权（所谓的"波恩权"）来施压三方民族政党，克罗地亚和塞尔维亚也竭力对波黑政治施加自己的影响。与此同时，由于三方民族政党都不愿做出让步，波黑的宪法改革进程缓慢，议会新法案的通过率极低。所有这些都导致了《代顿协议》的实施陷入僵局。

波黑统一国家的构建尚未彻底完成的主要原因是难解南联邦时期遗留的问题。虽然巴尔干地区内战早就结束，但是波黑的民族矛盾与分歧仍然突出，社会仍然深度分裂，发展缓慢。

第一，无论在在历史上还是南联邦时期，波黑都没有出现过统一的国家。[②] 中世纪波黑曾有过一个公国，但在奥斯曼帝国400年和奥匈帝国近40年的统治之后，波黑的民族构成和国家认同完全转变了。内战之后，统一国家认同问题成了波黑的新主题。据一些穆族史学家的观点，现代波黑国家认同

---

① Cf. E. Mujanovic, "Reducing the Political in Bosnia and Herzegovina," *East European Politics and Society*, Vol. 4, 2014, pp. 23-45.

② 关于历史上波黑国家的形式，参阅：Mustafa Imamović, *Historija države i prava Bosne i Hercegovine*, Magistrat, Sarajevo, 2003, pp.23-49（［波黑］穆·伊马莫维奇：《波黑国家和宪法史》，Magistrat，萨拉热窝，2003年，波黑文版）; Muhamed Hadžijahić, *Od tradicije do identiteta. Geneza nacionalnog pitanja bosanskih Muslimana*, Sarajevo: Svjetlost, 1974（［波黑］穆·哈吉雅吉奇：《从传统到认同——波黑穆族的民族问题》，萨拉热窝：光明出版社，1974年，克塞文版）。

与中世纪波黑公国有历史连续性，波黑国家认同的形成先于波黑各民族的认同。因此，建立现代波黑统一国家的理由不是在克罗地亚与塞尔维亚两个民族国家之间建立一个缓冲区，而是波黑统一国家的历史权利。① 但是，克族和塞族对此并不认同。在穆族、塞族和克族的学术界，波黑国家认同的研究受制于现代政治分歧。一些穆族学者主张穆族是波黑的核心，而把克族和塞族视为次要的民族。正因如此，波黑国家认同与现代波黑统一国家之间的关系是一个极为复杂和敏感的话题。

第二，波黑建国的进程在很大的程度上受南联邦的制度框架及其社会主义思想的影响。这种影响主要表现在两个方面：一是建立名义上属一个民族的共和国或者建立社会主义国家，二是建立多民族的社会主义联邦制。根据1943年阿夫诺伊会议的决议，建立统一的波黑共和国而非分割波黑，体现了南斯拉夫多民族社会主义联邦制的原则。② 根据社会主义联邦的概念，南联邦拥有多个民族但只有一个国家，强烈排斥各民族的民族主义、大民族的沙文主义和少数民族的分裂主义。相对于斯洛文尼亚、克罗地亚和塞尔维亚，波黑和马其顿没有寻求主权的民族主义，不算作大民族，分裂主义的倾向也不突出，而受"兄弟友谊和团结"思想的影响比较大。因此，波黑在地缘政治上主要依赖南联邦。波黑共和国的建立主要是在克罗地亚与塞尔维亚两个相互敌视的民族之间建立一个缓冲区。没有南联邦，波黑就很容易陷入政治不稳定。同时，波黑属于南联邦落后的南部地区，高度依赖南联邦的补助和发达共和国的支持。1950年开始工业化的时候，联邦政府成立了落后共和国基金，向波黑、马其顿、黑山提供经济援助。此外，各发达共和国预算中也包括援助落后共和国的资金，支持它们基础设施和工业化的发展。一直到80年代，波黑等南部共和国依然依赖援助。

波黑的建国进程主要是由国际社会推动实施的，其中最重要的是《代顿协议》。《代顿协议》的基本目标是确保和平与稳定，防止三个民族的军事冲突再度爆发，并确定了波黑的宪法制度和政治框架，以及三大民族之间的关系和波黑建国的进程。《代顿协议》取得了一定的成功，但也有人批评它的基

---

① 详见：Zgodic, 2008, pp.34-108。
② Petranovic, 1985, p. 342.

第六章 波黑的国家建构与社会发展

本框架没有考虑波黑战后的整合问题，建国进程中的执行问题及其影响，其表现就是塞族共和国的主权、克族的自治和穆族的集权主义等。

塞族共和国的主权问题是它与波黑中央政府之间分歧的焦点。波黑中央政府否认塞族共和国的主权并试图限制它的政治自治。《代顿协议》并未详细地规定塞族共和国有怎样的主权，最终能否从波黑分离出去并宣布独立。根据《代顿协议》，塞族共和国拥有自己的总统、议会、政府、司法机关，拥有独立的经济政策，可以管理自己的医疗、教育、社会政策等方面的事务。

1998年，波黑总统委员会主席阿利雅·伊泽特贝戈维奇（Alija Izetbegovic）提出塞族共和国的政治状态不符合波黑宪法。围绕着塞族共和国的主权问题，波黑中央政府、塞族共和国和高级代表之间产生了很大的分歧。2000年，塞族共和国更改了一些城市的名字，把名称中的波斯尼亚改为塞尔维亚。穆斯林族向高级代表提交投诉，要求将名称改回来。2001年，高级代表做出决定，否认塞族共和国更改名称的做法。塞族共和国强烈反对高级代表的决定，提出波黑中央政府或高级代表无权干预塞族共和国的内政。不仅如此，2002年，塞族共和国政府还通过了国旗和国徽的新法案。以违反《代顿协议》为理由，高级代表又否决了新法案，这不仅导致了塞族共和国的强烈不满，而且引起了关于塞族共和国主权的讨论。一些人提出，《代顿协议》正式承认了塞族共和国的主权，波黑中央政府和高级代表无权干预其内政。2000年波黑宪法法庭对三个民族的宪法地位做出了决定，三个民族都具有合宪性（constitutionality）地位，[①] 更加剧了塞族与穆、克两族政党关于塞族共和国政治地位问题上的分歧。2004年，波黑主席团成员、民主行动党主席苏雷曼·蒂希奇（Sulejman Tihic）向波黑宪法法庭提出一项法案，要求塞族共和国更改名称，删除"塞族"字样，理由是现有名字过于强调塞族的认同，

---

① 2000年波黑宪法法庭的"三个民族全国合宪性地位"的判决意味着取消"民族"与"领土"的天然链接。无论在塞族共和国还是波黑（穆克）联邦，三个民族都应当具有合宪性地位，而非一个或者两个民族有优先地位。这项判决涉及各政治实体提供"三个民族公平参与政策"。此外，由于这次判决，2009年犹太族雅科布·芬茨（Jakob Finci）和罗姆族的德尔沃·塞迪奇（Dervo Sejdic）联合向宪法法庭提交投诉，要求"三个大民族之外的民族"也得到合宪性地位，详见：Edin Hodzic and Nenad Stojanovic: *New/Old Constitutional Engineering? Challenges and Implications of the European Court of Human Rights Decision in the Case of Sejdic and Finci v. BiH*, Sarajevo, Analitika, Center for Social Research, 2011。

不符合三个民族宪法地位的原则。①

2005年，在西方国家的压力下，塞族共和国议会决定，塞族共和国军队的控制权转移至中央政府并且取消国防部，但在维持其对警察和司法机关的控制方面及主权问题上的立场更为强硬。塞族共和国总统多迪克及其支持者要求波黑中央政府不要干预塞族共和国的内政，否则塞族共和国将进行脱离波黑的公投。②这样一来，公投威胁就成了打破塞族共和国主权问题僵局的主要障碍。直到2016年，塞族共和国的公投威胁也未取消。2016年9月，在未得到波黑宪法法庭认可的情况下，塞族共和国总统多迪克要求就塞族共和国的国家节日进行公投，这招致穆族政党强烈的批评，加剧了穆塞两族间的摩擦。周边国家担心这次公投可能是塞族共和国举行独立公投的第一步。

因未得到独立实体地位而同穆族组成联邦，克族也在波黑联邦寻求加强自治、建立自治区甚至政治实体的途径。1996年第一次大选之后，由于波黑联邦中克族与穆族人口比例之间的不平衡，克族政党主张修改《代顿协议》，寻求建立克族独立的政治实体。不过，1997年波黑宪法法院禁止对《代顿协议》做任何改变，穆克两族的关系也陷入僵局，这加剧了克族寻求建立独立政治实体和自治的倾向。为了遏制主张克族建立独立政治实体的政党的势力，高级代表提出，克族可以在《代顿协议》框架内加强自治。从1999年开始，波黑联邦议会的克族政党党团主张加强克族社会和文化自主权，提出改革波黑联邦的行政划分。2000年，塞族共和国与高级代表的纠纷也促使克族政党重提建立独立政治实体的主张。2001年，克罗地亚民主联盟联合所有克族党派成立了克族国民议会，提出"波黑三方达成协定、赋予克族独立政治实体地位、组建克族城镇联盟"和进行克族独立的公投。③尽管遭到高级代表的反对，克族国民议会还是组织了公投。根据公投结果，克族国民议会宣布波黑克族实行自治，成为波黑的第三个政治实体。但是，高级代表采取了反制

---

① Cf. Sulejman Tihic, "Rušenje RS sruši ć e i BiH," *Glas javnosti*, Beograd, 31 mart 2004, str. 6（苏·蒂希奇：《塞尔维亚共和国倒退时，波黑也会倒退》，《舆论之声》2004年3月31日，第6页）。

② 前任高级代表莱恰克（Lajcak）重申，依据《代顿协议》，塞族共和国无权脱离波黑，但同时任何一方都无权单方面废除塞族共和国的权限范围。

③ Cf. passim: Nelegalni sabor donio nelegalne odluke, 4 mart 2001, Internet, 02/02/04, http:// www.pcnen.cg.yu/Arhiva/2001/11-03-2001.htm（"非法的议会做出非法的决定"，2001年3月4日）。

第六章 波黑的国家建构与社会发展

措施，暂时禁止克罗地亚民主联盟的活动，从而导致了波黑联邦的政治危机。在这种情况下，克族政党改变了寻求自治的策略。2000年后，为了避开高级代表的反对，克族政党通过接触穆族政党来实现波黑联邦的实际分权。结果，克族与穆族就波黑联邦分权和实际领土划分上达成了非正式协议，多数克族的市镇实际上恢复了自治权。①

穆族反对克族自治和塞族的主权要求，主张波黑联邦和波黑中央政府的集权。波黑穆族的集权主义源于前南时期穆斯林族在波黑的地位及其统一波黑的主张。首先，南联邦时期，波黑共和国是由克、塞和穆三族组成的，三个民族平等，是一个没有支配民族的共和国。但实际上，由于穆族在波黑共盟和波黑政府中影响比较大，被视为波黑的主要民族。其次，与克族和塞族相反，波黑穆族一直主张建立波黑统一国家。波黑战争时，波黑穆族领导人伊泽特贝戈维奇坚决主张波黑主权和统一，批评塞族和克族的分离倾向。《代顿协议》签署后，波黑保持统一被视为波黑穆族取得的巨大成功。

1995年以来，波黑穆族的政党强烈反对塞族共和国拥有主权和克族的分权要求，塞族和克族对此非常不满，认为穆族主张波黑中央集权直接影响了波黑建国的进程和构建统一国家认同的进程。塞族和克族的担心体现在以下几个方面：首先，穆族在波黑中央机构中占有优势地位，表现为首都萨拉热窝是穆族的中心，波黑中央机构和波黑联邦机构都有大量的穆族官员，波黑中央政权逐渐穆斯林化。其次，穆族政党主张伊斯兰政治价值观，强调其与阿拉伯国家不透明的关系，伊斯兰化的倾向很强。最后，伊斯兰极端主义的出现。波黑战争后，波黑的大多数恐怖活动是由伊斯兰极端主义集团组织的，这些都加剧了克族、塞族与穆族的进一步分歧。②

在欧盟和高级代表的支持下，波黑开始确立和发展民主多元化，刺激经济恢复和推动共同国家的认同。波黑在这些方面取得了一定的成就，但是，由于民族问题继续突出，波黑的这三个进程都未完成。

---

① 参见：Branka Magaš, Ivo Žanić, eds., *Rat u Hrvatskoj I Bosni I Hercegovini 1991-1995*, Jesenkii Turk, Dani and The Bosnian Institute, Zagreb, Sarajevo London, 1999（［克］布·马加什、伊·扎尼克主编：《1991—1995年克罗地亚和波黑的战争》，萨格勒布，Jesenski Turk，1999年，克文版）。

② 近年来，波黑的伊斯兰极端主义成了热门话题，详见：Darko Trifunovic and Milan Mijalkovski, "Therorist Threats by Balkans Radical Islamist to International Security," *Politics and Religion*, No.2, Vol.7, 2014。

第一，波黑内战之后，波黑政治的最主要特征就是民族政治，即基于民族分歧的政治生活。1995年以来，波黑主要政党都强调本民族的利益，民族间的分歧加大。波黑克罗地亚民主联盟、穆族民主行动党和塞族民主党等三个大的政党各自拥有以本民族为基础的选民，选举时各民族都支持本民族的政党。阿西姆·穆伊基奇（Asim Mujkic）指出，选举结果就像民族人口普查。① 此外，对民族政策的关注也造成了民主化进程陷入停滞，并刺激了腐败现象的增加。正因如此，欧盟等组织努力推动波黑的民主多元化，促进非种族政党和非政府组织的建立。1998年第二次议会选举时，欧盟向非种族政党提供了资金支持。2000年，国际社会帮助建立了非民族主义的波黑社会民主党。该党获得了多个民族的选票，成为唯一的公民政党，即超越民族分歧和主张多民族国家利益的政党。然而，由于波黑社会民主党不占绝对多数席位，不能单独组阁，不得不与其他的民族党组建联合政府。在执政期间，社会民主党受到民族主义政党的影响，逐渐忽视了公民纲领。尽管如此，国际组织仍然继续支持能突破三大民族政党选民基础的任何政党或组织。然而，由于民族政党的影响非常大，导致许多新兴公民政党和组织的纲领又重新推行种族政策。而三大民族政党也进行了战略调整，在地区层面开始主张公民纲领，寻求与小型公民政党组建选举联盟，但是在国家层面继续推行民族主义政策。这样一来，小型公民政党的影响开始下降，导致波黑政治舞台上民族主义政策的巩固。因此，尽管在地区选举中小型公民政党获得了不少支持，波黑还尚未有大的公民政党，民族主义政党在议会中依然发挥着主要作用。②

第二，刺激波黑平衡经济发展。由于战争的后果和建立国家机构的进程尚未完成，波黑的经济十分混乱。为此，欧盟和国际组织向波黑提供大量重建经费和人道主义援助，但援助分配不均衡，对穆克联邦的援助超过了对塞族共和国援助的20%。到1998年，穆克联邦的生产总值增长是塞族共和国的两倍。③ 此外，穆克联邦两个民族之间的援助分配不平衡，克族政党批评以萨拉热窝为中心的波黑发展模式。2000年以来，波黑两个邦联主体之间经济差

---

① Asim Mujkic, "Explaining the success of nationalist parties in Bosnia and Herzegovina," *Politička Misao*, Vol. 47, No. 2, 2010, pp. 143-158.

② Cf. Mujkic, 2010, p.152.

③ "GDP growth in 1996 for the Federation was 62% and 25% for RS," Federalni zavod za statistiku, BIH.

第六章 波黑的国家建构与社会发展

距仍然明显,参见图6-1。

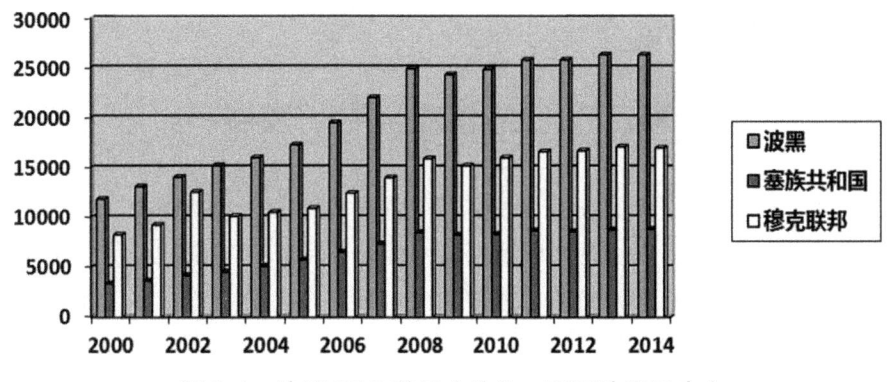

图6-1 波黑GDP增长(单位:百万波黑马克)

数据来源:Federalni zavod za statistiku, BH, 2014(波黑联邦统计局)。

第三,波黑统一国家的认同没有形成。尽管在建立国家机构和推动民主多元化的进程中取得了一定的成就,但是波黑统一国家的认同远未形成,有人甚至认为统一波黑是一个"巨大的失败"。[①]大多数波黑公民认为,维持统一的波黑只是国际社会一厢情愿,《代顿协议》无法推动波黑三个民族对统一国家的认同,甚至可以说它在此方面的努力已经失败。首先,波黑经济无法走出衰退。波黑经济发展极为不平衡并且继续受到民族矛盾的影响。中央政府过于依赖于外国贷款,无力发挥决定性作用来影响波黑经济平衡发展。结果,各民族依靠经济自治。其次,《代顿协议》造成了波黑的政治僵局。由于《代顿协议》超越了波黑宪法,许多遗留的民族矛盾无法通过三个民族的妥协解决。埃丁·莎尔切维奇(Edin Sarcevic)认为,《代顿协议》"将协商政治的大门封死,却为政治分裂主义留下一扇窗户"。[②]最后,战争遗留的问题。塞族武装造成的斯雷布雷尼察大屠杀仍是塞族与穆族之间无法突破的障碍。

《代顿协议》签署20年后,波黑没有再出现民族冲突,但国家建构的进

[①] Cf. Mujanovic, p. 25.

[②] Cf. Edin Sarcevic, *Dejtonski ustav: karakteristike i problemi* (Die Daytoner Verfassung: Charakteristiken und Probleme), Mostar: Status, 13/2008, s. 153-168([波黑]艾·莎尔切维奇:《基于代顿的宪法:特征与问题》,莫斯塔尔:状态出版社,2008年,波黑文版,第153—168页)。

程远未完成。由于民族间分歧，波黑融入欧洲一体化的进程难以实现，经济危机和国际社会的干预都在持续。波黑开始讨论如何根本性地改革《代顿协议》。

第二节 经济转型与经济发展

波黑的经济建设是在南联邦和波黑内战后的废墟上开展的，兼有恢复、重建和转型的特点，以实现与欧盟经济一体化的目标。如果从经济转型角度看，波黑属于转型的初始阶段，其原因有以下几个：第一，市场关系处于自由放任主义阶段，中央政府没有干预权。第二，福利和社会保险处于崩溃的边缘，政府没有全面的改革方案。第三，私有化进程没有完成，而且也不平衡。第四，缺少宏观经济发展模式，矿业和重工业都面临着转型。第五，贫富差距比较大，失业率一直在30%以上。第六，政府过于依赖国际货币基金组织提供的资金。

与前南地区其他国家一样，波黑的经济转型开始于1990年联邦政府公布的《共有资产法》，其规定了社会所有制企业改为工人股东制。[①] 但是，由于战争爆发，波黑的私有化和经济转型停滞不前，直到战争结束后才重新启动。1996年，波黑联邦政府再度实行"工人股东制"，但大部分工人并没有购买股份。在这种情况下，波黑政府决定进行全面系统的私有化。由于波黑高度分权，私有化是根据两个政治实体的法案开始的。1998年，经高级代表推动，波黑联邦议会通过《波黑企业及银行私有化的基本法》，确立了出售国营企业和银行的框架。[②] 但是，波黑私有化进程真正开始还得等待穆克联邦、塞族共和国和布尔奇科特区通过私有化法案。1997年，穆克联邦议会通过了《国营资产私有化基本法》，在以后的5年中又通过了9个修正案。1998年，穆克联邦成立了私有化局和10个完全独立的负责私有化的省级机构。它们负责国营资产的分管和准备银行业的特殊私有化。1998年，塞族共和国议会也通过《国营公司资产的私有化法》。[③] 但是，为了明确塞族共和国的国营资产与波黑共

---

① *Službeni list SFRJ*, br. 84/89 i 46/90（南联邦官方杂志，84/89集，1989年）。

② Ibid., Djukanovic, p.52.

③ *Službeni glasnik Republike Srpske*, 24/98（塞尔维亚共和国官方杂志，24/98集，1998年）。

和国的资产,这个法案于2001年、2003年和2005年三次修改。2006年,塞族共和国议会通过了新的《共有资产法》法案,规定塞族共和国国营企业的私有化进程。① 在私有化方式上,塞族共和国采取了银行业等金融企业的快速私有化和其他企业的渐进私有化。

到2006年为止,波黑穆克联邦已实行私有化的公司有765家,塞族共和国有390家。在这一过程中,许多公司都破产了。波黑的私有化存在着许多问题,主要有以下方面:第一,私有化进程不够透明,许多投标没有遵守规则。第二,波黑通讯、银行、电力公司等具有战略意义的企业主要是通过政治决定而找到的买家,导致波黑政党与大企业之间存在特殊的庇护关系。第三,私有化忽视了公司的工人、生产率和竞争力等方面的因素,购买者只是看重公司的房产。与私有化进程的误区相适应的是,出了新的经济精英。② 由于私有化不够透明,购买者得以倒卖国营资产,新经济精英利用与当地政治领导的关系建立了一种依附于政党网络的企业垄断,造成巨大的贫富差距、大量失业和资产流失。

在经济发展方面,波黑还面临着战后重建和经济集权化等方面的问题。在国际社会的援助下,波黑从1996年开始实施交通和城市重建计划。萨拉热窝得到了外援金额的60%,在一年内修复了主要公路和公交系统,使经济生活正常化。莫斯塔尔、巴尼亚卢卡等大城市经过三年的恢复,经济生活也正常化。1996—1998年间,由于经济的普遍恢复,波黑的人均GDP从1995年的550美元涨到1998年的2600美元,参见图6-2。

---

① Ibid., 51/06.
② Cf. "New business elite," in B. Divjak, "Privatizacija i kultura," *Buka* – online magazin, 03.03.2006, http://www.6yka.com/do/da, 295, od 21.04.2006(迪维亚克:《私有化与文化》,《噪音》电子杂志,2006年4月21日).

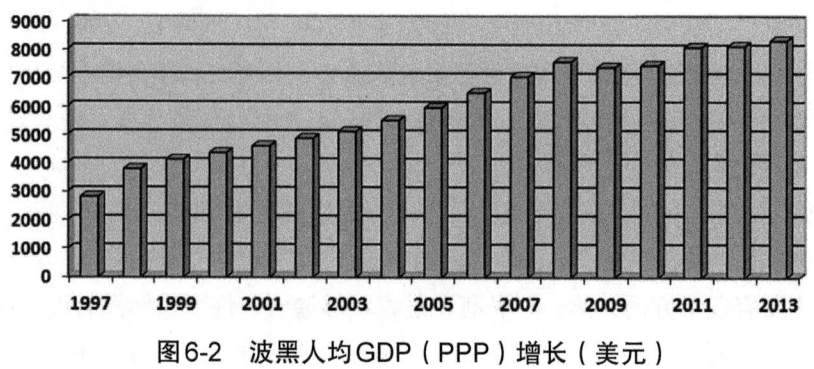

图6-2 波黑人均GDP（PPP）增长（美元）

数据来源：Federalni zavod za statistiku, BH, 2014。

但到1999年，波黑经济发展再度放缓，继而出现了长期的停滞，国内生产总值一直低于1990年的水平。主要表现在：第一，完成战后基础重建后，波黑工业重建因设备缺乏而非常缓慢。由于极为分权的经济管理，中央政府不仅无法进行企业的重组，也不知如何把落后的和高度依赖于前南市场的企业转变为可持续发展的企业。因此，重建计划只是在从事开采自然资源的企业（如矿业、林业等）中实施，许多大型加工企业因无法重建而破产。第二，经济分权化主要包括财政、税制和再分配管理的分权下放。地方政府经济自治权加大，中央政府失去了对全国经济发展的管理权和再分配权，结果是中央政府在经济发展中非常被动。中央政府税收与再分配两个功能失调，行政机构庞大，中央政府成为波黑预算最大的消耗者。地区政府得不到中央政府的援助、贷款或国际保障的投资项目。第三，波黑不仅农业地区与城市之间发展差距继续加大，而且大城市之间发展差距也越来越明显。例如，萨拉热窝利用的外资远远超出其他的城市。波黑不同地区的对外贸易关系有很强的民族地域性，塞族共和国的最大贸易伙伴是塞尔维亚，聚居多数克族的镇区依靠克罗地亚，而穆族则控制着同土耳其的贸易关系。

2000年后，波黑经济发展面临的挑战主要是重建公共部门、私有化、吸引外资、减少失业率和打击腐败。但是，所有这些方面的进展都不乐观。第一，波黑公共部门的开支巨大。由于波黑复杂的邦联式制度，公共部门的开支占波黑预算的60%。此外，行政腐败极为突出，中央政府在税收和开支方面责任心不强。第二，波黑的私有化采取了分权模式，但是很多企业没有进行结构重组就开始了私有化,因此企业在上市时常常因投机交易贬值。第三,波黑中央银行采取了保守的货币政策,将波黑马克(BAM)与德国马克挂钩,1998年以来通货膨胀率相当稳定,但外资流入十分缓慢。第四,黑色经济猖獗。波黑地方政府没有能力发展小型私有企业,而中央政府也缺乏有效措施来支持它们。因此,黑色经济(如烟草、酒类走私)和灰色经济(如小型企业偷税)盛行,其产值占国内生产总值的20%以上。第五,由于公共部门庞大和民族政党的庇护关系,腐败成为难以根除的现象。许多高级领导人涉及腐败活动,但因为大多数具有政治豁免权,法院无法起诉他们。此外,种族政策使公众对腐败的包容性较大。第六,劳动力市场的失衡。上述因素都致使波黑失业率一直很高,无法降到40%以下。不仅如此,黑灰市场的存在导致波黑结构性失业率也很高,而国家高校人才培养与经济实际需求的差距越来越大,加上劳动力外流很突出,结果造成波黑虽劳动力价格较低,但其劳动力市场常常不能满足外资的要求。

2008年波黑签署《稳定与联系协议》后,由于欧债危机、世界贷款市场缩减等外部问题,波黑经济并没有得到快速发展,上述的主要问题也没有完全解决。波黑仍然高度依赖外资。2012年,国际货币基金组织向波黑提供金额为4亿欧元的备用贷款,主要用于公共部门改革。波黑的失业率则一直维持在30%以上,导致了劳动力的外流。在以后的几年中,波黑经济最主要问题则是地区发展不平衡,[①]不仅农村地区与城市之间的发展差距继续加大,而且大城市之间的发展差距越来越明显。例如,萨拉热窝入境外资远远超出其他城市的外资比例。波黑经济发展不平衡受民族矛盾的影响比较大。克族依赖来自克罗地亚的外资和贸易,塞族重视塞尔维亚的外资和经济关系,穆族与土耳其和阿拉伯国家发展经济关系。根据波黑联邦统计局统计,在2012—2014年间,波黑与土耳其的经贸交往率增加了100%以上。[②]这些都导致波黑产生了一种分权的发展模式。正因如此,波黑一直走不出经济困境,参见表6-1。

[①] 关于经济"非集中化"(deconcentration),参见:L. Aishley, "Challenges to Fiscal Autonomy," *Legal Studies Review*, Vol. 4, 2013, pp.233-236.

[②] Federalni zavod za statistiku, "Analiza vanjsko trgovinske razmjene Bosne i Hercegovine," www.bhas.ba(波黑联邦统计局,"波黑外贸交往",访问时间:2016年2月23日).

表6-1 2014年波黑经济基本数据

民族比例	GDP（PPP）	GDP增长率	人均GDP	失业率	公债	军费	总FDI	生活在贫困线下人口占比
穆族：48.4% 塞族：32.7% 克族：14.6% 其他：4.3%	386.7亿美元	1.1%	4092美元	43.9%	70.1%	0.98%	3.59亿美元	42.1%

数据来源：CIA, The World Factbook, 2016。

第三节　不统一的对外政策

民族冲突对波黑的内政和外交影响非常大，不仅给波黑的对外政策造成难题，也是波黑无法完成国家建构进程的决定性因素。《代顿协议》签订后，波黑对外关系的主要目标是同克罗地亚和塞尔维亚一起维持地区稳定，逐步融入欧洲一体化的进程。但是，由于战后民族和解进程缓慢，波黑对外政策仍然受到民族间分歧的影响。波黑对邻国政策受本国民族的影响非常大，对外政策的基本方针也常常存在争议，比如在加入欧盟和北约的问题上。正因如此，波黑尚未实行统一的对外政策，穆、塞和克三个民族在很大程度上各有各的对外政策。波黑融入欧洲一体化的进程过于依赖国际社会的干预，对克罗地亚和塞尔维亚的政策也是极为被动的。甚至有些学者认为，波黑有对外关系却没有对外政策。[①]

一、国际社会对波黑外交政策的干预

在塞、克和穆族各自奉行自己对外政策的情况下，由于波黑中央政府的外交机构是在国际社会的帮助下建立的，因此波黑的对外政策在很大程度上

---

① 关于波黑对外政策的被动性，参见：Christopher Hill, "What Is to Be Done? Foreign Policy as a Site for Political Action," *International Affairs*, 2003, (79) 2, pp.233-255。

第六章 波黑的国家建构与社会发展

受到国际社会的影响。这种影响不仅存在于波黑与邻国、与欧盟的关系上，而且在其制定对外政策的基本方针上也非常明显。此外，由于波黑从中央的对外政策到统一的对外政策转型步伐较慢，国际社会仍然通过与克罗地亚和塞尔维亚以及波黑各民族政党的接触来影响波黑统一对外政策的形成。

在《代顿协议》的框架下，国际社会主要通过高级代表、美国和欧盟对波黑的对外关系施加影响。波黑是一个极为分权的国家，每个实体、省都有自治的政府，中央机构由三个民族的领导组成的波黑主席团、部长委员会（中央政府）、波黑议会（众议院，参议院）、中央银行和宪法法庭构成。波黑中央政府、塞族共和国和穆克联邦都有外交部，每个州也有外交机构。由于这种多中心的外交，波黑统一对外政策难以实现。正因如此，《代顿协议》设立了由大国和周边国家代表组成的"实现和平委员会"和高级代表办公室，负责协调和监督波黑战后过渡期间的建国进程及三族之间的和解与合作。但是，由于波黑民族关系问题没有得到根本改善，在欧盟支持下，波黑在1997年给予了高级代表更大的权力，委托其严格监督《代顿协议》的落实。[①] 从1997年起，高级代表常常使用自己的权威来影响波黑对外政策和指导波黑对欧盟的关系。所以，波黑舆论批评高级代表过于干预波黑外交。其中，两个问题最为突出。一个是高级代表直接向欧盟委员会负责。一些批评人士认为，高级代表的权限实际上类似于殖民统治者，波黑像欧盟的保护国。[②] 另一个是高级代表在波黑对外关系中影响过大。由于三个民族关于对外关系的主要问题常常陷入僵局，高级代表总是想把自己的意见强加给波黑政府。[③] 近十几年来，高级代表在推动波黑制定统一对外政策方面采取的主要措施是加强波黑中央机构的对外政策，减少民族外交对中央政策的影响，特别是减少塞族共和国对外关系的范围，减少克族政党对克罗地亚的依赖。

从1999年起，波黑掀起关于宪法改革的讨论，主要集中在两个问题上，

[①] 这是所谓高级代表的"波恩权"。详见：Tim Banning, "The 'Bonn Powers' of the High Representative in Bosnia Herzegovina: Tracing a Legal Figment," *Goettingen Journal of International Law*, 6 (2014) 2, pp. 259-302。

[②] 关于欧盟在波黑的"自由帝国主义"（liberal imperialism），参见：Gerald Knaus and Felix Martin, "Travails of The European Raj," *Journal of Democracy*, Vol.14, No. 3, July 2003, pp.60-74。关于高级代表与波黑宪法的问题，详见：Edin Sarcevic, "Ethnic Segregation as a Desirable Constitutional Position," Bosnian Institute, Sarajevo, 2008。

[③] Cf. Office of High Representative, 27 Feb. 2008.

前南地区社会转型与社会发展研究

一是可否从根本上修改基于《代顿协议》的宪法，二是波黑是要加强集权还是分权。首先，"实现和平委员会"、高级代表和国际社会主张波黑宪法的渐进改革。基于《代顿协议》的宪法可以调整和增补，但不能废除。早在1998年，波黑宪法法院就声称它没有权力改变基于《代顿协议》的宪法，实际上是说《代顿协议》超越波黑宪法。① 其次，在波黑是否应当加强集权的问题上有三种主张，一是穆族民主行动党支持的政治和经济集权化，主张加强波黑中央政府的权限，减少塞族共和国和穆克联邦在外交、经济和政治等方面的自治权。二是国际社会支持的邦联制模式，主张维持三族现有的分权状况，提高中央政府的工作效率。三是克族政党要求进一步分权化，赋予克族独立的政治实体地位，乃至重组穆克联邦。此外，塞族共和国的政党强烈坚持现有的自治权，反对波黑宪法改革。

1998—1999年，高级代表提出了《车牌规则》《建立统一边境局》《布尔奇科市政治状态》等一系列法案，试图加强波黑中央政府的权限。2001年，经高级代表的建议，波黑宪法法院通过《波黑宪法的补充案》，规定了三个民族的宪法地位，以防止在政体层面出现一个或两个民族居于支配地位，② 即塞族共和国不仅仅是塞族的邦联主体，而穆克联邦也不仅仅是克、穆族的邦联主体。2001年，克罗地亚社会自由党主席布迪莎提出《波黑省级化的方案》，提出波黑的两个邦联主体的权限要逐渐下放到省一级，加强省级自治，进而使两个联邦主体渐渐消亡。③ 2002—2004年，几个波黑公民政党也提出宪法改革方案，主张取消邦联主体的权限，如2002年波黑党（SBIH）提出的中央

---

① 关于波黑宪法修正案，可见：Ustav Bosne i Hercegovine，član I, stav 2（《波黑宪法，1章2节》）。关于1999年波黑宪法法庭的决定，可见：Dragan Đukanović, "Osnovne ustavne koncepcije u zemljama bivše Jugoslavije – uporedna analiza," Međunarodni problemi, godina LIV, broj 3, 2002, str. 272-306（[塞]德·朱卡诺维奇：《关于前南地区国家宪法体制——比较分析》，《国际问题》第54卷第3期，第272—306页）。

② 详见：Djelimična odluka Ustavnog suda Bosne i Hercegovine, Sarajevo, 19-20, februar 2001, Internet, 17/03/02, http://www.ustavnisud.ba/odluke.html（2001年2月20日《波黑宪法法庭的初步决定》，波黑宪法法庭网站，访问时间：2016年10月8日）。

③ Budiša predlaže kantonizaciju BiH, 8. mart 2001, Internet, 15/03/04, http://www.pcnen.cg.yu/Arhiva/2001/11-03-2001.htm, passim: Dragan Đukanovic, "Izmjene ustavnog ustrojstva Bosne i Hercegovine—Inicijative i mogucnosti," Međunarodni problemi, Vol. 56, No.2-3, pp.44-62（《布迪莎推荐波黑邦联制的方案》，2001年3月8日，参见德·朱卡诺维奇：《波黑宪法体制的改革——倡议与机会》，《国际问题》第56卷第2—3期，贝尔格莱德，2004年，塞文版，第44—62页）。

与省级分治，2003年波黑社民党提出的波黑重新分权化，2004年波黑科学院提出的统一波黑联邦声明等。[①] 与之相对，塞族政党强烈反对塞族共和国权限下放，穆族政党和国际社会都反对克族成为邦联主体。[②] 波黑因重新联邦化的宪法改革一直无法得到足够支持而处于僵局。2005年，波黑启动加入北约的进程。2007年以后，波黑为了融入欧洲一体化而进行宪法改革，高级代表更是以公开的形式对波黑中央机构进行干预，对波黑对外政策的影响逐渐上升。然而，塞族共和国与波黑中央政府在是否承认科索沃独立问题上出现分歧后，波黑统一对外政策前景无望，高级代表对波黑对外政策的影响基本消失。

美国对波黑对外关系的影响主要是通过北约实现的。它的干预主要集中在安全和政治上，尤其是在《代顿协议》的持续性问题和区域安全框架的介入方面。美国对波黑的政策是在克林顿时期形成的，其重点是建立波黑的安全基础设施以及促进北约一体化的进程。此后，布什政府试图加强波黑的安全基础设施，争取波黑更积极地参与全球反恐战争。2005年以来，美国推动波黑加入和平伙伴计划，支持援助波黑的经济和军事项目。但是，由于塞族共和国一直反对加入北约，美国更积极地介入波黑民族分歧，试图通过与波黑政府和高级代表的接触来影响塞族共和国改变对北约的立场。同时，美国坚持支持统一的波黑国家，批评波黑塞族分离的倾向。与此相关，在波黑的集权化和加强中央政府的军事权威方面，美国也发挥了重要作用。奥巴马政府上台时，塞族继续坚持分离主义倾向和坚持反对加入北约的立场，波黑中央政府依靠美国来遏制塞族共和国的独立对外政策。2012年以来，由于俄罗斯与塞族共和国关系加强，美国越来越担心俄罗斯对波黑加入北约进程的消极影响。于是，美国更加支持波黑中央政府同北约一体化的进程，反对塞族

---

① 关于宪改的方案，可见：德·朱卡诺维奇：《波黑宪法体制的改革——倡议与机会》，第44—62页，详见：Platforma Stranke za Bosnu i Hercegovinu, Sarajevo, septembar 2002, Internet, 03/03/03, http://www.zabih.ba/izbori2002/platforma.shtml（"为了波黑党纲领"，萨拉热窝，2002年）; Inicijativa SDP BiH za promjenu Ustava Bosne i Hercegovine, Sarajevo, 23 April 2003, Internet, 05/02/04, http://www.sdp-bih.org.ba/aktuelno.htm（"关于波黑宪改波黑社民党的倡议"，萨拉热窝，2003年）; Deklaracija o nužnosti izmjena Ustava Bosne i He rcegovine i o ustrojstvu "Federalne Republike Bosne i Hercegovine", Akademija nauka i umjetnosti Bosne i Hercegovine, Sarajevo, decembar 2002, Internet, 02/03/04, http://www.bihmipr.org/nacrt.htm（波黑科学院：《关于波黑宪法改革的必要性和成立 "波黑联邦共和国"的声明》，萨拉热窝，2002年）。

② 德·朱卡诺维奇：《波黑宪法体制的改革——倡议与机会》，第44—62页。

共和国的独立对外政策,这更加造成了塞族共和国与波黑中央政府之间关系的紧张。①

欧盟和其他欧洲国家的影响主要表现在驻波黑的欧盟国家使馆网络和非政府组织。由于波黑统一外交陷入僵局,欧洲国家的使馆网络发挥了重要作用,通过与波黑政客半正式接触,影响波黑的立法,并促进波黑与欧盟对外政策的一致性。欧盟的非政府组织在鼓励波黑政治多元化以及推动波黑国家建构的进程中也起了很大的作用。②2000年来,欧盟国家使馆网络致力于推动波黑融入欧洲一体化的进程。不过,波黑各民族的政党无法就建国进程达成一致,导致波黑融入欧洲一体化的进程陷入停滞。在这种情况下,欧盟国家使馆网络进一步介入波黑政治和民族间关系,通过施加外交压力来影响波黑政府修宪以及波黑对欧盟政策。2008年,波黑与欧盟签署《稳定与联系协议》,但是,由于无法推行进一步的改革,波黑的入盟仍旧遥遥无期。不仅如此,2010年以来,欧盟对东扩政策进行了调整,欧盟委员会不急于与东南欧国家就入盟条件进行谈判。此外,由于塞族共和国与波黑中央政府关于入盟的立场仍然不一致,欧盟国家使馆网络逐渐放弃了介入波黑政治的政策。直到三个民族最大政党就入盟达成一致后,2015年波黑与欧盟签署的《稳定与联系协议》才正式生效。2016年2月,波黑正式递交加入欧盟的申请,迈出了入盟的重要步骤。不过,由于波黑各民族政党的分歧过大,波黑入盟的前景还不明朗。

二、波黑对邻国的政策

波黑与克罗地亚、塞尔维亚的关系可分为民族关系和国家关系两个层面。

---

① 关于美国对巴尔干的政策,参见:R. Vukadinovic, "Americka politika na Balkanu," *Politička Misao*, Vol. 35, No.4, 2002, pp.3-20([克]拉·弗卡迪诺维奇:《美国对巴尔干的政策》,《政治思想杂志》2002年第35卷第4期,第3—20页)。

② 关于非政府组织对波黑政治的影响,参见:M. Bilic, "Koncept koji predstavlja sve i nista. Zasto ne proucavati postjugoslavenski poslijeratni mirovniangazman iz perspektivec ivilnog drustva," *Politička Misao*, Vol. 54, No. 4, pp.45-68([克]马·比利奇:《公民社会——南联邦后和战后公民社会的和平项目》,《政治思想杂志》2011年第54卷第4期,第45—68页)。

第六章 波黑的国家建构与社会发展

在战争期间，波黑克族、塞族分别与克罗地亚、塞尔维亚的关系极为密切。[①] 不仅如此，图季曼的双轨政策和米洛舍维奇的大塞尔维亚政策都造成了波黑政治和社会方面的进一步分裂。1995年《代顿协议》签署后，这些分裂倾向逐渐变弱。在国际社会的压力下，克族和塞族的分离主义开始转变为主张在现有框架内实现民族自治。但是，有些激进的民族派仍主张民族统一。于是国际社会通过与克罗地亚、塞尔维亚接触来影响激进民族派，使其接受统一的波黑国家，放弃分离主义。近二十多年来，克罗地亚和塞尔维亚遵守了《代顿协议》规定的各项政策，双方都以非常任成员国的身份参加了"实现和平委员会"，促成波黑各民族在保持统一国家层面上的基本妥协。但是，由于波黑民族分歧以及社会分裂，妥协还不巩固，在建立统一的对外政策上仍易陷入僵局。

波黑克族和克罗地亚继续保持极为密切的政治关系。由于自己不是邦联主体，波黑克族依靠克罗地亚的支持来加强克族自治权。国际社会担心克罗地亚与波黑克族的特殊平行关系会使波黑再次陷入不稳定的局面，[②] 1997年以来，高级代表开始遏制波黑克族政党与克罗地亚的政治关系，批评克族建立克族实体的企图，推动克族和穆族奉行穆克联邦统一的对外政策。2000年社民党上台执政时，克罗地亚对波黑的政策发生变化，逐渐重视与波黑中央政府的关系，同时加强了与穆克联邦的政治合作，而明显缩小了对波黑克族的接触范围。克罗地亚总统梅西奇在重新重视克罗地亚对波黑的《代顿协议》义务上发挥了重要作用。他坚决支持波黑完整性及不可分割性的原则，谴责三方企图修改《代顿协议》的做法，批评波黑克族与一些克罗地亚政党非正常的政治关系。2004年克罗地亚民主联盟再次上台时，克罗地亚对波黑克族极为民族主义的看法也不复存在。克罗地亚在与波黑关系中依旧重视波黑中央政府，强调全面履行《代顿协议》的承诺。克罗地亚对波黑的政策逐渐变得与欧盟对波黑的政策相一致。[③] 在这个过程中，波黑克族对克罗地亚的特殊

---

① 波黑战争时期，由于波黑克族共和国（HRHB）与克罗地亚全面的政治、社会和经济一体化，克族过于依靠克罗地亚的支持。另一方面，由于塞族共和国与塞尔维亚的领导层之间的摩擦，塞族共和国保持了独立的领导。

② 关于图季曼与欧盟关系中波黑克族问题，参见：Nobilo, 2000。

③ OESCE yearly report for Bosnia and Herzegovina, 2008, OESCE.

平行关系逐渐变为波黑共和国对克罗地亚的双边关系。由于克罗地亚对波黑克族政策的变化，波黑克族的对克罗地亚政策也进行了调整，开始重视发展双方的经济和民间关系，在《代顿协议》的框架下与克罗地亚镇区进行区域性合作。克族对克罗地亚的政策变为穆克联邦对克罗地亚的政策。

波黑对塞尔维亚政策的特征是三边关系，即塞族共和国与塞尔维亚的关系、波黑中央政府与塞尔维亚的关系。《代顿协议》签署后初期，由于自己的特殊政治地位，塞族共和国与塞尔维亚的关系是独立发展的。1997年，塞族共和国和塞尔维亚签署了《特殊平行关系协议》，搭建了双方经济、社会、文化、政治交流及合作的平台。同时，波黑中央政府与塞尔维亚关系长时间停滞，波黑中央政府无法干预塞族共和国与塞尔维亚的特殊关系。2001年，塞族共和国与塞尔维亚签署了附加协议，加强了教育、文化、经济、政治的合作。2006年，塞族共和国和塞尔维亚签署了《特殊关系协议》。塞族共和国依靠塞尔维亚的支持，采取了"距独立仅差一步"的立场，并借助于塞尔维亚来接触俄罗斯以加强独立的对外政策。塞族共和国与俄罗斯关系是战争时期建立的，并通过俄罗斯与塞尔维亚的友好关系而不断发展。随着2013年乌克兰危机以及俄罗斯对巴尔干国家的影响（主要通过媒体和经济合作），俄罗斯对塞族共和国的影响变得越来越明显，并加强了与它的经济和政治关系。对此，波黑穆族和克族严重不满。[①] 此外，塞族共和国强烈支持塞尔维亚关于科索沃问题的立场，这导致波黑没有承认科索沃独立。塞族共和国总理米罗拉德·多迪克宣称，如果科索沃得到国际承认，塞族共和国将举行独立公投。因此，波黑中央政府批评塞族共和国与塞尔维亚的关系，提出它不仅影响了波黑统一的对外政策，而且对波黑中央政府与塞尔维亚关系产生了不良影响。

三、穆族对外政策的独立倾向

波黑穆族的独立对外政策也影响了波黑统一的对外政策，其中，穆族对阿拉伯国家和土耳其的政策引起了塞族和克族的关注。首先，阿拉伯国家与

[①] Cf. "Zaostravanje odnosa izmedju Hrvatske I Srbije," B-92, 2015-11-7（《克塞关系紧张》，B-92网站，2015年11月7日）.

第六章　波黑的国家建构与社会发展

波黑穆族的非正式关系非常紧密。波黑战争时，它们向波黑穆族提供各种经济和军事援助，还在战后参与其银行业和建筑业的投资。然而，它们对波黑穆族的关系也包括支持伊斯兰极端主义的行动，如支持瓦哈比（Vahabbi）运动。① 克族和塞族政党强烈批评穆族政党与来自阿拉伯国家的一些极端团体发展关系，指控穆族政党利用阿拉伯国家的经济援助在波黑进行伊斯兰化。其次，波黑穆族与土耳其的关系。同欧盟一样，土耳其支持波黑中央政府加强权威，同时试图采取平衡的方式来与每个民族发展经济关系。但是，正如巴吉尔·哈吉奥梅洛维奇（Bakir Hadziomerovic）指出的，"土耳其拥有的强大的萨拉热窝，不是欧洲拥有的强大的萨拉热窝"，② 意思是土耳其支持的是多数穆族的中央政府。土耳其在与波黑穆斯林之间的关系上体现了世俗与原教旨主义的冲突。埃尔多安上台执政时，随着土耳其与巴尔干地区国家经济关系的发展，波黑的克族和塞族特别担心土耳其对波黑穆族的原教旨主义的影响。克族和塞族政党批评穆族与土耳其发展关系是别有用心，即加强波黑伊斯兰极端主义，抗衡塞族共和国与塞尔维亚特殊关系，以及影响波黑融入欧洲一体化进程。

综上所述，波黑的国家建构和社会转型都尚未结束，其政治、经济和外交都存在着过渡性问题。二十多年间，经过武装冲突和国际干预，波黑恢复了和平并开启了建国的进程。虽然在建立国家机构和加强民主多元机构等方面取得了进展，但由于三个民族间的分歧，波黑仍然无法走出经济困难和更积极地融入欧洲一体化。不仅如此，由于建国进程较慢、民族政治继续突出和经济长期停滞，公众的不满越来越明显。2013年，因新生儿登记和身份证的问题，波黑公众在网络上开始批评波黑政府的官僚主义作风，组织示威要求减少行政官员，提高公务员的工作效率和责任心。穆克联邦和塞族共和国的公众展开关于波黑社会转型的讨论，指出"代顿秩序"已经不适合社会发展而需要进行根本性的改革。2014年2月，由于失业造成的困难，图兹拉

---

① Cf. "Vehanijski pokret," *Oslobodjenje*, 2012-04-12（"在北部波斯尼亚的瓦哈比运动"，《解放报》2012年4月12日）。
② Cf. "A. Hadziomerovic," *Dnevni Avaz*, 2010-02-13（"哈吉奥梅洛维奇——采访"，《每日之声报》2010年2月13日）。

(Tuzla）几百人组织了示威，攻击了市政府和州政府。示威还波及五个穆克联邦的其他城市和两个塞族共和国的城市。所有这些都表明，波黑的国家建构和社会发展都还有很长的路要走。

第七章　北马其顿的国家建构与社会发展

在前南地区，北马其顿是一个内陆小国，人口总数同斯洛文尼亚差不多，2015年为207.8万，[①]但领土面积比斯洛文尼亚要大，为25713平方千米。北马其顿位于巴尔干半岛的南部，东邻保加利亚，西邻阿尔巴尼亚，南接希腊，北靠塞尔维亚。与前南地区其他新建国家相比，北马其顿的制约因素更多，与周边四国在民族、宗教、历史与现实等方面都有程度不同的纠葛关系。这不仅影响了北马其顿的新国家建构过程，而且制约了它的政治、经济发展和融入欧洲一体化的进程。正因如此，国际社会尤其是欧盟一直在干预北马其顿的国家建构和社会发展，以防止其国内民族冲突和地区矛盾再起。

第一节　国名争端

北马其顿建国过程非常曲折，其突出表现之一就在国名上与希腊的争端，这种争端有很强的历史性、民族性和政治性。在巴尔干半岛，古代有过马其顿帝国，近现代有马其顿地区，南联邦解体后又出现了独立的马其顿国家和希腊北部的马其顿省。

"马其顿"有着非常复杂的历史演变。如果不加其他限定词，马其顿有下列四种解释。第一，地区名，即欧洲巴尔干半岛的中南部地区。这个地区西临阿尔巴尼亚山地，东接罗多彼山地，北靠歇亚山脉，东南濒临爱琴海，面积约6.71万平方千米。马其顿地区处于巴尔干的中心地带，是南下地中海的门户。古马其顿帝国就在这个地区兴起。帝国解体后它先后隶属于古罗马帝国和奥斯曼帝国，1913年后则分属于南斯拉夫、希腊和保加利亚三国。第二，古国名。最早的马其顿是巴尔干半岛上的奴隶制国家，后来称亚历山大帝国。

[①] Republic of Macedonia, State Statistical Office, 2016 Estimate.

它建立于公元前6世纪，公元前4世纪50年代后达到鼎盛时期。国王腓力二世于公元前338年击败希腊联军，控制了全希腊，建立了统一的马其顿帝国。公元前334年，亚历山大率军东征，进入小亚细亚、叙利亚、巴比伦和埃及，征服了波斯帝国。此后，他又继续东侵伊朗和中亚，直达印度河沿岸，但遭到中亚和印度各部落的抵抗，只好撤军西归。这时的马其顿帝国版图横跨欧、亚、非三大洲。公元前323年亚历山大死后，马其顿帝国瓦解，公元前2世纪中叶并入罗马帝国版图。第三，南联邦的一个共和国。第二次世界大战后建立的南联邦由6个共和国组成，马其顿就是其中之一。南联邦解体后，马其顿共和国独立，并最终定名为北马其顿共和国，简称北马其顿。第四，希腊北部的一个省名。本节单独提到的"马其顿"，主要是第三种解释，即南联邦的一个共和国，出于行文方便，也指正式定名为北马其顿之前的独立国家。

　　1913年以后，希腊认为马其顿之名属于希腊的马其顿地区（拉丁字母希文：Makedonia），是希腊的"历史遗产"，而马其顿使用这个名字则表明它对希腊马其顿地区领土的野心。[①] 不仅如此，希腊还在希腊马其顿地区采取了希腊化的政策，所有斯拉夫地名都被希腊化，在教育领域严禁使用斯拉夫语言。二战期间，希腊马其顿地区被德国占领。希腊共产党领导的游击队开始了全民解放运动，与南斯拉夫反法西斯解放委员会和马其顿反法西斯解放委员会建立了合作。[②] 不过，希腊共产党强烈反对共产国际支持下的马其顿解放委员会提出的建立多民族的马其顿共和国的设想。由于希腊共产党与南斯拉夫共产党关系密切，希腊公众怀疑南共利用希共来实现对马其顿的领土野心。二战之后，希腊与南斯拉夫关系中出现了关于马其顿问题的一些摩擦。1946年，希腊政府以非法使用马其顿国名为由，抗议南斯拉夫马其顿共和国的建立。1948年，苏南冲突发生之后，通过与丘吉尔的谈判，铁托放弃了南斯拉夫马其顿族对任何境外领土的企图。不久，南共与希共断交，中断了对希腊游击队的经济和军事援助，同时马其顿共产党也开始清洗民族主义者。从50年代起，爱琴海马其顿的归属问题在希南双边关系中已不复存在。60年代，南希

[①] 关于"历史遗产"之概念的问题，参见：Ramet, 2008, p. 58。
[②] 关于铁托及伏克曼诺维奇-泰波（Vukmanovic-Tempo）与希腊共产党的关系，参见：B. Petranovic, eds., *Avnoj i revolucija*, Beograd: Prosveta, 1983（［南］布·佩特兰诺维奇主编：《南解放委员会与革命》，贝尔格莱德：文明出版社，1983年，克塞文版）。

第七章　北马其顿的国家建构与社会发展

两国关于马其顿问题进行了外交部长级会谈并签署了协议书。南斯拉夫不干涉希腊内政和遏制马其顿共和国的反希腊宣传。[①] 1974年后，希腊军政府下台，希腊开始走向民主化。由于希腊与塞浦路斯合并运动以及希土关系紧张，希腊民族主义并未消失。[②] 1982年希腊加入欧共体进一步加剧了希腊民族认同的情绪，影响了希腊右翼政党重新寻求希腊历史认同的定位。于是，希腊逐渐开始重视认同和珍惜希腊的历史遗产。

正因如此，马其顿一独立，国家的名称问题就困扰着它。

1991年9月，马其顿宣布独立，名称为"马其顿共和国"。希腊马上就做出了强烈反应，不承认马其顿民族，更不承认"马其顿共和国"。希腊坚称自己是马其顿历史和领土的唯一拥有者，坚决反对邻国使用任何带有"马其顿"字样的名字，因为这个名字许多世纪以来是希腊文化传统的一部分。希腊还强烈抗议马其顿的国旗上印有16道光芒的维吉纳太阳（Vergina Sun）图案，声称这个图案源于古希腊时期的马其顿。在全力阻止国际社会承认马其顿的同时，希腊向马其顿提出了承认的三个前提条件。第一，放弃对希腊境内马其顿地区的领土要求。第二，停止对希腊的敌对宣传。第三，从国名中消除"马其顿"这个词。面对希腊的强烈反对，1992年1月，马其顿议会对宪法做了修改，明确规定马其顿对邻国没有领土要求，不会干涉其他国家的主权和内政，将国旗改成只有8道光芒的太阳旗。但是，希腊对此并不满意，要求马其顿必须更改国名。受希腊的影响，当时只有白俄罗斯、保加利亚、克罗地亚、立陶宛、斯洛文尼亚和土耳其等少数几个国家承认马其顿。

1992年7月，马其顿提出了加入联合国的申请，但遭到希腊的强烈反对。由于希腊采取不妥协的态度，马其顿申请加入联合国没能成功。1993年，法国向联合国提议，马其顿可用"前南斯拉夫马其顿共和国"（the former Yugoslav Republic of Macedonia）的名称。但是，这个提议遭到了双方的拒绝：希腊拒绝任何包含"马其顿"的名称，而马其顿拒绝任何与前南斯拉夫的关联。后经一些欧洲国家的调解后，希腊和马其顿双方都做出了妥协。1993年4

[①] 详见：Petrovic, Kazantsakis ed): *Makedonsko pitanje u jugoslavensko grckim odnosima*, Arhiv Jugoslavije, Beograd, 2008（［南］佩特罗维奇、［希］卡赞萨吉斯主编：《南希关系中的马其顿问题》，贝尔格莱德，南斯拉夫档案馆，2008年，塞文版）。

[②] Cf. Graham T. Allison, Kalypso Nikolaidis, *The Greek Paradox: promise vs Performance*, MIT Press, 1997.

月，联合国安理会通过了第817号决议，同意马其顿以"前南斯拉夫马其顿共和国"的名义加入联合国。① 第二天，联合国大会也通过赞成的决议。这样，马其顿就成了联合国的第181个成员国。不过，需要指出的是，第817号决议规定，在马其顿国名问题解决之前，联合国的所有场合需暂称"前南斯拉夫马其顿共和国"。这个名称只是一个联合国使用的临时称谓，而非正式国名。联合国也无权为成员国确定国名，但为了调解马其顿和希腊的争端，联合国秘书长任命了美国人尼米兹为特使推动希腊和马其顿就相关问题进行谈判。

国名之争也引发了马其顿和希腊两国的民族主义风潮。由于民众和在野党的强烈批评，希腊总理米佐塔基斯（Mitsotakis）辞职，泛希腊社会主义运动（PASOK）上台执政。新总理帕潘德里欧（Papandreou）声称，要采取一切经济、政治措施来反对"斯科普里共和国"（Republic of Skopje），宣布退出由联合国推动的双方谈判。② 在马其顿，在野党组织了反对联合国方案的大规模示威，强烈反对马其顿名称的改变。示威者喊出"大马其顿"（Great Macedonia）的口号。与此同时，马其顿内部革命组织——马其顿民族统一民主党（VMRO-DPMNE）利用了公众的反对希腊情绪，提出了"历史民族主义"的纲领。③ 这一纲领主要指出马其顿族与古代马其顿人的历史连续性，主张以古代马其顿认同为基础的马其顿民族主义，反对希腊政府提出的马其顿是希腊的历史遗产的主张。根据有些马其顿右翼政党的意见，马其顿的"历史民族主义"并不是基于民族认同，而是基于马其顿历史认同。马其顿与希腊间关系恶化之后，"历史民族主义"在马其顿政治舞台上的影响越来越大，加剧了马其顿与希腊间关系的紧张。

1993年5月，联合国协调员塞鲁斯·万斯（Cyrus R. Vance）和大卫·欧文（David Owen）提出一个替代临时称谓的长期方案，即马其顿使用"新马其顿"或"上马其顿"的名称。对此，希腊表示反对，坚称它只能接受"斯

---

① 根据联合国第817号决议，前南联邦马其顿共和国是一个仅作为临时说明性的名称。它进一步解释这一名称应当是"前南联邦共和国的马其顿"（the former Yugoslav）而不能是"前南联邦马其顿共和国"（the Former Yugoslav）（英文区分大小写）。详情请参阅：No. 817, Resolution (1993)。

② 除国名纠纷之外，希腊也反对"马其顿语"（Macedonian）一词用于描述属于南斯拉夫分支语言，反对马其顿使用"真正"马其顿文化认同相关联的标志，例如1992—1995年期间马其顿的国旗和国徽。

③ 关于民族统一民主党的历史渊源，参见：*Istorija na makedonskiot narod*, Institut za nova makedonskata istorija, Skopje 2008（《马其顿族史》，斯科普里，马其顿现代史学院，2008年，马其顿文版）。

第七章 北马其顿的国家建构与社会发展

拉夫马其顿",而马其顿境内外的所有阿尔巴尼亚人也反对"斯拉夫马其顿"的称谓。同年7月,联合国秘书长加利表示,将单独接管马其顿和希腊在国名问题上的谈判。不过,由于双方分歧严重,加利的调停无果而终,不得不派新的调解人。就在马其顿和希腊两国就前者国名争端进行谈判的过程中,许多国家承认了马其顿的宪法国名"马其顿共和国"。其中,俄罗斯于1993年8月、中国于1993年10月先后宣布承认马其顿并与其建立了外交关系,同年承认马其顿的还有日本、美国。到这时,联合国超过半数的成员国在与马其顿双边交往中使用"马其顿共和国"的称谓。但是,在希腊的影响下,欧共体、法国、德国、比利时、荷兰、意大利、西班牙、塞浦路斯、爱尔兰、捷克、印度、南非、澳大利亚、梵蒂冈等在双边或多边场合仍用"前南斯拉夫马其顿共和国"或用斯科普里来指代马其顿。马其顿和希腊之间的矛盾不断升级。1994年2月,希腊宣布对马其顿实行有限的经济制裁,禁止其使用希腊的萨洛尼卡港口,对除食品、药品以外的物资实行贸易禁运,关闭希腊驻斯科普里的总领事馆。

在这种情况下,国际社会积极在希马关系中进行斡旋。1995年9月,经联合国、欧盟、美国等多方努力,马其顿和希腊两国外长签署了互相承认的谅解与合作备忘录,即被称为"小方案"的《临时协议》,从而使马其顿和希腊之间持续了4年之久的僵化关系缓和下来。根据协议,两国互相承认对方为独立主权国家。马其顿同意在宪法中改变国旗、国徽和取消包含对希腊领土要求的条款。希腊同意不反对马其顿参与任何国际组织并取消对马其顿的经济禁运,同意马其顿以"前南斯拉夫马其顿共和国"的称谓加入各类国际组织和同欧洲国家建立外交关系。① 同年,马其顿加入了欧洲理事会和欧洲安全与合作组织。

但是,马其顿与希腊的争议并没有最终解决,而是陷入了长期的僵局。双方对"马其顿"这一称谓的立场使谈判变得异常艰难;马其顿不愿意放弃"马其顿",而希腊坚持"马其顿"一词不能用于其国家名称。后来,在尼米

---

① 1993—1995年间经济禁运对马其顿的外交政策造成了很大的影响,导致马其顿外交开始重视"多样的经济关系",即与俄罗斯和土耳其的关系。这种对外政策的变化也影响了1997年马其顿与中国关系的恶化。由于台湾当局对马其顿经济投资的前景,1998年马其顿政府突然承认台湾当局,直接导致中国与其断交。经过马其顿对外政策的调整,2000年中国与马其顿关系才正常化。参阅中国与马其顿的相关联合声明。

兹的努力和其他方面的压力下，希腊的立场有所松动，表示可以接受限定地理范围的含有马其顿的复合国名。2001年，两国就马其顿国名问题再次进行谈判。希腊以提供经济援助、公民免签证入境和支持加入欧盟为条件，要求马其顿改名为"北马其顿"。但是，马其顿方面坚决不同意。结果，希腊在2004年的北约布加勒斯特峰会上否决了北约吸收马其顿加入的决议，同时宣称如果马其顿国名问题得不到解决，希腊还将阻止马其顿加入欧盟。为此，马其顿将希腊告上了国际法庭。2007年11月，双方再次回到了谈判桌旁，但仍未有任何突破性进展。2008年马其顿没有加入北约，2009年没有开始加入欧盟的谈判，参见表7-1。

表7-1 马其顿与欧盟关系时间表

事件	日期
马其顿与欧共体外交接触的开始	1992年10月
马其顿（前南斯拉夫马其顿共和国）与欧盟（欧共体）建交	1995年12月22日
《稳定与联系协议》谈判的开始	2000年4月15日
马其顿正式申请加入欧盟	2004年3月22日
欧盟委员会批准马其顿的候选国地位	2005年12月17日
解决马希间国名争议成为谈判入盟的前提条件	2008年6月23日
由于希腊的否决，欧盟委员会推迟了马其顿入盟谈判的开始时间	2009年12月8日

数据来源：Eurostat，2016。

2009年2月，马其顿和希腊在尼米兹的主持下开始新一轮的谈判。在此过程中，尼米兹提出了新的解决方案，即马其顿不更改国名，对内仍使用"马其顿共和国"，但是在多边场合使用"北马其顿共和国"，在联合国则可以使用"北马其顿"；在同其他国家的双边交往中使用"北马其顿共和国"。马其顿公民的护照上用英文、法文写"北马其顿共和国"，用马其顿文写"马其顿共和国"。但是，无论是马其顿还是希腊都不同意尼米兹的方案。马其顿认为，最符合它利益的是"双重表述"，也就是马其顿和希腊之间的双边交往使用一个双方约定的名称，而马其顿与其他国家的双边交往和在国际场合均使用"马其顿共和国"。如果这个方案还不可行的话，马其顿还可以采取一个"中间方案"，即用一个新名称取代在国际场合使用的"前南斯拉夫马其顿共和国"的临时称谓，而在其他场合使用"马其顿共和国"。但是，希腊依旧坚决反对这些方案，担心"马其顿"一词在马其顿名正言顺后会给希腊带来无穷的后患，坚持在国际场合和双边场合中不能使用"马其顿"这个名词。2011年，国际法庭做出了有利于马其顿的判决，认定希腊违反了双方于1995年签订的协议并单方面阻挠了马其顿加入国际组织。2011年，马其顿民族统一民主党选举胜利后，对国名问题的立场没什么改变，并采取了一种"继续等待"（wait and wait）①的策略。

独立已经超过四分之一个世纪了，马其顿一直受困于国名问题，这种状况大大地阻碍了马其顿回归欧洲的进程，也制约着马其顿的政治和经济发展。

2018年初，希腊、马其顿两国政府在讨价还价后"各退一步"：希腊方面放弃一直坚持的、要马其顿改国名为"上马其顿共和国"的主张；马其顿方面则同意改名为"北马其顿共和国"。2018年6月，两国签署普雷斯帕湖协议，推动马其顿更名公投，以马其顿更名为"北马其顿共和国"作为希腊同意其加入欧盟和北约的条件。9月30日公投结果揭晓，尽管91%的有效票数支持马其顿更改国名，但投票率却只有可怜的37%，远低于公投最低有效标准（50%），迫使马其顿政府谋求议会修宪更改国名。

2019年1月11日，马其顿议会以81票赞成、29票弃权通过更名修宪案，将国名由"马其顿共和国"（Republic of Macedonia）改为"北马其顿共和国"（Republic of North Macedonia）。在120个议席的马其顿议会，修宪案通过的最低票数是80票，更名修宪案的赞成票仅比这个"门槛"多出一票而已。同月25日，希腊议会批准该协议。自此，马其顿独立以来与希腊长达二十多年的国名争端暂时画上了句号。

第二节 国家建构中的内外矛盾

在新国家的建构过程中，北马其顿的民族矛盾、宗教问题和语言问题特别突出，它们反映的不仅是内部矛盾，而且也涉及周边国家。

---

① Cf. Dnevnik, 2014.

前南地区社会转型与社会发展研究

一、民族问题

在民族问题上,北马其顿面临的最严重问题是阿尔巴尼亚族的分离倾向。北马其顿是一个多民族国家,信仰东正教的马其顿族占64.18%,信仰伊斯兰教的阿尔巴尼亚族占25.17%、土耳其族占3.85%,信仰东正教的塞尔维亚族占1.78%,此外还有其他一些少数民族。北马其顿阿族分离问题以及科索沃问题对北马其顿阿族的影响是20世纪90年代马其顿最大的安全问题。

北马其顿阿族的分离倾向主要受科索沃阿族的影响。首先,1991年马其顿宣布独立后,北马其顿阿族的政治组织主要是由科索沃阿族建立的。在1990年之前,北马其顿阿族与北马其顿政府没有什么大的冲突。1970—1990年,北马其顿阿族人口加速增长。[1] 由于担心阿族人口继续增长,1991年11月,北马其顿政府颁布新宪法,规定北马其顿是马其顿人的国家,开始实行不利于阿族的种族政策。[2] 北马其顿阿族与科索沃阿族组建了南联邦阿族政党委员会,开始提出南联邦阿族自治。在北马其顿宣布独立几个月后,北马其顿阿族组织了公投,要求建立北马其顿阿族自治区。虽然公投的投票率很高,但是由于科索沃阿族与南联邦在阿族问题上达成妥协,北马其顿阿族取消了公投。北马其顿阿族政党也因此被视为科索沃阿族自治运动的代理机构。其次,北马其顿阿族和科索沃阿族的宗族关系(clan relations)十分密切。除了民族、宗教、文化等方面的认同之外,科索沃阿族与北马其顿阿族的宗族关系极为亲近。这种关系促进了科索沃阿族和北马其顿阿族联合组织阿族民兵和武装力量反抗北马其顿政府。最后,科索沃阿族分离主义运动的影响。20世纪90年代在科索沃分离主义运动逐渐酝酿的同时,北马其顿阿族不仅寻求自治权,而且要求脱离北马其顿并建立独立国家。这种主张虽然不占北马其顿阿族的主流,但对北马其顿阿族武装有决定性的影响。

1994年,北马其顿阿族最大的政党民主繁荣党(APDP)出现了分裂,其

---

[1] 从1970年到1990年,北马其顿阿族的人口比例从5%增加到20%。关于阿族人口比例的变化及其对北马其顿民族冲突的影响,详见:Ulf Brunnbauer, "Fertility, families and ethnic conflict: Macedonians and Albanians in the Republic of Macedonia, 1944-2002," Nationalities Papers, 2004。

[2] Устав на Република Македонија, http://www.sobranie.mk/ustav-na-rm.nspx(《马其顿宪法》,1991年11月17日,访问时间:2016年10月31日)。

第七章 北马其顿的国家建构与社会发展

中的激进派分离出来,成立了人民民主党。1995年,在科索沃阿族的支持下,人民民主党在特托沃(Tetovo)组织了反对政府的示威,要求阿族获得更大的政治自治权。一周后,示威成为骚乱,在北马其顿警察的干预下才平息下来。1997年夏天,特托沃再次爆发北马其顿警方与阿族示威者间的冲突。由于北马其顿政府禁止阿族用阿尔巴尼亚国旗,阿族组织了大规模的示威。几周后,阿族激进主义者开始组织武装来对抗北马其顿特种警察部队,这标志着北马其顿阿族分裂行动的开始。从此,通过阿尔巴尼亚人武装"科索沃解放军"的支持,北马其顿阿族的分离运动开始快速发展。随着1999年科索沃危机爆发,很多北马其顿阿族加入了科索沃战争。"科索沃解放军"在北马其顿境内建立了一些藏匿处,许多北马其顿阿族向科索沃阿族提供后勤支援和武器供应。不仅如此,由于10万多科索沃阿族人逃亡到北马其顿,科索沃阿族激进组织也偷偷潜入北马其顿。他们开始向北马其顿警方进行武装挑衅,在几个月内,武装对抗扩大到北马其顿北部和西部。激进组织袭击并控制了边境的几处检查点和北马其顿西部的一些村庄。开始时,北马其顿政府只部署了警力对零星的暴乱事件进行镇压,到了2001年4月底,开始动用特种警察部队和军队。到5月,冲突加剧,北马其顿整个西部地区被冲突所笼罩。由于在科索沃和北马其顿的北约军事力量的干预,武装冲突很快结束了。8月,北马其顿政府和阿族联合党派进行了和平谈判并签署了《奥赫里德和平框架协议》。协议规定了阿族必须遵守北马其顿的国家主权和领土完整,同时中央政府赋予阿族在公共服务、地方经济和社会福利方面的自治权。[①] 尽管如此,在签署了《奥赫里德和平框架协议》以后,北马其顿阿族仍有一些激进分裂主义和政治极端主义的倾向,这加剧了北马其顿阿族与北马其顿政府之间的紧张关系。

在此之后,《奥赫里德和平框架协议》一直在起作用,但也存在着导致北马其顿族和阿族关系走向逆转的危险因素。

首先,美国对前南地区安全政策的变化。《奥赫里德和平框架协议》主要由美国支持,美国向北马其顿政府提供了经济和政治援助(主要是通过东南欧发展项目和美国国际开发署),目的是推动北马其顿的社会转型,即建立民

---

① 关于《奥赫里德和平框架协议》及其对北马其顿的影响,参见:Ripilovski, 2010。

主机构（重点是阿族人的平等参与），帮助国家机构的分权，促进教育政策的改善（尤其是对阿族的教育）以及加快市场化改革。根据北约的报告，北马其顿在保持地区稳定方面发挥了重要作用，[①]因此美国积极支持北马其顿加入北约。然而，欧盟逐渐替代美国成为维持前南地区安全稳定的主要力量之后，美国向北马其顿提供的军事和经济援助大量减少了。因此，北马其顿舆论担心，在继续保持两个民族关系稳定，特别是打击有组织犯罪和反对恐怖分子的活动方面，欧盟能否充分替代美国的军事力量。

其次，科索沃阿族对北马其顿阿族的影响。由于北马其顿阿族与科索沃阿族的民间关系极为密切，科索沃对北马其顿的影响仍然很大。北马其顿政府认为，威胁北马其顿安全的因素大多来自科索沃。此外，根据一些人的意见，科索沃的政治精英仍控制北马其顿阿族的非法组织和黑帮，这对双边关系产生了消极的影响。

最后，科索沃问题的溢出效应。由于科索沃政治局势不稳定，来自科索沃的恐怖分子和伊斯兰极端主义容易影响北马其顿阿族。2015年2月，库马诺沃出现的袭击事件就是由科索沃犯罪分子发起的。科索沃的恐怖分子进入了北马其顿，几日后在库马诺沃攻击了住宅区。经过几天的冲突，北马其顿特殊警察部队才镇压了恐怖分子。

二、宗教问题

在宗教问题上，北马其顿东正教会与塞尔维亚东正教会存在着纠纷。马其顿（原南联邦马其顿共和国）宣布独立后，南联盟不予以承认。由于米洛舍维奇的塞尔维亚化政策，北马其顿担心塞尔维亚仍然没有放弃把北马其顿当作自己"历史遗产"进而觊觎北马其顿领土的图谋，因为一战前北马其顿曾属于塞尔维亚王国。1996年，南联盟和北马其顿建交后，这些问题得到解决。从此，两国之间的社会和经济关系有所进展。不过，北马其顿东正教会和塞尔维亚东正教会之间长期存在纠纷。1967年原南联邦马其顿共和国东正教会宣布自治，但是由于塞尔维亚东正教会的反对及其在东正教会的影响，

[①] Cf. NATO report on SEE countries, Wesley, eds., *State building in Macedonia and Bosnian and Herzegovina*, OESCE, 2009.

原南联邦马其顿共和国东正教会没有得到其他东正教会的承认。北马其顿独立后,塞尔维亚东正教会坚持保护它在北马其顿的利益,北马其顿政府则支持本国的东正教会,认为由于国家独立,教会也应当得到自主权。2009年,塞尔维亚总统鲍里斯·塔迪奇访问北马其顿时,塞尔维亚和北马其顿表示两国在教会问题上采取世俗和不干预的立场。

三、语言问题

在语言问题上,保加利亚不承认马其顿语。1992年,保加利亚承认了北马其顿。保加利亚成为北马其顿最重要的贸易伙伴之一,两国之间开展了广泛的经济和军事合作,并在1999年共同签署了联合声明,确定了两国积极睦邻友好关系的条款。此后,保加利亚全力支持北马其顿申请加入欧盟及其融入欧洲一体化进程。然而,马其顿语认同问题仍然影响着两国关系。保加利亚认为,马其顿族是保加利亚族的一部分,其语言是保加利亚语的方言。这一问题源于20世纪初马其顿族曾被认定为是保加利亚族的一部分。二战后,格·季米特洛夫(G. Dimitrov)和铁托签署了《布莱德协议》(Bled Agreement),保加利亚承认了马其顿的民族地位。但是,由于南斯拉夫与苏联关系破裂,保加利亚改变了关于马其顿族的民族地位的立场。1953年,保加利亚政府声明称马其顿族是保加利亚族的一部分,并在1991年后继续坚持此立场。不过,这个纠纷对北马其顿与保加利亚政治关系没有大的影响,一直处于边缘化。

第三节　社会转型与政治发展

19世纪后期之前,马其顿是一个基于古马其顿国的历史地区。后来,由于斯拉夫马其顿族认同的形成,马其顿的地缘政治意义开始从历史地区向民族国家转型。但是,这种转型没有完成,因为存在两种相互冲突的内涵。1946年南斯拉夫马其顿共产党成立了马其顿社会主义共和国,意图既建立马其顿族的国家又建立马其顿地区的国家。1993年北马其顿的"历史民族主义"出现后,有些北马其顿学者提出了与古马其顿国的历史连续性,但由于与希腊史学严重冲突,马其顿的国家史也成了一个不明确的概念。

北马其顿在20世纪90年代建立民族国家的过程中，虽然没有像波黑那样出现大规模民族冲突和爆发惨烈的战争，但2001年签署的《奥赫里德和平框架协议》规定的建立多民族共同国家的任务也至今尚未完成。

北马其顿虽然是巴尔干半岛中心一个典型的多元文化和多民族国家，但社会并未因此而明显分化。南联邦时期，马其顿共和国没有出现大规模的民族冲突，因为马其顿共和国大致遵守了南联邦确定的民族代表比例制方针。在马其顿共盟和马其顿共和国政府中，马其顿族、阿族和土耳其族的比例是平衡的，少数民族在参与教育、就业和福利服务方面具有平等的机会。到20世纪70年代，马其顿族占了共和国人口的80%以上，是占绝对多数的民族。70年代以后，由于阿族人口快速增长，马其顿族的比例开始下降。到1991年，阿族约占了马其顿共和国人口的20%。然而，阿族人口的增长并未产生很强的自治主张。90年代初期，在马其顿族建立独立民族国家的进程变得更为明显时，阿族才开始主张自治。更为重要的是，马其顿族建立独立民族国家的愿望也不强。1990年马其顿共和国引入议会制度时，两个政党成了马其顿政治舞台中的主角。一个是马其顿民族统一民主党，主张马其顿族民族主义和致力于建立民族国家的进程。另一个是马其顿共盟—民主改革党（后来改为社会民主联盟），主张民主化和渐进的经济改革。同年11月，在第一次议会的第二轮选举中，民族统一民主党获得选票最多，但无法单独组阁。由于民族主义的阿族民主繁荣党（PDP）获得了大多数阿族的投票，居第三位，民族统一民主党不得不与共盟—民主改革党组成了联合政府。

1991年，民族统一民主党成功地推行了马其顿独立的政策。同年9月独立公投之后，马其顿共和国宣布独立。11月颁布新宪法时，民族统一民主党力争在宪法序言中明确把北马其顿称为"马其顿民族的国家"。[①] 大多数学者认为，这次公投的成功并不是因为民族统一民主党的政策，而且由于南联邦解体等外部因素的影响。由于阿族政党逐渐获得相当多公众的支持，民族统一民主党同社会民主联盟需要共同阻止其民族主义政策和建立民族国家的主张。1994年议会选举的第一轮，以社民党为首的"为了马其顿"竞选联盟获

---

① 参见：Устав на Република Македонија, pp. 10-13。

得了29.5%选票，民族统一民主党位列第二，得票率14.3%。[①] 然而，民族统一民主党指控社会民主联盟在第一轮选举中存在舞弊行为，组织抗议示威要求重新举行新的总统和议会选举。宪法法院拒绝了民族统一民主党的投诉，民族统一民主党继而宣布不参加第二轮选举。结果，社会民主联盟、自由党和社会党联盟组阁并执政。自此，民族统一民主党成为最大的在野党。

联合政府执政时，北马其顿面临着两大问题。第一，经济困难。由于前南市场不复存在，希腊又对北马其顿实行了禁运，再加上国际社会对南联盟的经济禁运，1994年北马其顿国内生产总值下降了5%，失业率增长了30%。第二，阿族政党开始主张自治，组织了示威和反对中央政府的抗议，从而加剧了马其顿族与阿族的紧张关系。社会民主联盟为首的联合政府试图保持宏观经济的稳定，遏制通货膨胀和改革过于依靠农业的经济，但是北马其顿未能走出衰退。此外，北马其顿政府对阿族采取严厉的压制措施，再次强化了阿族自治的愿望，甚至出现分离主义倾向。由于这些原因，1998年议会选举中社会民主联盟失利，民族统一民主党再次获得最多选票。不过，在组阁谈判中，民族统一民主党做出让步，与阿族人民民主党达成共识。这样一来，北马其顿政府中出现了两种民族主义政党共存的局面，进一步加速了马其顿族与阿族的分化，实际上是认可了民族区域化。

虽然两个民族主义政党达成了关于两族共存的协议，但是，由于科索沃危机的爆发，北马其顿阿族逐渐开始强化分离主义主张。不仅如此，科索沃危机也带来了难民问题、平民武装和经济倒退，这些都加剧了民族的冲突。2001年，北马其顿政府与阿族政党签署的《奥赫里德和平框架协议》标志着北马其顿民族冲突的结束，北马其顿建立独立民族国家的进程变成为建立多民族和多元化的社会的进程。

《奥赫里德和平框架协议》明确了五条基本原则。[②]

第一，非暴力原则，规定了各民族不得使用暴力手段寻求政治自治。各民族基本遵守了这一原则。由于科索沃危机的平息，北马其顿的分离主义者并未获得足够支持。虽然冲突后存在一些争议问题，但是北马其顿政府赦免

---

① Државна изборна комисија, Извештај за спроведените избори за пратеници во Собранието на Република Македонија, 1994, 5 и 9 стр., Службен весник на РМ, бр. 60/1994, 3-13 стр.

② 详见：M. Ripilovski, *2000 Ohrid Agreement and Future Macedonia*, Melbourne: First Fort Press, 2011。

了阿族叛乱分子,所有参加阿族"民族解放军"的人没有被追究战争罪责。

第二,约定各民族都要放弃任何分离主义的企图,接受北马其顿作为统一的主权国家。放弃分离主义倾向这一原则主要是由马其顿族与阿族政党的执政联盟执行。在2002年议会选举中,阿族融合民主联盟(DUI)、阿族自由民主党与社会民主联盟结成联盟并组成政府。在执政时,两个阿族政党放弃了分离主义倾向并清除了极端的反对派。不仅如此,阿族执政党也消除了以前"阿族解放军"中的强硬派,阿族极端主义逐渐消亡。

第三,规定不实行会形成民族隔离的区域化政策。为了避免基于民族边界的区域化,《奥赫里德和平协议框架》推动马其顿族和阿族建立联合自治城市和实行"行政联邦制"(administrative federalism),即实行基于混合民族区域的联邦制。经过谈判,2004年北马其顿议会通过了《自治城市法》(Law on Municipalities),按照民族多数界定了新城市的边界。然而,一年之后,该法案引起了公众的批评。大多数马其顿族反对将斯特鲁加(Struga)、戈斯蒂瓦(Gostivar),甚至首都斯科普里(Skopje)变成马其顿族和阿族联合执政的自治城市。民族统一民主党强烈反对该法案,并组织右翼政党进行反政府示威。最终,因为《自治城市法》,社会民主联盟的支持下降,并在2006年选举中失利。

第四,规定了少数民族的权利,少数民族在地区层面获得了公平合理的代表权。新的行政划分也表示中央政府权力下放,因此,自治城市在社会和文化方面得到了更大权力。然而,多数阿族利用自治城市(地方政府)的行政分权和财政分权获得了经济管理权,但未能改善公共服务和提高民众生活水平,从而造成国内发展差距扩大。此外,腐败和政治裙带关系阻碍了多数阿族镇区的社会和经济的发展,导致了"一族统治陷阱"。[①]

第五,规定了国家的多民族体制,主张北马其顿是多民族的共同国家,恢复了阿族、吉普赛族和土耳其族等少数民族的权利。

但是,要真正实现政治平稳发展,北马其顿还有很远的路要走。第一,由于民族间经济发展的差距以及社会、文化等差异,北马其顿多民族社会尚未获得大多数公众的支持。第二,虽然北马其顿有四个主要民族,但是马其

[①] Cf. Howard, L-M, "Ethnocracy Trap," *Journal of Democracy*, Vol. 23, No. 4, October 2012, pp.155-169.

顿族和阿族占全国人口的90%以上。因此，在北马其顿的政治舞台上，二者发挥着主要作用，北马其顿加强多民族体制实际上就是加强双民族体制。与此相关，由于土耳其族和吉普赛族的人口只占全国人口的5%，马其顿族和阿族继续主张双民族主义共存，而忽视建立多民族社会的要求。①2006年议会选举后，虽然以民族统一民主党为首的跨民族联盟获得胜利并组阁执政，但是马其顿族政党与阿族政党都立足于在本民族聚居区发展，这表明两个最大民族的政党没有接受全国共治，实际搞的是两个地区分治。此外，在阿族的选民区新兴的阿族融合民主联盟与阿族民主党激烈地争夺选民，甚至导致了小型武装冲突。第三，由于土耳其族和吉普赛族受教育程度比较低，没有很强的政治诉求，其政党在很大程度上仍受马其顿族和阿族政党的影响。第四，马其顿族与阿族在北马其顿对外政策上的分歧比较大。二者在如何解决融入欧洲一体化和加入北约的障碍问题上有不同的看法。由于国名问题，希腊反对北马其顿加入北约和进行入盟谈判，马其顿族政党强烈反对做出让步，但是阿族政党主张采取妥协性的解决方案来突破北马其顿与希腊在国名问题上的僵局。此外，由于科索沃阿族和北马其顿阿族关系密切，阿族政党主张北马其顿改善与科索沃的关系，但马其顿族政党对此并不积极。

《奥赫里德和平框架协议》还规定了选举法的改革，将之前通过简单多数制选出一位议员的85个选区合并为6个民族混合选区，并改为通过比例代表制选出议员。结果，在框架协议后的第一届议会选举中，北马其顿的政党不得不建立广泛的选举联盟。2002年9月，以社会民主联盟为首的"为了马其顿在一起"联盟就包括了阿族自由民主党、塞族、吉普赛族、土耳其族的政党。在选举后谈判组阁的进程中，领衔组阁的社会民主联盟同阿族融合民主联盟进行谈判并建立了执政联盟。社会民主联盟的主席弗拉多·布茨科夫斯基（Vlado Buckovski）成为总理。

虽然《奥赫里德和平框架协议》在维持和平方面取得了成果，但是它也给北马其顿政坛带来了两个特殊的现象。第一，虽然促进了跨民族执政联盟的形成，但是联盟越广泛，政府就越不稳定。政府频繁更迭致使少数民族政

---

① Kevin Adamson, Dejan Jovic, "The Macedonian-Albanian political frontier: the rearticulation of post-Yugoslav political identities," *Nations and Nationalism*, 2004, 10 (3), pp. 293-311.

党如罗马尼亚族民主党、塞族民主党脱离执政联盟，加入在野党联盟阵营。第二，促进了北马其顿政坛形成了"两大民族、四个政党"的体制。在马其顿族选区中，民族统一民主党与社会民主联盟间展开激烈竞争；在阿族选区中，融合民主联盟与民主党之间激烈竞争并发生冲突。2002年，由社会民主联盟与融合民主联盟所形成的执政联盟不重视巩固跨民族联盟，而看重在民族选区中的支持。正因如此，在2006年的议会选举中，在马其顿族选区中，统一民主党与社会民主联盟间的分歧再次显露，导致了两党之间的口水战。在阿族选区中，民族民主党与融合民主联盟的仇视导致选民在几个投票站发生武装冲突，最终在国际社会的干预下才得以平息。获得多数票的民族统一民主党获得了组阁权。通过与阿族民主党组阁谈判，民族统一民主党主席尼科拉·格鲁耶夫斯基成为新总理，阿族民主党获得了几个部长职位。

2008年，北马其顿开启加入北约、欧盟的谈判进程，但由于希腊的抵制而陷入僵局，同时也使"两大民族、四个政党"的体制再次出现跨民族分歧。阿族民主党因不满民族统一民主党对希腊奉行固执立场而离开了执政联盟，北马其顿举行了非常议会选举。竞选的过程中，社会民主联盟不愿参选，民族统一民主党组织了马其顿族广泛选举联盟，最终再次获得组阁权。社会民主联盟试图同阿族政党达成一种超越民族分歧的共识，即所谓"两民族两政党执政模式"，民族统一民主党则强调历史民族主义的政策，巩固北马其顿的双民族制。获得组阁权后，民族统一民主党与融合民主联盟组成了执政联盟。

2008—2011年期间，社会民主联盟发展成为民主反对党，不断地批评民族统一民主党官员渎职、贪污和越权等行为。2011年，由民族统一民主党委派的几个国营公司的管理人被揭露出逃税行为，引起了社会民主联盟议员的愤怒。不久，社会民主联盟党团抵制出席议会会议，组织示威并要求进行非常议会选举。社会民主联盟主席布兰科·茨尔文科夫斯基（Branko Crvenkovski）呼吁建立广泛的超越民族分歧的联盟。但是，民族统一民主党通过与阿族和少数民族政党协商组建了更大的选举联盟并赢得选举，民族统一民主党的双民族制得以继续。2013年佐兰·扎埃夫（Zoran Zaev）成为社会民主联盟新主席后，社会民主联盟加强了反对民族统一民主党的斗争，呼吁巩固民主制，实现社会的多元化和自由化。针对双民族制的现状，社会民主联盟主张修改《奥赫里德和平框架协议》，甚至主张引入联邦制。

第七章　北马其顿的国家建构与社会发展

2014年，以民族统一民主党为首的竞选联盟又获得组阁权。但是，2015年初执政党的几个高级官员涉嫌窃听丑闻，社会民主联盟再次组织示威，在几天内变成大规模的公众示威，要求民族统一民主党召开非常议会选举。经过谈判，民族统一民主党主席兼北马其顿总理格鲁耶夫斯基做出让步，承诺北马其顿在2016年12月进行非常议会选举并组建了临时政府。在2016年12月的议会选举中，以民族统一民主党为首的"为了更好的马其顿"竞选联盟与以社会民主联盟为首的"为了在马其顿的生活"竞选联盟得票数的差距只有几千票，前者获得120席中的51席，后者获得49席。民族统一民主党因与融合民主联盟组阁谈判无果而失去组阁权。2017年2月，排在第二位的社民党与融合民主联盟进行组阁谈判，经过几周协商达成一致，协定新一届政府的内阁。但是，北马其顿总统指控社民党与融合民主联盟的协定受阿尔巴尼亚的影响，拒绝授予社民党主席组阁权。5月31日，北马其顿议会批准社会民主联盟主席佐兰·扎埃夫提交的新政府组阁方案。新一届政府由扎埃夫领导的社会民主联盟，以及融合民主联盟、阿尔巴尼亚族联盟联合组阁。

第四节　经济转型和经济发展

独立后北马其顿经济发展的特点可以概括为"生存第一主义"。北马其顿经济一直过于依赖外国市场，而没有建立独立自主的发展模式。南联邦时期，马其顿共和国经济高度依赖南联邦市场和联邦政府的补贴，这致使共和国面临以下问题。第一，经济发展结构单一，过于依赖农业经济。在农业发展上，马其顿共和国政府重视计划经济模式，即通过共和国政府之间双边贸易协议搞大型国营农场，而小型农场或者私营农场在共和国GDP中所占比例很小。因此，马其顿共和国农业产品的供应范围不仅有限，而且与南联邦市场需求失衡，更不适应国际市场的需要。第二，大型企业过于依赖南联邦市场和出口配额，在南联邦经济危机时，马其顿共和国企业的利润损失和偿债成本大幅增加。此外，大型企业利润损失不可避免地影响小企业，马其顿共和国政府不得不为此提供补贴，加剧了政府的财政负担。第三，经济集权化。由于20世纪80年代的经济危机，南联邦各共和国开始进行经济集权化，包括财政集权化、共和国预算再分配体制改革、地区税务的集权化、加强共和国支付联邦税务的审计。在这样的情况下，马其顿共和国减少了地区政府的收入。与此同时，联邦政府并没有调整对落后地区的基金再分配体制，因此，马其顿共和国政府预算大幅下降，从而失去了驱动地区经济的能力。第四，地方经济发展不平衡。正因共和国政府经济自治能力遭到削弱，斯科普里等大城市与农村地区之间的经济差距越拉越大，造成失业率长期居高不下。此外，由于自20世纪70年代起阿族人口比例大幅增长，聚居多数阿族的镇区的经济情况更糟，加剧了多数阿族镇区与多数马其顿族镇区经济发展的差距。

独立后北马其顿的经济发展还面临外部的挑战。第一，进入国际经济组织的过程较慢。1992年，北马其顿因国名争端而不能加入联合国，北马其顿与国际货币基金组织、世界银行等经济组织的谈判进程也因此停滞。第二，1993年联合国对南联盟实行禁运，北马其顿失去了最大的出口市场。第三，1994年希腊对北马其顿实施禁运，北马其顿只能通过保加利亚进行对外贸易交流。由于这些原因，1995年北马其顿GDP只相当于1990年GDP的60%—70%。第四，科索沃难民问题和短期内战。1999年以来，北马其顿宏观经济有了稳定增长（参见表7-2）。但是，由于1999年科索沃战争的影响，2000年北马其顿西部局势出现不稳定并发生了短期内战，军费开支增加，2001年马其顿GDP增速又出现下降，到2003年之后才实现稳步增长。

表7-2　1991—2015年北马其顿GDP

年份	1991	1993	1995	1997	1999	2001	2003	2005	2007	2009	2011	2013	2015
GDP（10亿美元）	15.5	2.5	4.4	3.7	3.6	3.4	5.0	5.7	8.6	9.7	10.1	11.4	13.0
GDP（PPP）	10.7	9.7	9.8	10.5	11.6	12.1	13.0	15.4	18.3	19.6	20.8	23.0	25.7
GDP增长（%）	n/a	-7.5	-1.1	1.3	4.3	-4.5	2.8	4.3	6.1	0.9	2.9	4.1	3.9
人均GDP（美元）	8115	1315	2269	1883	1837	1704	2489	2801	4252	4749	4911	5525	6290
人均GDP（PPP）	5617	5025	5031	5298	5811	6016	6443	7599	8962	9584	10112	11176	12430

数据来源：IMF，2016年。

第七章　北马其顿的国家建构与社会发展

与前南地区其他国家一样，北马其顿的私有化进程开始于1989年联邦议会通过的《社会所有制转型法》，其规定了社会所有制变成私有制的进程，促进了资本市场的发育和外资利用率。尽管如此，由于上述的结构性和外部性的问题，北马其顿直到1996年才开启私有化，主要是农业公司的私有化。1997年，北马其顿政府通过《私有化法》，试图通过出售大型企业吸引外资。经过公共讨论之后，北马其顿政府开启保险业、银行业、电信部门的私有化。在欧洲复兴开发银行和国际货币基金组织的帮助下，北马其顿政府允许"非战略性企业"的私有化，成立私有化局负责国营企业的私有化。1999—2000年间，北马其顿来自私有化的直接外资总额为2.35亿美元。2000年以来，北马其顿政府开始进行小型企业的私有化，到目前为止已经出售95%的小型企业。大型企业的私有化因牵涉工人数较多，并且具有重大战略意义，所以尚未完成。

《奥赫里德和平框架协议》之后，北马其顿的经济发展产生了一些变化。伴随着国家政治分权和行政改革方针的确定，北马其顿进行了经济改革和财政分权。同时，民族统一民主党政府通过吸引外资以促进小型企业私有化，并发展大型基础设施项目，对欧盟产品的进口实行自由化的政策。2002年，即民族冲突爆发一年之后，北马其顿恢复了外资利用率，实现了国内生产总值的增长。

2004年，《自治城市法》的实施赋予了地区政府大规模的自治权，但是，由于中央政府担心进行彻底财政分权会造成分离主义再次出现，北马其顿在财政分权方面缺少明显的进步。此外，地区政府大部分不遵守所谓"巴丁特原则"，即具有20%以上少数民族人口比例的镇区在地区政府机构中应至少有20%的少数民族的代表，多数阿族聚居的镇区中马其顿族的代表不足，导致马其顿族反对实行进一步的财政分权。中央政府向落后镇区预算分配补贴的金额也几乎未变。为了缓解财政压力，2005年北马其顿政府再次推动引入外资计划，同时调整养老保险的收入金额。在这种情况下，北马其顿的外资增长率慢慢上升，而北马其顿对西欧市场的依赖性也随之增加。

正因如此，2009年欧债危机时，北马其顿GDP再次出现下降，失业率从33%涨到37%，具体参见表7-3。

表7-3 北马其顿居民失业结构（%）

年龄	2008年	2009年
15—19岁	2.3	2.4
20—24岁	12.0	11.7
25—29岁	13.4	13.2
30—34岁	12.4	12.1
35—39岁	11.7	11.3
40—44岁	11.6	11.4
45—49岁	10.8	10.9
50—54岁	10.6	10.7
55—59岁	9.3	9.7
60岁以上	5.8	6.5

数据来源：Agency for Employment of the Republic of Macedonia Annual Reports; www.avrm.gov.mk。

然而，由于采取了稳定金融市场的政策以及小型企业的增长，2009年底北马其顿GDP恢复了增长，成为中东欧国家中经济快速恢复增长的国家之一。[①] 2010年以来，北马其顿政府又制订了吸引外资的计划和斯科普里市城建项目。然而，外资增长并没有带来社会支出的增长，北马其顿福利体制仍处在崩溃的边缘。此外，外资增长对多数阿族镇区并没有什么影响。多数阿族镇区主要依靠农业，几乎没有工业和服务业，生产率继续下降，失业率也大大超过全国的平均水平。

虽然存在上述问题，但正如一些北马其顿经济专家指出的，20世纪90年代的北马其顿不拖欠借款就是一种奇迹。[②] 北马其顿经济奉行的"生存第一主义"取得了一定的成功，主要归因于以下几个方面。

第一，经济放松管制和推行吸引外资的政策。为避免再次陷入因邻国禁运造成的危机，北马其顿政府重视经济外交，努力争取吸引地区之外的投资。

---

① 详见：Nenovski, 2013。

② Cf. T. Nenovski, I. Smilkovski, "Macedonian economy before and after the global financial and economic crises," *Social and Behavioral Sciences*, 44 (2012), pp. 417-427.

第七章 北马其顿的国家建构与社会发展

为此,北马其顿政府推行一系列政策促进外资增长,例如,简化开办公司的手续和改善商业环境。在货币政策方面上,从1995年起,北马其顿政府保持马其顿蒂纳尔与德国马克法定汇率挂钩,保持价格和工资稳定,控制通货膨胀率。1996年以后,北马其顿GDP开始增长,但是,由于交通设施和工业设备较落后,外国直接投资增长比较迟缓,北马其顿的经济发展仍低于前南地区其他国家的水平。

第二,实用主义的福利政策。① 同前南地区其他国家一样,北马其顿在独立后也面临着福利政策困境,如医疗服务质量下降,养老基金、劳动保险以及针对儿童、孕妇和老人等弱势群体的保护等社会保障方面的危机。政府使用边际社会成本来解决最紧急的问题,② 例如,取消许多社会保险来赔偿养老基金的损失,把福利分配给特殊群体来平息阿族的不满,实行选举之前的福利分配和政党庇护的福利,等等。

第三,依靠国际社会贷款并遵循国际货币基金组织的建议。北马其顿外债率逐渐增长,2005年占了GDP的45%。依靠国际社会贷款来补充预算赤字的同时,北马其顿政府谨慎地管理预算开支。由于采取实用主义的福利政策,社会支出没有超过GDP的20%。此外,北马其顿金融市场比较稳定,股市相当自由,商业银行的坏账率也比较低。

第四,来自私有化的直接外资。从1997年到2000年北马其顿发起了大型国营企业的私有化。根据私有化战略,北马其顿一般性国营企业和国家项目要进行彻底的私有化,但是战略性的国营企业只进行了有限的私有化。由于90年代后期良好的投资氛围,北马其顿私有化取得了相当大的成功,推进了北马其顿预算和外汇储蓄的增长。

第五,北马其顿境外经济移民的汇款。20世纪90年代,北马其顿拥有了相当多的境外经济移民,其中阿族占三分之二。经济移民的外汇成为北马其顿家庭收入的主要来源之一,减少了高失业率的压力并促进了小型企业的活动。

---

① Cf. M. Stambolieva, "Welfare and Democratization, Comparing Croatia, Serbia and Macedonia," *Social Policy and Administration*, Vol. 7, April 2013, pp. 142-160.

② Ibid., p. 154.

第八章　科索沃的"独立"与"国家建构"

到目前为止，联合国安理会常任理事国当中，美、法、英承认科索沃独立，俄罗斯和中国则不承认科索沃独立。正因如此，科索沃尚未加入联合国。主权是科索沃当局面临的最重要问题。塞尔维亚否认科索沃的主权，认为科索沃是塞尔维亚不可分离的部分。因此，科索沃当局在寻求国际承认时遭到塞尔维亚的强烈反对，形成了科索沃与塞尔维亚之间持久的主权之争。

第一节　科索沃主权之争的渊源

科索沃的塞尔维亚民族与阿尔巴尼亚民族间的敌视、分歧与冲突，属于"巴尔干火药桶"中历史最久且最复杂的民族冲突之一，其渊源可追溯到奥斯曼帝国的逐渐瓦解时期。与此同时，巴尔干地区的民族主义上升。19世纪后期，塞尔维亚公国企图合并斯科普里省，其中特别重视聚居塞族的科索沃区和梅托希亚区。在另一方面，在斯科普里省的阿族的民族主义也开始发酵，促进了"普里兹伦联盟"的形成。

到1912年第一次巴尔干战争之际，在科索沃存在着几种不同政治主张。一是以塞尔维亚政府为首的塞族"历史民族主义"，企图回归中世纪塞尔维亚发源地。二是"普里兹伦联盟"指导的阿族民族统一主义，主张阿尔巴尼亚统一国家的建立，把所有的聚居多数阿族的省合并给阿尔巴尼亚。三是以土耳其族、信仰伊斯兰教的斯拉夫族（后来称穆族或波斯尼亚族）为代表的"地缘政治现状"，主张奥斯曼帝国现代化和根本性的改革。巴尔干战争后，第三种主张失去了政治力量，逐渐迁入土耳其。1913年，大国与巴尔干小国签署的《伦敦条约》规定，科索沃成为塞尔维亚王国的一部分，科索沃西部佩奇市周边地区（原称梅托希亚西部）被纳入了黑山王国。

1918年塞尔维亚国王亚历山大一世宣布成立塞尔维亚—克罗地亚—斯洛

第八章　科索沃的"独立"与"国家建构"

文尼亚国。1929年亚历山大国王废除宪法，实行独裁统治，王国更名为南斯拉夫王国。南斯拉夫王国时期，科索沃被划分为三个省，即瓦尔达尔、泽塔和莫拉瓦。20世纪20—30年代，大量塞族人口被迁入科索沃。在这个时期，行政当局借口阿族人不能提供其土地所有者的文件，从他们手中征收土地并分给塞族和黑山移民。此后，塞族继续持有支配地位，阿族无法得到少数民族的身份与基本权利。

二战时，意大利和德国占领了科索沃。科索沃大部分成为"大阿尔巴尼亚"傀儡国的一部分。尽管如此，在南共的援助下，科索沃阿族成立了"科索沃和杜卡津（Dukagjin）①反法西斯斗争人民解放委员会"，酝酿了阿族人民解放运动。该委员会帮助人民解放运动扩散到阿尔巴尼亚，并且在建立阿尔巴尼亚反法西斯人民战线，以及在南共与阿共接触这两个方面具有重要中介作用。在"南斯拉夫反法西斯人民解放委员会"（AVNOJ）带领下，1945年阿族人民解放运动解放了科索沃和阿尔巴尼亚北部，帮助以阿共为首的人民战线在阿尔巴尼亚建立政权。

1946年，南斯拉夫联邦人民共和国通过第一部宪法，制定了联邦制和社会主义制的同时，科索沃被赋予"自治省"的身份。但是由于二战后南斯拉夫高度集权，这也可称为名义上的自治省。此外，科索沃"历史区"经过行政划分，科索沃西部的梅托希亚西部"纳入"黑山，沙尔山脉以南的地区成为马其顿人民共和国的西部，普雷舍沃谷地则成为中央塞尔维亚的一部分。

然而，1948年苏南冲突导致南阿两国关系恶化，给科索沃阿族民族主义改革与科索沃阿族寻求自治权的运动带来了巨大的变化。第一，由于阿尔巴尼亚站在苏联一边，聚居科索沃的阿族与阿尔巴尼亚关系受到南斯拉夫的干预，导致阿族民族统一主义的主张随之失去公众的支持。阿族激进民族主义组织开始主张聚居南斯拉夫阿族的统一主义，而大多数阿族主张南共科索沃分党"缓和派"的路线，即与聚居马其顿、塞尔维亚和黑山等共和国的阿族加强经济、社会关系。第二，由于科索沃人民解放运动阿族领导，该运动逐渐被视为"阿族人民的运动"，给予了阿族后来推进自治权运动主要的政治合法性。第三，来自塞尔维亚共联盟中央以及聚居科索沃塞族的大塞族民族主

---

① 杜卡津区是阿尔巴尼亚地名，包括梅托希亚和阿尔巴尼亚北部的地区。

义的主张，导致形成了持有极为不同政见的阿族的反应。它们可分为三支政治力量：一是以南共科索沃分党中央为代表，他们反对民族主义，主张建立"社会主义民族国家"。二是以多数知识分子、学生组织等为代表，主张南斯拉夫的联邦化和对科索沃自治省赋予实际自治权。三是以尚未充分一体化的农民为代表的阿族民族主义分子，主张以阿族为主的科索沃独立与主权。

1952年到20世纪60年代初期，伴随着南联邦分权的进程，科索沃自治省渐渐被授予政治、经济方面的权限，得到了独立预算，拥有了相当独立的文化、社会、教育政策。尽管如此，因为塞族在科索沃共联盟（以前的南共科索沃分党）、省级政府、大型公司仍然保持支配地位且主张塞尔维亚共联盟中兰科维奇的"强硬派"路线，普里什蒂纳大学学生组织了几次示威，要求加强科索沃自治权，按民族比例委派省级和党的干部。

1968年普里什蒂纳的阿族学生举行游行抗议，不久就引起了大规模的公众示威，这是科索沃自治权运动成熟的标志。一方面，科索沃阿族以及其他少数民族，如穆族、土耳其族要求科索沃自治权在政治层面上等于共和国级别的权限。另一方面，科索沃阿族的政治要求从寻求阿族与塞族平等政治地位逐渐转变为寻求按人口比例参与政治。由于阿族人数大幅增长，而塞族出生率处于停滞致使其人口比例下降，塞族驻科索沃的"政治精英"反对科索沃进一步加强自治权。

尽管如此，由于1968年普里什蒂纳骚乱、1971年"克罗地亚之春运动"等民族主义的复兴，1971年南联邦议会颁布南联邦宪法修正案，加强了各共和国、自治省的政治自治及经济和社会自由，引入了"按民族比例配备体制"，使科索沃省级行政、党的阿族人数在增长。最终，1974年南联邦宪法赋予科索沃自治省区的地位，使科索沃"名义上保持自治省的身份而实际上得到共和国级的权限"，即科索沃拥有政府、总统以及在联邦主席团中的"直接代表人"，成为8个联邦实体中的一个。

70年代中后期，塞尔维亚共联盟中央中自由派占据支配地位，而主张集权、倾向于支持大塞尔维亚主义的派别处于政治边缘。正因如此，塞族驻科索沃的"政治精英"出现分歧。"自由派"继承南共科索沃分党"缓和派"政治遗产，支持科索沃自治权的加强，允许科索沃共联盟的"阿族化"。"强硬派"则不愿放弃既得利益，反对科索沃自治权，与此相关，反对南联邦分权

第八章　科索沃的"独立"与"国家建构"

化，开始主张一种"先锋的"集权民族主义。

塞族既得利益"政治精英"的存在，使权利按"民族比例配备的体制"与现实的差距仍然较大，加上科索沃人口继续大幅增长，导致失业率居高、经济增长滞缓、整个经济布局不合理，都导致科索沃民族间摩擦不可避免地再次爆发。1981年春，科索沃学生再次组织了示威，工人开始了几个月的罢工。几个月后，科索沃骚乱不仅影响塞尔维亚政治精英逐渐"转向右翼"，也导致南联邦其他共和国的民族主义随之发酵，终于开启南联邦瓦解的进程。[①]

米洛舍维奇集权民族主义政策的"发源地"就在科索沃。1987年以后，经过科索沃共联盟中央轮换，米洛舍维奇"设置"了科索沃共联盟强硬派，促成那些主张大塞尔维亚民族主义和"阿族机会主义者"的干部升迁，迫使1989年科索沃共联盟"缓和派"的主席阿泽穆·弗拉西（Azem Vllasi）下台。到1989年，科索沃共联盟已被"塞族化"。1989年底，米洛舍维奇取消科索沃自治省议会的权限致使阿族矿工长期罢工、几次街头示威，终于导致1990年2月塞尔维亚当局宣布紧急状态。5月，科索沃自治省议会集体辞职，塞尔维亚当局抓住这次机会颁布了一系列的法案，如取消科索沃阿族收购房产权利，限制阿语媒体的活动，以及解雇许多阿族公务员。

因此，1990年米洛舍维奇取消科索沃大部分的权限时，塞族重新恢复其在二战前的主要影响，阿族不仅几乎失去了能够代表其利益的政治机构，而且其公民权被侵犯。6月，科索沃自治省议会的阿族议员宣告，他们"归回"议会批准科索沃宣布独立的决定，但是由于塞族议会副主席的反对，议会定期工作延期到7月。7月，在塞族副主席再次反对议会恢复工作的情况下，阿族议员在街头上宣布独立公投。塞尔维亚当局反应更加激烈，开除约8万名阿族公务员，并取消科索沃所有的自治权。阿族开始通过秘密的方式聚集阿族政治反应，9月22日在卡查尼克（Kacanik）宣布科索沃独立，将在几天后举行公投来得到"公众批准"。而塞尔维亚否认这届公投，并逮捕那些参加公投的人员，这些行为是阿族开始重视"地下"解放斗争的重要催化剂。

1991年普里什蒂纳出现骚乱之后，科索沃阿族政治力量四分五裂，可分为三个倾向。一是以阿族干部、"软弱在野党"为代表的"机会主义"的倾向，

[①] 详见本书第一章和第二章。

主张阿族在持有少数民族身份之地位上的加强。不过，由于90年代初期大塞尔维亚民族主义的加剧，参与塞尔维亚政坛的阿族政党与政客逐渐消亡。二是以伊卜拉欣·鲁戈瓦为首的阿族民主党，主张科索沃阿族"归还"1971年宪法修正案赋予的自治权，采取和平措施来解决塞阿两个民族间冲突。在整个90年代，阿族民主党成为唯一一个"真正"在野党。三是以聚居西欧阿族激进民族主义者、农民、持不同政见者为代表的"自决运动"，主张科索沃阿族分离权与独立，反对米洛舍维奇大塞尔维亚民族主义，主张武装斗争和恐怖活动。

1995年《代顿协议》鼓励了阿族希望解决科索沃民族问题的信心，但是阿族民主党在与米洛舍维奇几次谈判中无力实现迈向自治权的根本性变化。此外，聚居克罗地亚和波黑的塞族难民"逃到"科索沃，进一步加剧了阿塞两个民族之间的紧张，终于使大部分阿族公众开始支持"自决运动"，并对塞尔维亚进行颠覆活动，以及帮助"科索沃解放军"在科索沃开展武装活动。

第二节 战后"两方关系"

米洛舍维奇集权民主主义政策和大塞尔维亚民族主义，造成了塞族与阿族关系紧张并引发了战争。[①] 1999年，北约借机对科索沃进行了军事干预。《库马诺沃协议》签订后，南联盟军撤出科索沃。根据联合国1244号决议，[②]科索沃成为联合国保护区，联合国科索沃特派团（UNMIK）负责科索沃和平转型和建国进程，科索沃部队（KFOR）负责实现和维护两个民族之间的和平。欧安组织（OSCE）负责社会方面的工作，即建立促进两个民族和解的非政府组织，监控科索沃机构的工作，监督科索沃议会的第一次选举。尽管在联合国科索沃特派团执行任务的初期，阿塞族之间冲突继续，但是，它成功地帮助建立了科索沃联合机构，包括科索沃议会、政府和法院系统。然而，由于大多数科索沃塞族一直拒绝承认科索沃联合机构，联合国科索沃特派团推动

---

① 关于科索沃问题，参见：B. Krstic, *Kosovo: Facing the Court of History*, Penguin Random House, London, 2008。

② 联合国1244号决议关于科索沃主权问题提出科索沃属于南联盟，在南联盟解体的情况下，科索沃属于塞尔维亚。

第八章 科索沃的"独立"与"国家建构"

的科索沃的建国进程陷入了僵局。

2006年初黑山独立前夕,在联合国组织主持下,贝尔格莱德与普里什蒂纳就科索沃的最终地位开始谈判。联合国特使阿赫蒂萨里(Ahtisaari)负责塞尔维亚与科索沃领导人谈判。不过,除了一些技术问题,谈判没有取得什么进展。普里什蒂纳一直要求科索沃独立,贝尔格莱德则提出"一国两制"(所谓"香港模式")的解决方案。谈判失败后,2007年2月,阿赫蒂萨里向安理会提出了解决科索沃政治地位问题的建议,主张由欧盟和联合国监管,科索沃渐进走向独立,即所谓的"受监督的独立"(supervised independence)。然而,由于俄罗斯否决,安理会无法通过这个决议。2007年7月,在美国、英国和俄罗斯的推动下,贝尔格莱德和科索沃当局再次进行谈判。但因分歧仍大,谈判又失败了。美国、英国和法国决定单方面承认科索沃独立,试图在科索沃逐渐得到国际承认的趋势下,俄罗斯和塞尔维亚能做出让步。因此,科索沃于2008年2月宣布独立。在几天内,美国、英国、法国、土耳其、阿尔巴尼亚和克罗地亚承认科索沃独立。两个月内,大多数欧洲国家承认了科索沃。一年内,除了塞尔维亚和波黑之外所有的巴尔干地区国家都承认了科索沃。

2009年以来,由于俄罗斯在联合国组成了亲塞尔维亚阵营,承认科索沃的高潮平息下来,科索沃的国际承认问题陷入了僵局。俄罗斯继续无条件支持塞尔维亚的立场。[①] 在俄罗斯的影响下,独立国家联合体和印度持亲塞尔维亚的立场。中国也支持塞尔维亚的立场,主张在遵守联合国安理会1244号决议的基础上解决科索沃问题,通过提出普里什蒂纳和贝尔格莱德通过对话和谈判寻求当事方均能接受的方案。2009年,塞尔维亚外长武科·耶雷米奇(Vuk Jeremic)发起了塞尔维亚的外交攻势,在联合国大会上主张互不干预和主权不可侵犯的原则,以此来干预国际社会对科索沃的承认,僵局无法再次突破。此外,塞尔维亚向国际法院提交了对科索沃宣布独立的投诉。国际法只能提出建议性但不具约束力的意见,2010年提出了科索沃宣布独立不违反国际法的原则,也不违反1244号决议。由此,塞尔维亚放弃了通过联合国大会为科索沃主权问题寻求解决方案,而致力于建立亲塞尔维亚立场的国

---

① Cf. "Russian ambassador Churkin meets Serbian President Tadic," Balkan Insight, April 4 2008.

际阵营，与它们加强双边关系，利用它们的影响力防止科索沃进一步加入国际组织。截至目前，科索沃已加入了国际货币基金组织、世界银行，2011年加入了国际奥林匹克委员会。自2015年9月起，塞尔维亚一直不同意科索沃加入联合国教科文组织。截至2015年，科索沃已获得100多个联合国成员国的承认，主要来自欧洲、非洲北部和美洲北部。由于担心本国的分裂主义运动，欧盟国家中的罗马尼亚、西班牙、斯洛伐克、塞浦路斯和希腊未承认科索沃。①

自2009年俄罗斯在联合国"封锁"了科索沃通向国际承认的进程，塞尔维亚与科索沃两方争端陷入僵局，此后处理科索沃主权问题分为三个方式，即通过国际组织，"贝尔格莱德与普里什蒂纳之间对话"，聚居科索沃的塞族与科索沃当局之间合作。

第一，两方通过国际组织与论坛寻求解决主权问题是非常复杂的进程，涉及很多国际组织和重视几个国际法的原则。2012年，俄罗斯在联合国的"封锁"致使后来大国就科索沃主权问题形成两个"阵营"，加上塞尔维亚向国际法院投诉失败这两个进程之后，两方的主权争端从涉及原则性问题，即互不干预原则是否先于民族自决权，逐渐转变为"双边外交的实用主义"，即通过与各国外交接触来影响其对科索沃问题的立场。此外，两方还采取不同的战略来说服其他的国家或国际组织。科索沃当局发起了所谓"一步一步战略"，在双边和多边关系上重视那些对科索沃主权问题尚未形成稳定立场的国家，如南美洲、非洲、亚洲的国家，通过与各国直接接触把"亲独立"支持扩大到欧美之外的区域。其中，科索沃当局在很大的程度上借助于阿族侨民的资助，尤其是住在美国的阿族侨民。由于不结盟运动，与"第三世界"的历史关联等，塞尔维亚的外交网络比科索沃当局更有影响力。尽管如此，在与"反独立"阵营国家的接触中，塞尔维亚高度依靠俄罗斯的"中介"作用。塞尔维亚看重其在俄罗斯双边争端中的立场，如在克里米亚合并、格鲁吉亚两个分裂区等问题上与俄罗斯立场一致。

---

① 2015年，欧盟与希腊进行经济紧急救援计划磋商后，希腊外交部长宣布，希腊可能会改变就科索沃加入国际组织的立场，甚至承认科索沃独立。因此，塞尔维亚担心希腊承认科索沃将影响在科索沃问题上欧盟共同立场的形成。参见："Grcka, Moguca uspostava odnosa sa Pristinom," B-92, June 3 2015（《希腊可能承认科索沃独立》，B-92网站，访问时间：2015年6月3日）。

第八章 科索沃的"独立"与"国家建构"

第二,"贝尔格莱德与普里什蒂纳对话"是由欧盟对两方施加约束而发起的双边关系正常化的进程。2012年,在塞尔维亚开始与欧盟谈判的前夕,塞尔维亚和科索沃当局之间的谈判突破了僵局。在欧盟共同对外安全政策委员会主席卡瑟琳·阿什顿(Catherine Ashton)的推动下,塞尔维亚和科索沃当局的谈判致力于"技术层面"的问题,而不谈科索沃主权问题。2012年11月,科索沃当局总理哈希姆·塔奇(Hashim Thaci)和塞尔维亚总理伊维察·达契奇(Ivica Dacic)在布鲁塞尔进行第一次会晤,讨论交通运输、边界安检系统等问题。2013年4月,双方在几个方面达成了协议。2014年亚历山大·武契奇(Aleksandar Vucic)担任塞尔维亚总理时,双方谈判的进程取得了更大的进展,包括塞族少数民族自治、塞族联合镇区、科索沃预拨号等问题。尽管两方关于科索沃主权坚持自己的立场,"侧门"的谈判仍有进展。2016年,由于科索沃的执政联盟不稳定,在"贝尔格莱德与普里什蒂纳对话"中摩擦再次出现。在谈判科索沃电源问题时,两方讨论了特雷普卡(Trepca)矿厂所属权的问题,很快就致使对话陷于停滞,只能等待2017年两方分别举行选举之后才有可能出现突破性变化。一方面,从2017年初期以来,由于科索沃内政出现僵局,造成以民主党和民主联盟组成的执政联盟出现分歧和非常议会选举的召开,两方对话暂停。科索沃议会塞族党团主张科索沃议会批准塞族联合镇区的成立,因阿族政党之间僵局此事被暂时搁置。2017年6月,科索沃举行议会选举,民主党、未来联盟两个所谓"科索沃解放军派别党",以及"自决运动"获得最多的支持票,但因各方之间摩擦,到8月尚未组成执政联盟。另一方面,2017年5月,亚历山大·武契奇成为塞尔维亚新任总统两个月之后,他发起了关于科索沃未来的政治状态、科索沃对塞尔维亚的意义、双方关系走向及开展深度的政治沟通和社会交流的对话。这些对话仍在进行中,因此有分析人士认为,这可能是为了使塞尔维亚国内舆论改变立场承认科索沃独立,以尽快促进塞尔维亚加入欧盟。但2018年2月武契奇总统对媒体表示,塞尔维亚不会以支持科索沃独立换取欧盟成员资格。

第三,聚居科索沃的塞族与科索沃当局的关系近十几年进展较小。战争结束后,由于阿族对塞族的仇视,科索沃在2001—2005年期间发生了几起被塞尔维亚政府视为对塞族的"屠杀事件"。此外,由于科索沃政治经济长期混乱,许多塞族移民到塞尔维亚(中央区)及塞族占多数的科索沃北部米特罗维察市北部区（North Mitrovica）。除了米特罗维察市北部区外，在科索沃聚居多数塞族的区域仅限几个小村庄。

正因如此，聚居科索沃的塞族与科索沃当局的关系也可称为"米特罗维察与普里什蒂纳关系"。从2000年到2006年，经过2004年普里兹伦骚乱和2005年米特罗维察两岸小型武装冲突之后，"米特罗维察与普里什蒂纳关系"可概括为"冻结战争"。2008年，科索沃宣布独立之后，在塞尔维亚中央政府的支持下，聚居科索沃的塞族开始组织驻科索沃独立机构，即科索沃塞族大会。塞尔维亚政府成立了"科索沃和梅托希亚办公室"，专门负责科索沃塞族的政治活动。在"贝尔格莱德与普里什蒂纳对话"的框架下，聚居科索沃的塞族才愿意参与科索沃执政，进入科索沃议会和政府内阁，并主张塞族镇区联盟的自治权。但是，他们与科索沃阿族政党的接触范围在很大的程度上取决于塞尔维亚中央政府的认可。虽然2016年出现几个科索沃塞族政客不愿听从塞尔维亚政府建议的情况，但聚居科索沃的塞族组织与塞尔维亚中央政府对科索沃当局的立场基本保持一致。

第三节 迈向实际独立和"建国"的进程

1999年，联合国安全理事会通过了1244号决议，确立了科索沃的政治地位，成立了在科索沃拥有完全的行政和立法权的联合国科索沃特派团。它的政治任务主要有以下三个方面。

第一，推动"国家"机构完善的进程。1999年，联合国科索沃特派团已经开始创建科索沃公共机构和推动地区机构的形成，成立了科索沃过渡委员会作为科索沃的暂时行政机构。该委员会拥有权力有限，因此在当地政治精英提出抗议后，1999年联合国科索沃特派团成立了联合临时行政委员会，行使传统政府的职能。由于阿族主张科索沃的主权，2001年联合国科索沃特派团官员同阿族政党进行了谈判并达成协议。联合国秘书长特别代表签署了《宪政框架协议》(constitutional framework)，制定了科索沃宪政的条件，而不是承认科索沃主权的状态。宪政框架包括了公民普选的一院制议会和间接选举总统。不过，由于联合国科索沃特派团无权干涉科索沃主权问题，因此，修宪相关的问题仍悬而未决，如科索沃与南联盟关系，联合国撤出科索沃和科

第八章 科索沃的"独立"与"国家建构"

索沃独立公投的规定仍未确定。联合国科索沃特派团确立了"先国家机构、后主权问题"的政策，将科索沃主权问题同阿族和塞族达成进一步和解联系在一起。2003年11月，联合国科索沃特派团宣布科索沃建立国家机构的工作取得进展，可以开启科索沃主权问题的会谈。因此，从2003年起，联合国科索沃特派团开始促成塞族与阿族的谈判。2006年初，科索沃阿族和塞尔维亚开始就科索沃主权问题进行谈判。在特使阿赫蒂萨里的斡旋下，普里什蒂纳与贝尔格莱德开始谈判科索沃主权问题。不出所料，谈判很快宣告失败，阿赫蒂萨里的报告迫使联合国单方面裁决主权问题，建议科索沃在"国际社会监督下独立"。① 同时，联合国科索沃特派团开始考虑"退出策略"（exit strategy），但继续提供支持并监督未决事宜，如少数人权力保护（尤其是塞族），进行中央机构的分权和加强地区机构的权限。在2007年12月第二轮普里什蒂纳与贝尔格莱德谈判失败后，在美英法三国的默许下，科索沃于2008年2月宣布独立。联合国科索沃特派团特使在科索沃的工作也随之结束。

第二，主导民主化和社会多元的进程。在这一方面，联合国科索沃特派团的主要目标是促成两个民族和解和提高公民政党的活动。1999年，联合国科索沃特派团成立时，科索沃民主联盟是塞族和阿族都承认的唯一合法政党。科索沃危机前，它主张阿族的自治和阿族与塞族和平共存。科索沃民主联盟的主席鲁戈瓦参与南联盟议会并在1997年签订关于科索沃和平的解决方案。② 因此，科索沃第一次选举前夕，联合国科索沃特派团设想了科索沃民主联盟作为"桥梁政党"（bridge party），帮助阿族和塞族的政治力量积极地参与科索沃政治。同时，"科索沃解放军"解散后，它的一些领导人建立了几个政党。第一个政党是从"科索沃解放军"政治派（political wing）演变而来的科索沃民主党，由哈希姆·塔奇领导，它主张阿族的自主和科索沃独立。第二个政党是从"科索沃解放军"军事领导层演变而来的科索沃未来联盟，由"科索沃解放军"将领拉穆什·哈拉迪纳伊（Ramush Haradinaj）领导，

---

① Cf. Letter dated 26 March 2007 from the Secretary-General addressed to the President of the Security Council, Proposal for the Kosovo Status Settlement, United Nations Security Council, 26 March 2007, Articles 12-14.

② "Kako su se Slobodan Milosevic i Ibrahim Rugova, uzposredovanje americkog ambasadora Kristofera Hila, saglasili da se definitivno resavanje problema Kosova odlozi za narednd-milenijum," NIN, Sept. 10 1998（《在美国大使的斡旋下米洛舍维奇同鲁戈瓦如何决定科索沃问题应当推迟到下个世纪》，NIN，1998年9月10日）.

主张科索沃独立。由于获得"科索沃解放军"势力的广泛支持,这两个政党对阿族有着重大的政治影响。与此相反,塞族视"科索沃解放军"为恐怖组织,强烈批评科索沃民主党和科索沃未来联盟的领导人,认为他们应负战争罪责。[1]

2001年地区选举后,科索沃民主联盟赢得45%的选票,与科索沃民主党和科索沃未来联盟组阁,开始了科索沃阿族三大政党联合执政。在执政期间,由于国际社会的支持,科索沃民主党和科索沃未来联盟完成了党内的非军事化转型。但同时,它们之间的分歧也开始出现。2004年科索沃选举后,科索沃民主联盟和科索沃未来联盟组织了内阁,抛弃了科索沃民主党,科索沃三大政党大联合政府破裂。科索沃民主联盟和科索沃未来联盟联合政府强烈支持联合国科索沃特派团实行民主化,支持塞族与阿族和解的进程,但是,在他们执政期间,阿族和塞族和解的进程陷入了僵局。由于贝尔格莱德强烈反对科索沃塞族参与科索沃政治,塞族拒绝了参加科索沃选举,不愿参与科索沃议会,甚至不愿继续参加塞族和阿族联合镇区的谈判。在这种情况下,国际社会试图通过推动科索沃民主化和阿族政党的政治团结来迫使贝尔格莱德和科索沃塞族做出让步。然而,由于科索沃民主化尚未形成以及科索沃民主党与科索沃未来联盟的"陈年旧账未解决",国际社会只能迫使两个政党继续进行党内转型,排除反对与塞族和解的强硬派并推动阿族政党与塞族和解的主张。2006年,科索沃民主联盟因其主席鲁戈瓦逝世而开始逐渐失去支持,导致了科索沃民主党和科索沃未来联盟成为主要政党。2007年,由于科索沃当局与贝尔格莱德谈判失败,两个政党开始准备宣布独立。

科索沃议会于2008年2月宣布科独立,承诺继续坚持"被监督的独立"。为此,科索沃接纳欧盟法规使团,让它继续监督科索沃安全、民族和解以及司法领域的问题。但是,科索沃单方面宣布独立以来,科索沃塞族和阿族关于建立共同国家机构、共同社会和民主多元尚未达成共识,科索沃主要政治和社会问题仍然存在。科索沃宣布独立后,塞尔维亚政府在科索沃塞族控制

---

[1] 根据"B92"报告,科索沃阿族的战争罪也包括武器、药品和人体器官走私。后者引起了塞尔维亚媒体的巨大关注并导致了欧盟法规使团委托高级官员马尔迪(Marty)检查"科索沃解放军"领导人的人体器官走私,也导致了2010年欧盟法规使团发布了《马尔迪报告》。详见:Marty's report, Pace news. Assembly. co-e.int.

第八章　科索沃的"独立"与"国家建构"

区建立了塞尔维亚平行机构，包括警察、法院、医疗及教育设施等。2008年6月，塞尔维亚政府建立了科索沃塞族联合镇区（ZSO），加强了科索沃塞族与塞尔维亚的政治关系。在塞尔维亚政府主导下，科索沃塞族成立了塞族名单联盟参选2010年科索沃议会选举。但是，塞族与阿族合作的范围没有超越《宪政框架协议》的规定，阿族与塞族的实际控制区仍然存在。结果，塞族和阿族建立共同的国家机构和多民族社会成为一个幻想。

2010年，以哈希姆·塔奇为首的科索沃民主党在科索沃议会选举中获得32%选票，塔奇再次被授予组阁权，在与新科索沃联盟（ANK）达成执政联盟后继续担任总理。尽管如此，有些科索沃在野党批评民主党违反《选举法》，但是在几个选区举行重新选举之后，民主党的多票数不变。因此，这届选举成为科索沃民主化的较大"测试"。

2012年以来，除"贝尔格莱德与普里什蒂纳之间对话"开启外，科索沃阿族政坛中的在野党开始批评民主党党员渎职、贪污，导致在野党的示威和科索沃议会的工作频繁陷入政治危机。

2014年以来，由于塞族与阿族间仍处于僵局，政府腐败和经济困难都造成了公众对执政的民主党的不满，右翼的"自决运动"开始获得选民的支持。它主张"战争政治精英"的下台，在普里什蒂纳对贝尔格莱德关系上态度更强硬。2015年春以来，"自决运动"组织了几次示威，导致科索沃议会出现了骚乱。尽管如此，以民主党为首的科索沃"战争政治精英"仍保持支配的位置。2016年3月，科索沃总统选举中塔奇获得多数投票，成为科索沃新任总统。这些问题都加剧了科索沃塞族不参与科索沃政治的主张。

2017年1月，未来党主席兼"科索沃解放军"将军拉穆什·哈拉迪纳伊因塞尔维亚法院追逃在法国被拘留，造成了"哈拉迪纳伊引渡事件"。事件影响了科索沃的"战争精英"，其中包括所有以前属于"科索沃解放军"的高级政客，他们开始反对塞尔维亚所要求的对科索沃政治精英的"清风"行动，即对科索沃政客在科索沃战争中犯下的罪行进行审查。据多数意见，以塔奇为首的民主党忧虑民主党和民主联盟联合政府会批准一系列法律以促进科索沃政坛"清风"。结果是2017年3月民主党离开执政联盟，科索沃政府不得不召开非常选举。2017年6月，未来党获得最多支持票，民主党和"自决运动"则也获得相当多支持票，于是未来党主席哈拉迪纳伊为获得组阁权进行执政联盟谈判。由于未来党和民主党无法单独确保议会法定多数票，他们与"自决运动"和民主联盟进行了两个多月的执政谈判。同时，因新任政府尚未组成，科索沃与黑山边界界定问题、科索沃与欧盟实行免签制度以及科索沃融入欧洲一体化的经济改革都处于停滞。

第四节 经济转型的障碍

1989年以来科索沃经过了长期的经济转型，主要是从南联邦经过南联盟和塞尔维亚最终在2000年科索沃战争后走向独立的转型。在此过程中，米洛舍维奇时代的"拖延经济转型"、国际孤立、通货膨胀和经济危机对科索沃的经济落后以及后来科索沃经济自由化和私有化产生了决定性的影响。战争与冻结的主权争端导致了科索沃在进行经济转型之初在很大的程度上依赖国际社会的管理，即联合国科索沃特派团、欧盟驻科索沃代表团等。正因如此，科索沃推动经济增长和改革进程还远未完成。

科索沃当局将融入欧洲一体化作为其主要经济和政治目标，但由于上述问题，科索沃在融入欧洲一体化的进程中走得不远。目前为止，科索沃需要力争进行进一步政治经济改革，才能与欧盟实行免签体制与贸易自由化。在经济方面，科索沃面临两个主要挑战。

一是处理前期所积累的问题。由于社会动荡、战争破坏和南联邦遗留的问题，科索沃在欧洲是经济最落后的。尽管自然资源和耕地相对丰富，但是，科索沃仍是前南地区最贫穷的，首次工业化趋势在20世纪60年代末才开始。从70年代起，大规模科索沃人移民到西欧，境外汇款成了科索沃经济发展的重要支柱。自1999年以来，小规模私营部门有了一定的发展，如贸易、零售和建筑行业，即所谓的"洗车、面包店和加油站经济"。[1] 然而，深刻的社会经济问题在科索沃依然存在，其腐败程度高于周边国家，外国投资仍然很低，非法和灰色经济活动很突出，超越了其他所有的经济活动，参见表8-1。

---

[1] Cf. "Markovic, intervju," *Politika*, 2015-09-20（"对马尔科维奇的采访"，《政治报》2015年9月20日）.

第八章 科索沃的"独立"与"国家建构"

表8-1 科索沃基本经济数据

项目	数据	世界排名
GDP（PPP）	53亿美元（2008年）	第156位
人均GDP（PPP）	2500美元（2007年）	第172位
劳动力	55万（2010年，不包括黑色和灰色市场）	第156位
农业部门比例	23.1%（2010年）	—
失业率	30.9%（2013年）	
贫困线以下的人口	30%（2007年，CIA, The World Factbook）；45%（2013年，World Bank）	
基尼系数	30（2006年，CIA, The World Factbook）	
GDP中FDI比例	19.8%（2009年）	第95位
预算收入与开支	收入：11.9亿美元 开支：12.2亿美元（2007年）	
通货膨胀率	53%（2007年）	第147位
电源生产与消费比例	-34.5亿千瓦时（2010年）	—
进出口	进口：26.8亿美元 出口：3.49亿美元（2014年）	

数据来源：Global Observer: Kosovo Economy Profile, 2012。

二是平息民族分歧和防止它对经济转型的消极影响。在这两个问题上，科索沃当局与塞尔维亚政府的工作还有待加强并且缺乏多数公民的支持。其一，阿族和塞族完全隔绝。除了政治方面之外，塞族与阿族经济、社会、文化等方面的交流几乎不存在。因此，两方首先需要进行房产、资产的划分，才能进行系统的私有化。科索沃战争之后，阿族非法占有塞族的房产与住宅，科索沃当局当然不愿处理这个问题。但是，2016年10月特雷普卡矿厂的私有化显示，两方难以做出让步。此外，除两个矿厂、电力公司、联通公司、铁路公司外，科索沃工业部门缺乏大型企业，这导致科索沃政府采取不同个体区别对待的方式来进行这些公司的私有化。目前为止，科索沃联通公司已经完全被私有化，其他的大型企业既等待与塞尔维亚所有权状态问题的解决，又需要处理好从前南自治省时的社会所有制到国家所有制的转型，才能进行私有化。其二，科索沃塞族难民问题。根据估计，1999年，约15万塞族人逃离科索沃，目前为止，返家的不到10%。其三，科索沃司法体系仍不够公平。这种情形在法院处理原告指控被告侵犯自身利益的案件中尤为明显。警察和检察官经常无法根据犯罪的严重程度进行判决，法官过分从宽量刑。其四，两个民族之间沟通要通过贝尔格莱德进行。

由于科索沃战争后的建筑项目和国外援助，2000—2001年科索沃国内生产总值增长为2%—4%，2002年负增长，2003年来一直在增长，甚至2009年在欧洲陷入经济危机时继续保持1%的增长。2010年以来科索沃加强与欧洲国家的贸易合作，进入了中欧贸合组织（CEFTA）、国际货币基金组织，并使其国内生产总值继续保持增长。

但是，科索沃宏观经济仍存在重要问题，包括：第一，对外贸易的赤字。除煤炭、矿物外，科索沃没有别的可出口的产品，因此2004年科索沃对外赤字占国内生产总值的70%，2011年占39%。第二，对移民外汇的依赖。自20世纪70年代，移民到西欧国家的科索沃人的直接外汇占科索沃国内生产总值的20%以上，2011年移民外汇占15%。第三，政府收入过于依赖消费。科索沃没有发达的生产力，其税务制取决于公民消费。因此，科索沃财政应当推动消费，才能提升税收。1999年联合国特派团引入了10%的总关税率，成为科索沃财政部的主要收入。第四，高失业率。由于落后的经济形势和大量人口增长，20世纪60年代以来科索沃失业率很高。据世界银行数据，2013年科索沃失业率为30.9%，是东南欧国家中第二高的。此外，国际货币基金组织警告称，如果考虑到"未报失业"情况，科索沃失业率可能会增加一倍。根据科索沃统计局的数据，"经济被动的人数"为63.1%，[1] 科索沃成为欧洲国家中失业率最高的地区。不仅如此，科索沃的结构性与地区性失业很明显。有独立调研机构估计，大学毕业的员工占就业人数的20%以下，而少数民族，如罗马尼亚族的失业率可能高于90%。[2] 第五，可以说由于上述问题，科索沃黑市极为活跃。虽缺乏官方数据，但有些独立调研显示，黑市交易可能占科索沃GDP的20%以上。此外，科索沃当局尚未实现对边检的完全控制，在塞族控制区的边界海关检查不够到位，易于走私活动出现。最后，政治不稳定，

---

[1] "Results of the Kosovo 2012 Labour Force Survey," Kosovo Agency of Statistics, September 2013, p.9.

[2] "Roma forced back to dire poverty, deprivation," 28 October 2010.

经济总布局落后，司法与行政干部腐败都对科索沃引入直接外资造成消极的影响。根据世界银行的分类，科索沃经济处于经济转轨第一阶段中，但是它无法依靠直接外资来促进经济增长。与此相关，大型企业的私有化并不能作为科索沃经济增长的核心。2006—2012年期间，科索沃的FDI大多来自欧盟大国，其中源自"阿侨"的FDI占70%。

尽管如此，科索沃的低FDI和高失业率所带来的消极影响仍不容忽视。经济疲软不仅迫使福利开支较低，而且造成社会福利系统的低效，也导致科索沃外债较低，仅占GDP的2.5%。此外，由于科索沃未引入自己的货币而使用欧元，因此科索沃中央银行采取保守的货币政策，使科索沃通货膨胀相当稳定，2012年为8.3%。这些也都使科索沃金融公司与银行业的稳定资本增值。

总的来说，科索沃福利水平低、公共部门开支较低、工业化和生产率落后，这些都均不利于FDI的增长。因所有制争端、政治不稳定、司法和行政腐败，科索沃的私有化仍然处于第一阶段，这些都导致科索沃当局开始搞一种"无关税的重商主义"。考虑到人口年轻、银行业"健康"、市场公开化，科索沃政府对经济放松管理，同时也导致科索沃灰黑色经济增长并忽视高失业率，其福利政策仍然处于"原始资本主义的水平"。正因如此，科索沃政府似乎还面临选择：开始重视福利还是继续保持稳定增长。

结　语

本书对前南地区国家的政治、经济和外交发展进行了全面的分析、梳理和研究，其重点是南联邦社会转型，解体后发生的巴尔干地区内战，各国独立和建国的进程，引入民主化和多党制以及各国融入欧洲一体化的进程。

从社会的发展看，前南地区国家二战后建立了南斯拉夫联邦，面临着建立现代国家的任务。南联邦"兄弟情谊和团结"取决于能否建成现代国家，包括维护主权与领土完整，在东西方两大阵营对立下维护独立发展的模式和奉行独立对外政策，进行工业化和发展经济，建构社会核心价值和国家认同。南联邦虽然在其他方面取得了很大的成就，但是，其建构社会核心价值和国家认同存在着很大的不足。作为一个多民族的社会主义国家，南斯拉夫以自治分权的政治路线来处理南联邦民族之间的社会和政治问题。为20世纪50年代外交和经济的成就所鼓舞，南斯拉夫继续批判"斯大林式"的集权制，实行国家机构权力下放和联邦主义，试图找到一个能平衡多民族联邦国家权力的"社会主义模式"。同时，南斯拉夫也并没有超越民族间历史积累的矛盾与冲突。为了建立新社会价值和国家认同，南斯拉夫没有放弃对种族民族主义的镇压措施，忽视了民族间冲突的现象。面对南斯拉夫20世纪60年代初期经济发展停滞、塞尔维亚共盟集权派造成的各共和国的民族主义的上升，南共盟提出要继续坚持联邦主义政治路线，批判集权制的倾向，希望联邦分权会消除各种民族主义，提出了兼带南斯拉夫多民族国家的社会核心价值，即自治体制和集权国家消亡论。尽管如此，从50年代到60年代后期，南斯拉夫社会发展还处于平衡的联邦主义时代，南斯拉夫在东西阵营之间保持着独特的发展模式。

南共盟主张的联邦分权，以共和国为主，造成民族主义的逐渐恢复。1967年斯洛文尼亚共盟开始批评联邦预算分配，暴露了共和国领导之间的紧张关系，引发了关于联邦与共和国权力失衡的讨论。共和国间分歧不仅仅涉

结 语

及分权与集权派之间的冲突，也体现了各共和国民族主义的复兴。许多学者认为，这就是南共盟错误政策的结果。研究南联邦社会发展的学者提出，南联邦解体的原因是60年代后期南共盟继续支持联邦分权。那时，南斯拉夫面临着政治、经济和社会方面的结构性问题，它们都需要中央政府的干预。共和国间经济差距不断突出，南斯拉夫多民族社会开始经历分离的进程，南斯拉夫的认同——兄弟情谊和团结及超民族的南斯拉夫主义情绪——尚未完全形成，这些都构成了南斯拉夫联邦与共和国之间权力平衡逐渐陷入危机。但是，由于共和国领导越来越强以及南共盟自治分权的意识形态，从1971年起，南斯拉夫开始进行政治改革。1974年宪法给予共和国极大的政治和经济自由，导致南联邦不可逆转地走向共和国独立。因此，南斯拉夫进入了共和国间自利平衡与联邦主义之间共存的阶段。但是，联邦主义已经开始逐渐分化瓦解。只是由于70年代地缘政治形势，依托个人权威和1974—1976年经济增长，南联邦各共和国间的自利平衡继续存活。

1981年经济危机和1982年在科索沃再次出现阿族的骚乱加剧了共和国间的差距和分歧，1980年铁托逝世以及后来集体主席团的无能，都表明共和国间差距难以改善、分歧难以协调，南斯拉夫联邦主义日渐失去了公众的合法性。在南斯拉夫人眼中，基于自治的经济体制需要根本性的改革。但是，共和国领导不愿放弃政治和经济权限，地方主义兴盛并向联邦政府推卸责任，这些使1981年以来应对经济危机的任何方案都难以达成一致。在联邦与共和国失衡的形势下，斯洛文尼亚共盟逐渐进行社会的自由化，导致了公民社会的多元化和主张政治经济独立。同时，塞尔维亚共盟集权派开始更公开地批判联邦的分权，主张联邦重新集权化并加强中央政府的权限。由于科索沃阿族自治的问题，塞尔维亚共盟重新集权政策从一开始就具有一定民族主义的特性。从80年代初期起，塞尔维亚民族主义逐渐成为一个主要社会思潮，它的承载者是塞尔维亚知识分子，主张塞族民族复兴和塞尔维亚与聚居境外塞族统一成国。由于联邦主义的危机，这一思想在塞族民众中得到广泛认可和推广，引起塞共盟领导的关注，并在米洛舍维奇上台执政时成为其集权民族主义政策的重要组成部分。从这一点也可以看出塞共盟与斯共盟分权派的对立，同样影响到其他共和国的集权与分权之间分歧的民族化。正因如此，斯洛文尼亚和克罗地亚等共和国由自由派发起的民主化进程开始受到种族民族主义的影响。1990—1991年，第一次多党制选举中新兴民族政党获得了选民的支持，开始主张建立民族国家政策，加剧了国内民族之间分歧，终于导致南斯拉夫解体和战争的爆发。

建立民族国家是各国在独立后的主要发展观之一，也是一种主要社会发展进程。建立民族国家的基本观点是建立基于一个民族的现代国家共同认同，主张恢复故土和民族统一主义。此外，主张建立民族国家的人认为，由于前南地区民族迟来的建国进程，应先进行民族国家建国，后奉行民主化和自由化，相信专制政体符合于一个具有共同认同的国家。建立民族国家与欧洲90年代主张多民族、多元化趋势对立，逐渐失去公众合法性，陷入国际孤立。但是，这个阶段各国的情况并不一样。由于经济发达和民族同质性（homogenity），独立后不久，斯洛文尼亚民族政党已经失去了公众的支持，斯洛文尼亚早已融入欧洲一体化并完成了自由化和民主化的进程。由于战争和民主联盟建立民族国家的主张，克罗地亚出现了民主的倒退。图季曼政权"三反"政策加剧了克罗地亚民族主义，导致了后来欧盟与克罗地亚关系紧张和克罗地亚主权主义的出现。米洛舍维奇的塞尔维亚化政策使塞尔维亚和黑山的社会转型在90年代出现停滞，在此期间，米洛舍维奇在克罗地亚和波黑对塞族占领区继续进行塞尔维亚化，在科索沃严格限制科索沃阿族的自治。同时，在塞尔维亚政治舞台上，他允许民族政党的出现，遏制民主反对派。2000年，米洛舍维奇被推翻后，塞尔维亚和黑山进入民主化的阶段。国际社会的干预打断了波黑和马其顿族建立民族国家的进程，引导它们融入欧洲一体化。

在前南地区国家巩固民主期间，由于欧盟与国家利益的分歧，出现了反对亲欧的政治主张，要求重新重视国家利益和反对欧盟的多民族、多元化的思想主张。在斯洛文尼亚，它表现在右翼政党重新关注斯洛文尼亚与克罗地亚的领土争端。克罗地亚主权主义主要表现在重新重视克罗地亚对塞尔维亚的政策。由于科索沃主权问题，塞尔维亚主权主义仍引起公众的关注。黑山加入北约也导致了民众的分歧，亲塞尔维亚主权主义越来越突出。

从前南地区国家的目前情况来看，有的已经完成了社会转型，有的即将完成，有的因社会转型中的问题完成转型遥遥无期。2008年经济危机后，斯洛文尼亚已经面临了"转型后"的问题，由于经济竞争力的下降，经济改革再次成为重心,成为斯洛文尼亚政府当前面临的主要政治经济挑战。克罗地亚也面临经济结构性的改革和走出"借新债垫旧债"的怪圈,这是它"转型后"面临的另一项主要挑战。

即将完成转型的塞尔维亚和黑山面临"转型后期"中的"民族"和"民主"问题的挑战。2008年,科索沃单方面宣布独立,加剧了塞尔维亚公众的主权情绪并把塞尔维亚政治转向右翼共识。一方面,由于科索沃主权问题,塞尔维亚担心欧盟仍会迫使它做出单项选择:继续融入欧洲一体化还是保住科索沃。无论选择了哪一个,都将导致塞尔维亚社会转型再次陷入危机。另一方面,黑山从"转型前"到"转型后期"保持了以社会主义者民主党为首的亲独立政治力量的连续统治,但是其他的在野党越来越突出。此外,由于公众就加入北约的分歧,黑山塞族反对党的支持率逐渐增加,不仅能导致黑山政权转变而也会驱动民族冲突。

二十多年间,"转型"中的波黑和北马其顿经过国际干预从民族武装冲突走向和平,并开启了建国的进程。两国经历了各自的独特发展,但到目前为止,它们都没有全面完成建国的进程。波黑虽然在建立国家机构和加强民主多元机构方面取得了一定的成就,但是由于三个民族的分歧,它仍然无法走出经济困境和更积极地融入欧洲一体化。北马其顿在建国进程、民族和解和经济恢复方面走得更远,但是其进一步发展在很大的程度上还取决于马其顿族与阿族之间分歧的平息和多民族社会的国家的建立。

从宏观经济角度看,前南地区国家的经济转型和经济发展也不同。斯洛文尼亚渐进的财政改革、私有化和市场自由化带来了斯洛文尼亚独立后的持续和平衡发展,使斯洛文尼亚较快调整与欧盟的一体化和采取适当措施进一步调整欧盟市场。入盟后,它取得了机会成为"前南地区门户",即向前南地区加强出口和劳动外包。克罗地亚入盟和塞尔维亚、黑山和北马其顿开始入盟谈判之后,斯洛文尼亚对前南地区经济竞争力下降,斯洛文尼亚再次走向结构性的改革。1995年以来,走出"战争经济"的克罗地亚面临了较大的经济问题。一是过于急迫和不公平的私有化,二是国家干预主义和经济发展对政府的依赖,三是GDP与外债平衡越来越不稳定,这些都造成了克罗地亚继续依赖国外贷款而不进行结构性的改革。2008年欧债危机时,克罗地亚终于开始采取"不受欢迎"的措施来应对经济危机。此外,克旅游业发展提高了预算收入并推动了小型企业的发展。有一些观点认为，这些措施拯救了克罗地亚经济。米洛舍维奇时代结束后塞尔维亚的经济改革主要是开始第二阶段的私有化，进行金融和财政的巩固，保持第纳尔的稳定汇率和重视所谓"多元化的外资"，即来自俄罗斯、中国、阿联酋等国家的投资。十几年间，虽有一定的进步，但塞尔维亚仍然面临结构经济问题，比如各届政府都还得进行大幅度公共部门开支削减，国营企业的效率较低，贝尔格莱德与塞尔维亚其他地区间经济差距依然很大。此外，占塞尔维亚GDP10%以上的农业仍然无法成为出口导向。由于人口少和旅游业潜力大，黑山利用世界银行贷款和房地产的繁荣，从2000年来明显地提高了GDP和平均工资，成为西巴尔干地区欧盟候选国中最发达的国家。然而，经济自由度不足，过度依靠房地产业和"食利者模式"造成了2014年后黑山经济不良。北马其顿的经济问题更为复杂。由于高失业率，严重依赖进口，地区发展不平衡，北马其顿开始更积极地推动外资引入。根据世界银行"经商容易度"排名报告，北马其顿从2007年的第93名上升到2014年的第12名。[①] 2012年北马其顿政府开始建设交通设施和斯科普里城建项目，目的是推动北马其顿长期经济发展。因此，评估新政策效果可能为时尚早。波黑的经济形势可能是最复杂的。波黑不仅经过战争的摧残，而且由于战前高度发展重工业和林业，其经济面临着激进结构的调整。此外，由于经济分权和不相称的发展，波黑经济仍然不够稳定，小型企业仍然不成熟，失业率高，而公共部门效率较低。最终，由于政治方面的阻力，波黑仍无法解决宏观层面的经济问题。

新兴独立国家虽然主动选择了靠向欧盟，但是，由于诸多方面的差别，它们融入欧洲一体化的进程极为不同。斯洛文尼亚从1991年起就主动融入欧洲一体化，2004年进入了欧盟。在经历了战争和图季曼建立民族国家的政策之后，2000年以来克罗地亚重新寻求融入欧洲一体化，但2013年才进入了欧盟。除斯洛文尼亚和克罗地亚之外，其他前南地区的国家尚未加入欧盟，而它们入盟的前景也不尽相同。塞尔维亚和黑山与欧盟已经开始了入盟的谈判，但进展差别较大。黑山在引入政治多元化和进行改革方面取得了巨大的进展，但政治多元化不够成熟，执政党裙带关系突出，都对黑山融入欧洲一体化进

---

① World Bank Group, Ease of Doing Business, 2007 report, 2016 report.

程有决定性的影响。在经历了公众争论、民族主义的复兴和对外关系的多极化之后，塞尔维亚开始了入盟谈判。但由于科索沃主权问题及其对欧盟与塞尔维亚之间关系的影响，塞尔维亚可能仍然面对继续与欧盟谈判入盟还是重新坚持国家主权的选择。在余下的国家中，北马其顿正式递交了入盟申请，但由于希腊反对尚未开始与欧盟谈判。波黑也递交了入盟申请。而科索沃因其建国进程问题仍然无法迈出第一步，详细参见附表3。

2000年以来，前南地区国家经历了不断变化，它们的经济和政治发展呈现出相似的趋势，但它们之间的差异却在增大。从基本经济数据的角度看，前南地区国家之间经济差距的趋势与1991年相比要小得多，参见附图1，只有黑山GDP增长的相对位置发生了变化。20世纪90年代前南地区国家先后实行了民主化和巩固多党制之后，它们间差距的综合趋势也没有发生什么大的变化。根据经济学人智库（EIU）的数据，斯洛文尼亚位于"稳定民主"与"缺陷民主"之间，属于世界前50名国家。克罗地亚位于"缺陷民主"，塞尔维亚、北马其顿和黑山位于"缺陷民主"与"混合政权"之间。波黑位于"混合政权"与"专制"之间，参见附图3。不仅如此，各国家社会转型数据的比较说明，前南地区国家社会发展趋势是较平行的。腐败感知指数和失败国家指数证明，各国之间差距仍较大，而相对位置没有发生什么变化，参见附图4和附图5。总体来说，前南地区国家政治经济的差距仍然较大，但趋势在继续缩小。

尽管如此，2000年以来前南地区国家处于社会共同性的重新形成过程中。因此，针对目前的前南地区进行研究，特别需要注意以下几点：

首先，前南地区失去了地缘政治的重要性，而成为前南国家社会、文化、民间交流的框架。因此，转型后前南地区向何处？根据目前前南地区国家的政治倾向，"前南地区"概念可能将伴随着"巴尔干"或者"中欧"（Mitteleuropa）的路径依赖，从具有地缘政治意义的概念逐渐变成为具体社会和文化的概念，它将包含"前南地区"的民族或社会之间合作和交流，而不再包含"前南地区"之国家。与二战后"中欧"的命运一样，"前南地区"进入了地缘政治上的"隐形"阶段，政治和经济的共性远少于差异性，只有社会和文化共性的发展。二战后，"中欧"国家分属对立的两个阵营，而目前"前南地区"意识形态支配的方向，即融入欧洲一体化与实现"南斯拉夫一体化"被视为是两个相反的方向。因此，可以说欧盟虽然推动"前南地区"社会经济一体化，但同时它加剧"前南地区"政治的差异。根据后殖民主义批评理论的说法，在塑造（inventing）新的地缘政治地区（西巴尔干、东南欧、中东欧等）并重构（reconfigure）旧的地缘政治地区（东欧、前苏联地区、前南地区等）的同时，欧盟具有重新制定自己议程的霸权。经过巴尔干内战和各国相继独立并融入欧洲一体化，欧洲一体化逐渐替代了原来的南斯拉夫一体化。由欧盟发起的区域性框架影响了前南地区国家的区域定位，开始主张"西巴尔干""东南欧"或"中欧和东南欧"一体化。不过，由于前南地区国家的社会共同性、相近性和相似性，2000年以来它们之间的经济、社会等关系逐渐恢复，并出现所谓"前南地区"（Yugosphere）社会经济的整合。这些整合能否影响前南地区国家重新考虑南斯拉夫一体化，现在评估还为时尚早。尽管如此，欧洲一体化进程越来越成为前南地区一体化的催化剂。

其次，由于最近二十多年分离力量处于主导地位，前南地区国家在一定的程度上还担心其融入欧洲一体化进程发生逆转。首先，波黑和科索沃建国的缺陷仍可能导致民族冲突再次爆发，而且溢出到其他多民族的国家。因此，尚未入盟的塞尔维亚、黑山和北马其顿致力于地区稳定和民族和解。与此相关，外部因素仍然利用前南地区国家分歧来影响它们融入欧洲一体化。2013年以来，俄罗斯与欧盟的对立局面及其对前南地区的影响，一些极端伊斯兰主义组织对波黑、科索沃和北马其顿穆族的影响，以及其他恐怖集团在前南地区国家的活动，都影响了前南地区新国家融入欧洲一体化进程。

最后，前南地区国家的民族主义的转型。在前南地区国家融入欧洲一体化的进程中，民族主义政党和极为激进的政治力量是逐渐被边缘化的。尽管如此，进入欧盟后不久，由于经济依然停滞，认同危机等问题存在，许多的国家出现了民族主义的复兴，观点激进的政党再度获得支持。由于"入盟前的热情"仍较大，前南地区国家虽然没经历中东欧国家那样的民族主义回潮，但是，其融入欧洲一体化进程越慢，中东欧国家的民族主义及其存在的内政问题、前南地区国家保留的民族主义、中东欧国家"右翼倾向"等因素所产生的影响就越大。因此，稳妥解决民族主义回潮问题也是它们进一步融入欧洲一体化的主要挑战。

附 录

附表1：前南地区国家独立进程

国家	人口总数和主要民族比例（1991年普查）	宣布主权日期	宣布独立的日期	战争的时间	加入联合国的日期
斯洛文尼亚	总人口：190.2万；斯族：178万	1990年12月23日	1991年6月25日	1991年6月底—7月初	1992年1月15日
克罗地亚	总人口：476.2万；克族：370.08万	1990年7月25日	1991年6月25日	1991年8月—1995年8月	1992年1月15日
波黑	总人口：436.4万；穆族：190.1；塞族：156.3万；克族：75.58万	1991年10月15日	1992年3月3日	1992年1月—1995年12月	1992年5月22日
塞尔维亚	总人口：979.1万；塞族：642.8万	2006年6月5日	2006年6月5日	1998年6月—1999年6月（卷入科索沃内战）	2000年11年1日（作为南联盟的继承国，2006年6月5日生效）
黑山	总人口：61.5万；黑山族：35.0万	2003年10月3日	2006年6月3日	—	2006年6月28日
北马其顿	总人口：203.3万；马其顿族：131.0万	1991年1月25日	1991年9月8日	（北马其顿民族武装冲突：2001年2—8月）	1993年4月8日（作为"前南的马其顿共和国"）

续表

国家	人口总数和主要民族比例（1991年普查）	宣布主权日期	宣布独立的日期	战争的时间	加入联合国的日期
（科索沃）	总人口：195.4万；阿族：160.7万	争议中	2008年2月17日（单方面宣布独立）	1998年2月—1999年6月（科索沃"外交部"数据）	—

数据来源：Stanovništvo prema nacionalnoj pripadnosti, popis 1991, Federalni zavod za statistiku, Beograd, 1991（"1991年南联邦普查"，联邦统计局，贝尔格莱德，1991年）。

附表2：前南地区国家与欧盟关系时间表

国家	签署《欧洲协定》（EA）和《稳定与联系协议》（SAA）	申请入盟	谈判开始	谈判结束	加入欧盟	入申根区	入欧元区
斯洛文尼亚	1996-04-13	1996-06-10	1998-02-12	2003-06-14	2004-05-01	2007-12-21	2007-01-01
克罗地亚	2001-10-29	2003-02-21	2005-10-4	2011-06-30	2013-07-01	—	—
黑山	2010-05-01	2008-12-15	2012-06-29	—	—	—	—
塞尔维亚	2008-04-29	2009-12-22	2013-06-28	—	—	—	—
波黑	2015-06-01	2016-02-15	—	—	—	—	—
北马其顿	2001-06-01	2004-03-22	—	—	—	—	—
（科索沃）	2015-10-27	—	—	—	—	—	—

数据来源：Eurostat。

附表3：欧盟与前南地区国家关系

国家	入盟前公众共识	政党共识	主要经济问题	主要政治问题	欧盟约束性的影响	反欧洲一体化政党的影响
斯洛文尼亚	很高	很高	-金融改革 -稳定通胀	-双边争议（意大利）	高	低
克罗地亚	高	很高	-减少外债和公共消费 -财政改革	-与前南刑庭合作 -反腐斗争 -少数民族权利 -双边争议（斯洛文尼亚）	高	低
塞尔维亚	中	低（激进党）	-经济移民 -生产力较低	-主权问题（科索沃） -与俄罗斯关系	中	高
黑山	高	中（亲塞政党）	-经济多元化 -贷款依赖性	-反腐斗争	中	中
波黑	中	低	很多	很多	低	低
北马其顿	高	高	-失业 -生产力较低	-双边争议（希腊）	高	低
（科索沃）	高	中	很多	很多	低	低

附图1：前南地区国家名义人均GDP增长

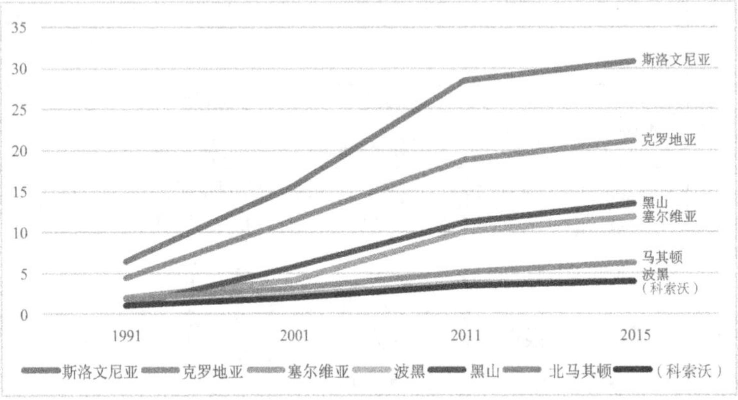

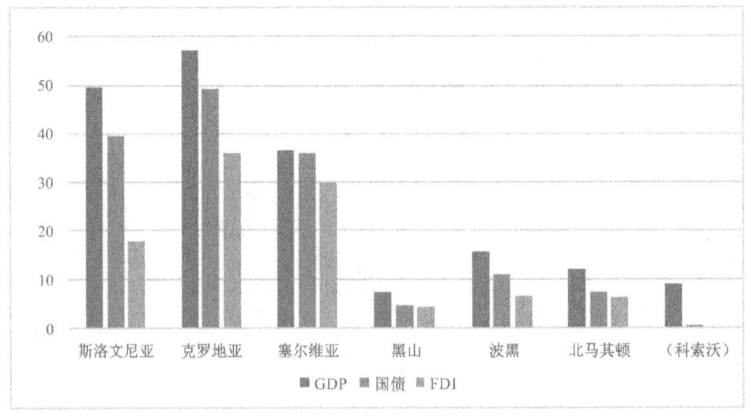

数据来源：CIA, The World Factbook, 2015。

附图2：2014年前南地区国家GDP、国债和FDI比例

数据来源：CIA, The World Factbook, 2015。

附　录

附图3：民主指数

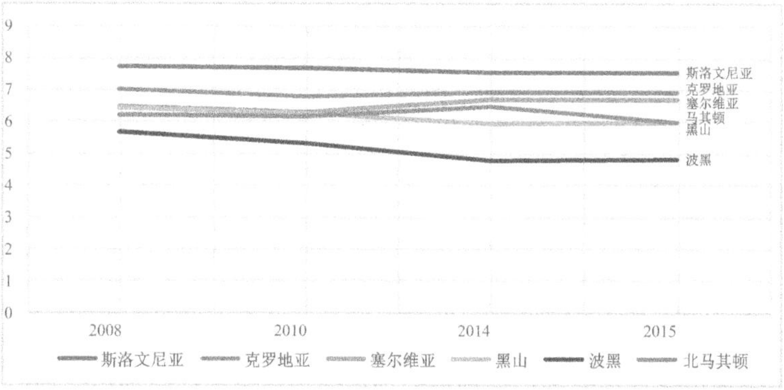

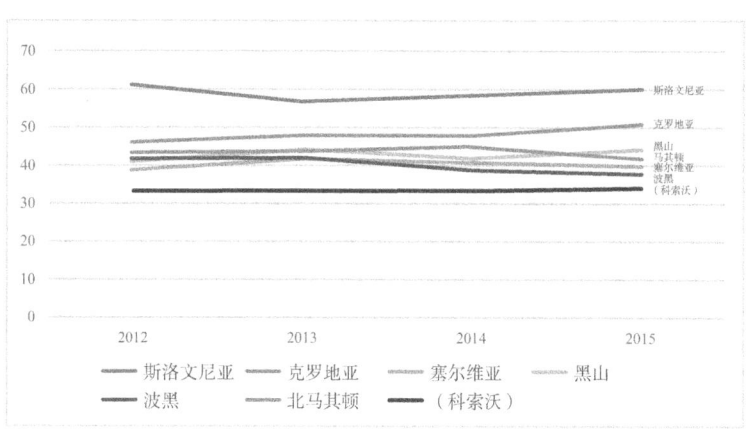

数据来源：The Economist Intelligence Unit, 2015。
注：<8 稳定民主；8—6 缺陷民主；6—4 混合政权；>4 专制。

附图4：腐败感知指数（0>100）

数据来源：Transparency International, 2015。

附图5：失败国家指数

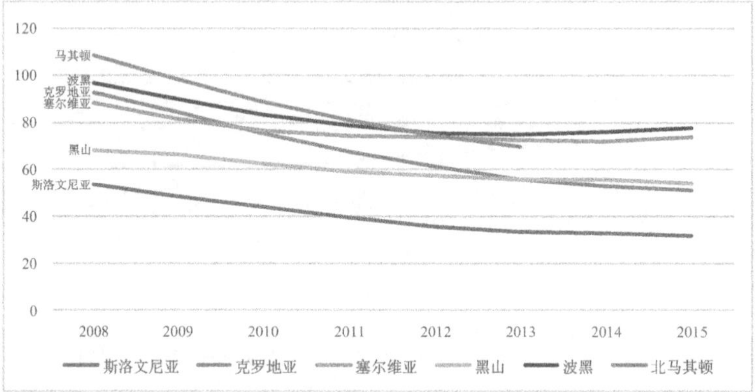

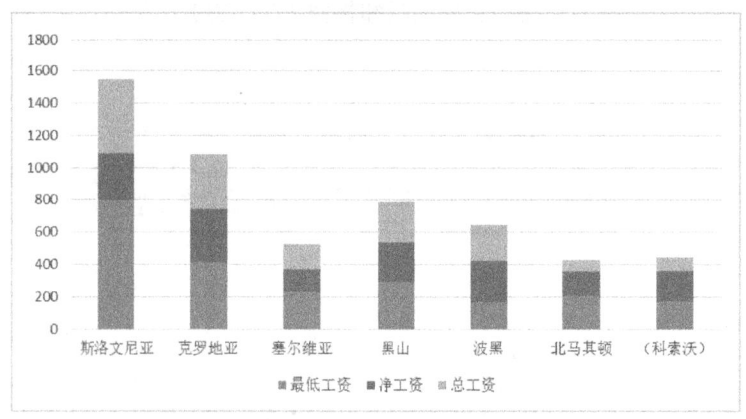

数据来源：Foreign Policy, 2015。

附图6：前南地区国家平均月工资比较（欧元）

数据来源：Eurostat, 2015。

参考文献

一、克、塞、波黑、黑山文资料

（一）专著

1. Ivo Goldstein, *Hrvatska 1918-2008*, Europa Press Holding, Zagreb, 2008（［克］伊·戈尔茨坦：《1918—2008年的克罗地亚》，萨格勒布：欧洲出版公司，2008年，克文版）.

2. Dusan Bilandzic, *Hrvatska moderna povijest*, Zagreb: Golden Marketing, 2001（［克］杜·比兰吉奇：《克罗地亚现代史》，萨格勒布：黄金宣传出版社，2001年，克文版）.

3. H. Matkovic, *Suvremena politicka povijest Hrvatske*, MUP RH, Zagreb, 1995（［克］H·马特科维奇：《克罗地亚现代史》，萨格勒布，克罗地亚内务部，萨格勒布，1995年，克文版）.

4. I. Banac, *Raspad Jugoslavije. Eseji o nacionalizmu i nacionalnim sukobima*, Durieux, Zagreb, 2001（［克］伊·巴纳茨：《南斯拉夫解体：关于民族主义和民族冲突的文集》，萨格勒布，Durieux，2001年，克文版）.

5. Mirjana Kasapović, Ivan Grdešić, Ivan Šiber, Nenad Zakošek, *Hrvatska u izborima '90*, Zagreb: Naprijed, 1991（［克］M·卡萨波维奇等：《1990年克罗地亚选举》，萨格勒布：进步出版社，1991年，克文版）.

6. M. Kasapovic, *Demokratska tranzicija i politicke stranke: Razvoj politickih stranaka i politickih sustava u Istocnoj Europi*, Fakultet politickih znanosti, Zagreb, 1996（［克］M·卡萨波维奇：《民主过渡与政党：东欧政党和政治制度的发展》，萨格勒布，政治学学院，1996年，克文版）.

7. Mirjana Kasapovic, eds., *Hrvatska politika 1990-2000: Izbori, stranke i parlament u Hrvatskoj*, Fakultet politickih znanosti, Zagreb, 2001（［克］M·卡萨

波维奇主编:《1990—2000年克罗地亚政治:选举、政党和议会》,萨格勒布,政治学学院,2001年,克文版)。

8. D. Hudelist, *Banket u Hrvatskoj—prilozi povijesti hrvatskog visestranacja 1989-1990*, Centar za informacije i pulicitet, Zagreb, 1991([克]达·胡德利斯特:《克罗地亚的宴会——1989—1990年克罗地亚多党史附录》,萨格勒布,Centar za informacije i pulicitet,1991年,克文版)。

9. D. Grubisa, N. Besirevic, H. Spehar, eds., *Politicki sustav Europske unije i europeizacija hrvatske politike*, Fakultet politickih znanosti, Zagreb, 2012([克]达·格鲁比沙等主编:《欧盟政治制度与克罗地亚政治欧洲化》,萨格勒布,政治学学院,2012年,克文版)。

10. D. Lalic, S. Kunac, *Izborne kampanje u Hrvatskoj: Dvije studije o tri izborna nadmetanja*, Fakultet politickih znanosti, Zagreb, 2010([克]德·拉利奇、苏·库纳茨:《克罗地亚选举竞选:关于三个竞选的两篇文章》,萨格勒布,政治学学院,2010年,克文版)。

11. J. Zupanov, *Od komunistickog pakla do divljeg kapitalizma*, Hrvatska sveucilisna naklada, Zagreb, 2002([克]约·儒潘诺夫:《从共产主义地狱到野生的资本主义》,萨格勒布:克罗地亚高等学校出版社,2002年,克文版)。

12. Dražen Lalić, Zoran Malenica (priredili), *Kriza i transformacija političkih stranaka*, Centar za politološka istraživanja, Zagreb, 2007([克]拉利奇、马雷尼察主编:《政党的危机与转型》,萨格勒布,政治学研究中心,2007年,克文版)。

13. S. Pavlovic, *Istorija Balkana, 1848-1945*, CLIO, Beograd, 2011([塞]斯·帕夫洛维奇:《1848—1945年巴尔干史》,贝尔格莱德,CLIO,2011年,塞文版)。

14. Lj. Dimic, *Istorija srpske drzavnosti*, SANU, Beograd, 2001([塞]卢·迪米奇:《塞尔维亚国家史》,贝尔格莱德,塞尔维亚科学院,2011年,塞文版)。

15. D. Djokic, *Nedostizni kompromis: hrvatsko-srpsko pitanje u medjuratnoj Jugoslaviji*, DAPS, Beograd, 2012([塞]德·久季奇:《未得到的妥协:南斯拉夫时代的克—塞问题》,贝尔格莱德,DAPS,2012年,塞文版)。

16. M. Stojkovic, A. Damian, *Savremeni procesi i odnosi na Balkanu*, IMPP,

FPN, Beograd, 1997（［塞］莫·斯托伊科维奇、阿·达米扬:《现代巴尔干的主要趋势和互动关系》，贝尔格莱德，政治学学院，1997年，塞文版）.

17. N. Teokarevic, *Proces demokratizacije u postkomunistickim zemljama Balkana*, FPN, Beograd, 2002（［塞］尼·特奥科勒维奇:《巴尔干后共产主义国家的民主化过程》，贝尔格莱德，政治学学院，2002年，塞文版）.

18. L. Perovic, *Izmedju anarhije i autokratije, Helsinski odbor za ljudska prava*, Beograd, 2006（［塞］拉·佩罗维奇:《在无政府主义与专制主义之间》，贝尔格莱德，赫尔辛基人权委员会，2006年，塞文版）.

19. J. Pesic, *Neotradicionalizam u srpskom drustvu*, SoC, Beograd, 2012（［塞］耶·佩西奇:《塞尔维亚社会中的传统主义》，贝尔格莱德，SoC，2012年，塞文版）.

20. M. Kazantis, I. Petrovic, *Makedonsko pitanje u grcko-jugoslovenskim odnosima*, Arhiv Jugoslavije, Beograd, 2008（［希］卡赞蒂斯、［南］佩特罗维奇主编:《南希关系中的马其顿问题》，贝尔格莱德，南斯拉夫档案馆，2008年，塞文版）.

21. S. Mojanoski, *Socijalna transformacija i sistem politickih stranaka u Makedoniji*, Beograd: Exit, 2011（［北马其顿］慈·莫雅诺斯基:《马其顿社会转型和党制》，贝尔格莱德:出口出版社，2011年，塞文版）.

22. F. Sacir, eds., *Bosnjaci nakon socijalizma: o bosnjackom identitetu u postjugoslavenskom dobu*, FPA, Sarajevo, 2012（［波黑］菲·萨齐尔编:《社会主义制度以后的波黑穆斯林族——后南时期的波黑穆斯林族的认同》，萨拉热窝，FPA，2012年，波黑文版）.

23. A. Ibrahimagic, *Politicki sistem BiH*, Maslesa, Sarajevo, 2008（［波黑］奥·伊布拉希阿吉奇:《波黑政治制度》，萨拉热窝，Maslesa，2008年，波黑文版）.

24. E. Zgodic, *Ideja bosanske nacije i druge teme*, Basija, Sarajevo, 2008（［波黑］艾·斯格蒂奇:《波黑国家之概念》，萨拉热窝，Basija，2008年，波黑文版）.

25. Branko Petranović, Čedomir Štrbac, eds., Istorija socijalističke Jugoslavije, v.1-3, Beograd: Radnička štampa, 1977（［南］布·佩特拉诺维奇等主编:《社会

主义南斯拉夫史》，贝尔格莱德：人民出版社，1977年，克塞文版）。

26. Dušan Bilandzic, *Propast Jugoslavije i stvaranje moderne Hrvatske: eseji, članci, interviewi, analize, izvješća, izjave*, Zagreb: AGM, 2003（［克］杜·比兰吉奇：《南斯拉夫衰退和现代克罗地亚的产生：论文、文章、采访、分析、报告、声明》，萨格勒布：AGM出版社，2003年，克文版）。

27. Ljubodrag Dimić, Aleksandar Životić, eds., Nap*ukli monolit: Jugoslavija i svet 1942-1948*, Beograd: Arhipelag, Službeni list, 2012（［塞］卢·迪米奇、亚·日沃迪奇主编：《破裂的巨石：南斯拉夫与世界1942—1948年》，贝尔格莱德，群岛级，官方报出版社，2012年，塞文版）。

28. *Dokumenti o spoljnoj politici SFRJ 1941-1950*, v. 1-11, Beograd: Savezno ministarstvo inostranih poslova, 1984-1993（《有关南斯拉夫社会主义联邦共和国外交政策的文献1941—1950年》，贝尔格莱德，联邦外交部，1984—1993年）。

29. Vladimir Dedijer, eds., *Dokumenti 1948*, v. 1-3, Beograd: Rad, 1979（［南］弗·德迪耶尔：《关于1948年的文献》，1—3集，贝尔格莱德：劳动出版社，1979年，克塞文版）。

30. Slobodan Nešović, Branko Petranović, eds., AV*NOJ i revolucija 1941-1945*, Beograd: Narodna knjiga, 1983（［南］斯·涅舍科维奇、布·佩特兰诺维奇主编：《南斯拉夫反法西斯人民解放委员会与革命1941—1945年》，贝尔格莱德：人民书籍出版社，1983年，克塞文版）。

31. Jadranka Jovanovic, *Jugoslavija u Ujedinjenim nacijama (1945-1953)*, Institut za savremenu istoriju, Beograd, 1983（［南］亚·约万诺维奇：《南斯拉夫在联合国，1945—1953年》，贝尔格莱德，现代史学院，1983年，克塞文版）。

32. *Balkanski pakt 1953-1954: zbornik dokumenata*, Beograd: Vojnoistorijski institut, 2005（《巴尔干条约1953—1954年：文献集》，贝尔格莱德，军史学院，2005年，塞文版）。

33. Blagoje Bošković, David Dašić, eds., *Samoupravljanje u Jugoslaviji 1950-1976: dokumenti razvoja*, Beograd, Privredni pregled, 1977（［南］布拉格耶·博什科维奇，大卫·达西奇主编：《南斯拉夫的自治制度1950—1976年：有关发

展的文献》，贝尔格莱德，经济文集，1977年，克塞文版）.

34. Dusan Bilandzic, *Historija Socijalisticke Federativne Republike Jugoslavije*, Zagreb: Skolska knjiga, 1985（［南］杜·比兰吉奇：《南斯拉夫社会主义联邦共和国史》，萨格勒布：学生书籍出版社，1985年，克塞文版）.

35. *1964: Osmi kongres Saveza komunista Jugoslavije*, Beograd: Komunist（《1964年南共联盟第八次代表大会》，贝尔格莱德：共产主义者出版社，1964年，克塞文版）.

36. Marko Nikezić, *Srpska krhka vertikala, Helsinški odbor za ljudska prava u Srbiji*, Beograd, 2003 (s uvodnom studijom, Latinke Perović, "Na tragu srpske liberalne tradicije. Ko su i šta su bili srpski liberali sedamdesetih godina XX veka", str. 8-93)（［塞］马·尼科斯奇：《塞尔维亚的弱垂直》，贝尔格莱德，塞尔维亚赫尔辛基人权委员会，2003年（前言为拉·佩罗维奇：《在塞尔维亚自由主义流传之中，谁是20世纪70年代塞尔维亚的自由主义者》）.

37. Latinka Perović, Zatvaranj*e kruga: Ishod rascepa 1971-1972*, Sarajevo: Svjetlost, 1991（［塞］拉·佩罗维奇：《完成的圆圈：分裂的后果1971—1972年》，萨拉热窝：光明出版社，1991年，克塞文版）.

38. Stjepan Babić, *Hrvanja hrvatskoga* (Croatian Language Quarrels), Zagreb: Školska knjiga, 2004（［克］斯·巴比奇：《克罗地亚语言的争端》，萨格勒布：学生书籍出版社，2004年，克文版）.

39. Marijan Korošić, *Jugoslavenska kriza*, Zagreb: Globus, 1989（［南］马·科罗希奇：《南斯拉夫危机》，萨格勒布：全球出版社，1989年，克文版）.

40. Miodrag Zec, *Kriza akumulacije, akumulacija krize*, Beograd, Ekonomika, 1989（［南］米·塞茨：《积累的危机，危机的积累》，贝尔格莱德，经济集，1989年，克塞文版）.

41. Vjeran Katunarić, *Svjetski antibarbarus: O uzrocima propasti bivšeg i nadolazećeg socijalizma*, Zagreb, Društvo, Povijest izvan mitova, 2013（［克］维·卡图纳里奇：《关于以前和未来的社会主义制崩溃的原因》，萨格勒布，神话以外的历史（组织），2013年，克文版）.

42. Stjepan Malović, "Novine," vlastita naklada, Zagreb, 1995, in Malović, Ricchiardy, Vilović, M*asovni mediji u Hrvatskoj i SR Jugoslaviji*, Zagreb: Izvori,

1998（［克］斯·马罗维奇：《报刊》，萨格勒布，1995年，克文版，载马罗维奇、里吉尔迪、维罗维奇主编：《克罗地亚和南联盟公众媒体》，萨格勒布：资源出版社，1995年，克文版）。

43. Stjepan Mesic, *Kako je srušena Jugoslavija: Politički memoari*, Zagreb: Mislavpress, 1994（［克］斯·梅西奇：《南斯拉夫如何解体：政治传记》，萨格勒布：Mislavpress，1994年，克文版）。

44. Milos Minic, *Pregovori izmedju Milosevica i Tudjmana o podjeli Bosne u Karadjordjevu 1991*, Beograd, 1999, Drustvo za istinu o antifasistickoj narodooslobodilackoj borbi u Jugoslaviji (1941-1945)（［塞］米·米尼奇：《1991年关于波黑划分的米—图谈判》，贝尔格莱德，"南反法西斯人民解放斗争的纪念公会"，1999年，塞文版）。

45. Momir Stojković, eds., *Balkanski ugovorni odnosi 1876-1996*, vol. 1-3, Beograd, Službeni glasnik SRJ, 1998（［塞］莫·斯托伊科维奇：《巴尔干的条约关系》，贝尔格莱德，官方报，1998年，塞文版）。

46. David Owen, *Balkanska odiseja*, Zagreb: Hrvatska sveučilišna naklada, Hrvatski institut za povijest, 1998（大卫·欧文：《巴尔干的奥德修斯》，萨格勒布：克罗地亚高等学校出版社、克罗地亚历史学院，1998年，克文版）。

47. Nikica Baric, *Srpska pobuna u Hrvatskoj 1990-1995*, Zagreb: Golden Marketing, 2005（［克］尼·巴里奇：《1990—1995年克罗地亚塞族的暴动》，萨格勒布：黄金宣传出版社，2005年，克文版）。

48. Karl Polanyi, *Velika transformacija*（The Great Transformation), Beograd: Filip Višnjić, 2003（［匈］卡尔·波兰尼：《大转型》，贝尔格莱德：菲利普·维斯耶克出版社，2003年，塞文版）。

49. Ljubomir Madžar, *Suton socijalističkih privreda*, Beograd, Ekonomika i IEN, 1990（［南］卢·马加尔：《社会主义制经济的日落》，贝尔格莱德，经济文集，1990年，克塞文版）。

50. S. Plevnik, S. Mesic, *Kina Na Balkanu*, Zagreb: ATM Marketing, 2012（［克］斯·普勒夫尼克、斯·梅西奇：《中国在巴尔干》，萨格勒布：ATM出版社，2012年，克文版）。

51. Darko Hudelist, *Tuđman—biografija* (in Croatian), Zagreb: Profil, 2004

（［克］达·胡德利斯特:《图季曼传》，萨格勒布：Profil，2004年，克文版）。

52. Biljana Plavšić, *Svedočim*, Banja Luka: Trioprint, 2005（［塞］比·布拉夫西奇:《我承认》，巴尼亚卢卡：Trioprint出版社，2005年，塞文版）。

53. Nebojša Popov, eds., *Srpska strana rata*, Beograd: Republika, 1996（［塞］尼·波波夫主编:《战争中的塞尔维亚之边》，贝尔格莱德：共和国出版社，1996年，塞文版）。

54. Hrvoje Šarinić, *Svi moji tajni pregovori sa Slobodanom Miloševićem*, Zagreb: Globus International, 1999（［克］赫·沙里尼奇:《我同米洛舍维奇的谈判》，萨格勒布：全球出版社，1999年，克文版）。

55. Vladimir Goati, *Jugoslavija na prekretnici*, Jugoslovenski institut za novinarstvo, Beograd, 1991（［南］弗·戈阿蒂:《在十字路口中的南斯拉夫》，贝尔格莱德，南斯拉夫信息业学院，1991年，塞文版）。

56. Krsto Cviić, Peter Sanfey, *Jugoistočna Europa od konflikta do suradnje*, Zagreb: EPHLiber, 2008（［克］克·斯维奇等:《东南欧：从冲突到合作》，萨格勒布：EPHLIber出版社，2008年，克文版）。

57. B. Petranovic, eds., *Avnoj i revolucija*, Beograd: Prosveta, 1983（［南］布·佩特兰诺维奇主编:《南解放委员会与革命》，贝尔格莱德：文明出版社，1983年，克塞文版）。

58. Mustafa Imamović, *Historija države i prava Bosne i Hercegovine*, Magistrat, Sarajevo, 2003（［波黑］穆·伊马莫维奇:《波黑国家和宪法史》，Magistrat，萨拉热窝，2003年，波黑文版）。

59. Muhamed Hadžijahić, *Od tradicije do identiteta. Geneza nacionalnog pitanja bosanskih Muslimana*, Sarajevo: Svjetlost, 1974（［波黑］穆·哈吉雅吉奇:《从传统到认同——波黑穆族的民族问题》，萨拉热窝：光明出版社，1974年，克塞文版）。

60. Edin Sarcevic, *Dejtonski ustav: karakteristike i problemi* (Die Daytoner Verfassung: Charakteristiken und Probleme), Mostar: Status, 2008（［波黑］艾·莎尔切维奇:《基于代顿的宪法：特征与问题》，莫斯塔尔：状态出版社，2008年，波黑文版）。

61. Cengic Drago, Ivan Rogic, eds., *Privatizacija i javnost*, Zagreb, Institut Ivo

Pilar, 1999（[克]德·切尼吉奇、伊·洛吉奇主编:《私有化与舆论》，萨格勒布，伊沃·毕拉尔科学院，1999年，克文版）。

62. Mario Nobilo, *Dipolimacija iza zatvorenih vrata*, Zagreb, EPH, 2000（[克]马·诺毕洛:《机密外交》，萨格勒布，EPH，2000年，克文版）。

（二）论文

1. N. Zakosek, "Narod l opozicija," *Politička Misao*, Vol. 32, No. 3, pp.71-92（[克]尼·萨科谢克:《人民与反对运动》，《政治思想杂志》1991年第32卷第3期，克文版）。

2. J. Miric, "Fascinacija drzavom i nemogucnost oporbe," *Politička Misao*, Vol.33, No. 1, 1996, pp.93-109（[克]优·米利奇:《建立民族国家中的在野党问题》，《政治思想杂志》1996年第33卷第1期，克文版）。

3. Natasa Zambelli, "Između Balkana i Zapada: problem hrvatskog identiteta nakon Tuđmana i diskurzivna rekonstrukcija regije," *Politička Misao*, Vol. 47, No. 1, 2010, pp.55-76（[克]纳·萨姆贝利:《在巴尔干与西方之间：后图季曼时期克罗地亚的认同问题及（东南欧）地区话语重建》，《政治思想杂志》2010年第47卷第1期）。

4. M. Stojic, "Euroskepticizam u Hrvatkoj i Srbiji: usporedna analiza politickih stranaka," *Politička Misao*, Vol. 83, No. 3, 2012, pp.31-50（[克]马·斯托伊奇:《克罗地亚和塞尔维亚的欧洲怀疑主义：政党比较分析》，《政治思想杂志》2012年第83卷第3期）。

5. M. Bilic, "Koncept koji predstavlja sve i nista—Zasto ne proucavati postjugoslavenski poslijeratni mirovni angazman iz perspektive civilnog drustva," *Politička Misao*, Vol. 54, No. 4, 2011, pp.45-68（[克]马·比利奇:《公民社会——南联邦后和战后公民社会的和平项目》，《政治思想杂志》2011年第54卷第4期）。

6. D. Lalović, "Prijelomno desetljeće (1962-1972)—od krize stabilnosti do stabilizacije krize," *Politička Misao*, Vol. 49, No. 3, 2012, pp.11-34（[克]德·拉罗维奇:《关键的十年（1962—1972）——从稳定的危机到危机的稳定》，《政

治思想杂志》2012年第49卷第3期，克文版）。

7. Ljudevit Jonke, "Razvoj hrvatskoga književnog jezika u 20. Stoljeću," *Jezik*, Zagreb, 1968（［南］卢·永科：《20世纪克罗地亚语言的发展》，《语言杂志》1968年第15卷第1期，克塞文版）。

8. Silvano Bolčić, "Zasto je danasnja Srbija pred (ekonomskim) kolapsom?" *Sociologija*, 10, 2298UDK, Beograd, 2014（［塞］斯·波里吉奇：《目前塞尔维亚为何面临（经济）崩溃？》，《社会学杂志》2014年第10卷，塞文版）。

9. Z. Lerotic, "Postdejtonska Hrvatska," *Politička Misao*, Vol. 33, No. 4, pp. 131-149（［克］佐·勒罗迪奇：《〈代顿协议〉后的克罗地亚》，《政治思想杂志》1996年第33卷第4期）。

10. Marko Grdesic, "Tranzicija, sindikati, politicke elite u Sloveniji I Hrvatskoj," *Politička Misao*, Vol. 43, No. 4, 2006, pp. 121-141（［克］马·格尔德西奇：《斯洛文尼亚和克罗地亚转型、工会和政治精英》，《政治思想杂志》2006年第43卷第4期）。

11. G. Bežovan, "Struktura civilnog društva u Hrvatskoj," *Politička Misao*, Vol. 39, No. 1, pp. 63-87（［克］格·贝佐万：《克罗地亚的公民社会结构》，《政治思想杂志》2002年第39卷第1期，克文版）。

12. I. Bicanic, V. Franicevic, "Izazovi stvarnoga i subjektivnog siromaštva i porasta nejednakosti u ekonomijama jugoistoène Europe u tranziciji," *Financijska teorija i praksa*, 2005, 29 (1), pp. 13-36（［克］伊·比查尼奇、弗·弗拉尼切维奇：《东南欧过渡国家经济中的客观与主观贫穷及贫富差距加剧的挑战》，《金融理论与实践》2005年第29卷第1期，克文版）。

13. R. Vukadinovic, "Balkanska kriza i medjunarodna sigurnost," *Politička Misao*. Vol. 32, No. 1, 1995, pp. 3-18（［克］拉·弗卡迪诺维奇：《巴尔干危机与国际安全》，《政治思想杂志》1995年第32卷第1期）。

14. Mladenovic, "I Obrasci formiranja i reprodukcije vladajucih elita u bivsoj Jugoslaviji (Shaping and Reproduction Patterns of Power Elites in Former Yugoslavia: I Vertical Mobility)," *Sociologija*, 2002, Vol. 45, No. 1.

15. Mladjen Kovacevic, "Srbija u kandžama neoliberalizma", www.mfn.rs, 访问时间：2015年10月9日。

16. R. Vukadinovic, "Americka politika na Balkanu," *Politička Misao*, Vol. 35, No.4, 2002, pp.3-20（［克］拉·弗卡迪诺维奇：《美国对巴尔干的政策》，《政治思想杂志》2002年第35卷第4期）。

17. M. Kasapovic, "Demokratska tranzicija i politicke institucije u Hrvatskoj," *Politička Misao*, Vol. 33, No. 2-3, pp. 84-99（莫·卡萨波维奇：《民主转型与克罗地亚的政治机构》，《政治思想杂志》1996年第33卷第2—3期）。

18. Dejan Jovic, "Hrvatska vanjska politika pred izazovima clanstva u Europskoj uniji," *Politička Misao*, Vol. 48, No. 2, 2013, pp. 7-36（德·乔维奇：《加入欧盟后的克罗地亚对外政策》，《政治思想杂志》2013年第48卷第2期）。

19. Djordje Tomic, "Od transformacije do tranzicije I nazad: Nauka o transformaciji? Pojmovi, pitanja, teorije," in A. Veselinovic, P. Atanackovic, eds., *Izgubljeno u tranziciji*, Beograd, Rosa Luxemburg Stiftung, 2012, pp. 42-50（乔·托米奇：《从转型到转轨：转型理论？概念，问题，理论》，维斯利诺维奇、阿塔纳茨科维奇主编：《转轨中所失去的》，贝尔格莱德，罗·卢森堡公益基金，2012年，塞文版）。

20. Helmuth Plessner, "Zakasnjela nacija—Ne država, nego narod," *Politička Misao*, Vol. 29, No. 3, 1992（［德］赫·普勒斯纳：《迟来的国家：不是国家，而是民族》，《政治思想杂志》1992年第29卷第3期，自德文译成克文版）。

21. E. Jahn, "Demokracija i nacionalizam—Jedinstvo i protuslovlje," *Politička Misao*, Vol.29, No.4, 1992（［德］艾·亚尼：《民主与民族：统一与矛盾》，《政治思想杂志》1992年第29卷第4期，自德文译成克文版）。

22. W. Merkel, "Teorija transformacije: Demokratska transformacija postautoritativnih drustava," *Politička Misao*, Vol. 36, No.3, 1999, pp. 121-150（［德］沃·默克尔：《转型论：后专制社会的民主转型》，《政治思想杂志》1999年第36卷第3期，克文版；原德文的译者：莫·卡萨波维奇）。

二、其他西文资料

（一）专著

1. V. Franicevic, eds., *Southeast Europe between Integration, Fragmentation and Globalization*, Massmedia, Zagreb, 2003.

2. Nebojsa Popov, eds., *The Road to War in Serbia*, Budapest: Central European University Press, 2002.

3. B. Krstic, *Kosovo: Facing the Court of History*, London: Penguin Random House, 2008.

4. A. Milic, eds., *Drustvena transformacija i strategije drustvenih grupa* (Social Transformation and Strategies of Social Groups), Institute for Sociology Faculty of Philosophy, Beograd/Belgrade, 2004.

5. I. Voje, *Nemirni Balkan*, NSZ, Ljubljana, 1994（［斯］伊·富耶:《不稳定的巴尔干》，卢布尔雅那，NSZ，1994年，斯文版）。

6. B. Repe, *The Repluralization of Slovenia in 80ies*, Seattle: University of Washington, 2000.

7. B. Repe, *Jutri je nov dan: Slovenci in razpad Jugoslavije*, Mondrijan, Ljubljana 2002（［斯］波·勒培:《明天又是新一天：前南解体与斯洛文尼亚人》，卢布尔雅那，Mondrijan，2002年，斯文版）。

8. Dušan Nečak, Boris Jesih, Božo Repe, Ksenija Škrilec, Peter Vodopivec, *Slovensko-avstrijski odnosi v 20 stoletju, Slowenisch-österreichische Beziehungen im 20 Jahrhundert*, Oddelek za zgodovino Filozofske fakultete v Ljubljani, Ljubljana, 2004.

9. A. Kramberger, *Socijalne transformacije*, Zavhod, Ljubljana, 2004（［塞］阿·克兰贝格尔:《斯洛文尼亚社会转型》，卢布尔雅那，Zavhod，1994年，斯文版）。

10. Dušan I. Bjelić, Obrad Savić, eds., *Balkan as Metaphor: Between Globalization and Fragmentation*, Cambridge and London: The MIT Press, 2002.

11. *Istorija na makedonskiot narod*, Institut za nova makedonskata istorija,

Skopje, 2008（《马其顿族史》, 马其顿现代史学院, 斯科普里, 2008年, 马其顿文版）.

12. M. Ordanoski, *Macedonia After Ohrid*, LSS, 2008.

13. M. Ripilovski, *2000 Ohrid Agreement and Future Macedonia*, Melbourne: First For Press, 2011.

14. S. Ripilovski, *Post-conflict Macedonia*, SSCMU, Tetovo, 2009.

15. S.P. Ramet, *Balkan Babel: The Disintegration of Yugoslavia From the Death of Tito to the Fall of Milosevic*, 4th ed., Boulder: Westview Press, 2002.

16. J. Gow, *The Victory of the Lack of Good Will: International Diplomacy and Yugoslav Wars*, New York: Columbia University Press, 1997.

17. S. Lucarelli, *Europe and the Dissolution of Yugoslavia*, The Hague: Martinus Njihoff Publishers, 2000.

18. M. Thompson, *Forging the War: Role of Croatian, Serbian and Bosnian Media*, OT: Canadian Social Sciences Press, 1997.

19. M. Glenny, *Third Balkan War: Break up of Yugoslavia*, London: Penguin Books, 1994.

20. S. Woodward, *Balkan Tragedy: Chaos and Dissolution after Cold War*, Washington: Brookings Institution, 1995.

21. B. Blitz, eds., *Balkan War and Change: Nationalism, Conflict and Cooperation*, Cambridge: Cambridge University Press, 2006.

22. A. Mojses, *The Hell in Yugoslavia: Ethno Religious Conflict*, Chicago: HBJ, 2000.

23. E. Pond, *Endgame in the Balkans: Regime Change, European Style*, Washington: Brookings Institution Press, 2006.

24. Zdenko Čepič, Damijan Guštin, eds., *Ferenčev zbornik*, Ljubljana: Inštitut za novejšo zgodovino, 1997（兹·切比奇, 达·古斯汀主编：《菲兰茨文集》, 卢布尔雅那, 现代史学院, 1997年, 斯文版）.

25. George A. Potts, *The Development of the System of Representation in Yugoslavia with Special Reference to the Period Since 1974*, Lanham, MD: University Press of America, Inc., 1996.

26. Dennison Rusinow, *Yugoslav experiment (1946-1973)*, London: Palgrave, 1977.

27. Sabrina P. Ramet, *The Three Yugoslavias: State-Building and Legitimation, 1918-2005*, Washington D.C. and Bloomington, The Woodrow Wilson Center Press and Indiana University Press, 2006.

28. Sabrina P. Ramet, *Nationalism and Federalism in Yugoslavia: 1963-1983*, Bloomington: Indiana University Press, corp., 1984.

29. R.V. Burks, *The National Problem and the Future of Yugoslavia*, Santa Monica, CA, Rand Corp., 1971.

30. Jože Pirjevec, *Jugoslavija 1918-1992 (Nastanek, razvoj ter razpad Karadjordjevićeve in Titove Jugoslavije)*, Koper: Lipa, 1995（[斯]约·皮利耶维茨:《南斯拉夫1918—1992（卡拉乔治维奇和铁托南斯拉夫的诞生、发展和解体》, 科佩尔: Lipa, 1995年, 斯文版).

31. Branka Magas, *The Destruction of Yugoslavia: Tracking the Break-up 1980-92*, London, New York: Verso, 1993.

32. Bogdan Denitch, *Ethnic Nationalism: The Tragic Death of Yugoslavia*, Minneapolis, London: University of Minnesota Press, corp., 1994.

33. Roje Mrak, eds., *Slovenia: From Yugoslavia to the European Union*, World Bank, Washington, 2004.

34. Tim Judah, *The Serbs: History, Myth and the Destruction of Yugoslavia*, New Haven, London: Yale University Press, 1997.

35. Philip J. Cohen, *Serbia's Secret War: Propaganda and the Deceit of History*, College Station: Texas A & M University Press, 1994.

36. James Gow, *The Serbian project and its adversaries: A Strategy of War Crimes*, Montreal, Kingston, Ithaca: McGill-Queen's University Press, 2003.

37. Jozo Tomasevitch, *War and Revolution in Yugoslavia, 1941-1945: Occupation and Collaboration*, Stanford: Stanford University Press, 2001.

38. Richard Holbrooke, *To End a War*, New York: Random House, 1998.

39. Andrew J. Bacevich, Eliot A. Cohen, eds., *War over Kosovo*, New York: Columbia University Press, 2002.

40. Lenard Cohen, Jasna Dragović-Soso, eds., *State-Collapse in South-eastern Europe: New Perspectives on Yugoslavia's Disintegration*, West Lafayette: Purdue University Press, 2009.

41. David Bruce Macdonald, *Balkan Holocausts?: Serbian and Croatian Victim Centered Propaganda and the War in Yugoslavia*, Manchester: Manchester University Press, 2003.

42. Mieczysław P. Boduszyński, *Regime Change in the Yugoslav Successor States: Divergent Paths Toward a New Europe*, Baltimore: The Johns Hopkins University Press, 2010.

43. András Inotai and Peter Stanovnik, *EU Membership: Rationale, Costs, and Benefits*, in Slovenia, World Bank, 2000.

44. Francis Fukuyama, *The End of History and the Last Man*, London: Penguin, 1992.

45. C. Fieschi, M. Morris, L. Caballero, eds., *Populist Fantasies: European revolts in context*, Counterpoint, 2013.

46. Francois Godement et al., *Scramble for China*, European papers, ECFSP, Brussels, 2009.

47. M. Myers et al., *China in EE*, European Papers, ECFSP, Brussels 2012.

48. Dragan Bujoševic and Ivan Radovanovic, *The Fall of Miloševic: The October 5th Revolution*, New York: Palgrave Macmillan, 2003.

49. Graham T. Allison, Kalypso Nikolaidis, *The Greek Paradox: Promise vs Performance*, MIT Press, 1997.

50. Arend Lijphart, *Democracies: Patterns of Majoritarian and Consensus Government in Twenty-One Countries*, New Haven and London: Yale University Press, 1984.

51. Ian Bremmer, *The J Curve: A New Way to Understand Why Nations Rise and Fall*, New York: Simon and Schuster, 2006.

52. Klaus von Beyme, *Systemwechsel in Osteuropa*, Frankfurt, a. M., 1994.

53. Claus Offe, *Der Tunnel am Ende des Lichts*, Frankfurt, a. M., 1994.

54. William Bartlett, *Europe's Troubled Region: Economic Development,*

Institutional Reform, and Social Welfare in the Western Balkans, Routledge, 2007.

55. R. Vukadinovic, *The Break up of Yugoslavia? Threats and Challenges*, The Hague, 1991.

56. F. Bieber et al., *Montenegro in Transition: Problems of Identity and Statehood*, Baden-Baden: Nomos Publishers, 2003.

57. Janusz Bugajski, *Political Parties of Eastern Europe: A Guide To politics in the post-Communist Era*, Armonk, New York: The Center for Strategic and International Studies, 2006.

58. Branko Horvat, *Note on the Rate of Growth of Yugoslav Economy*, Jugoslavenski institut za ekonomska istrazivanja, Beograd, 1963.

59. Guillerno O'Donnell and Philippe C. Schmitter, *Transitions from Authoritarian Rule*, Baltimore: Johns Hopkins University Press, 1986.

(二)论文

1. M. Kasapovic, "1995 Parliamentary Elections in Croatia," *Electoral Studies*, 1996, 15 (2), pp. 269-274.

2. M. Kasapovic, "Ideological Cleavages and Party Preferences: The Case of Croatia," http://www.academia.edu/534486/Ideological_Cleavages_and_Party_Preferences_The_Case_of_Croatia,访问时间：2014年12月9日。

3. R. Vukadinovic, "Croatian Foreign Policy," *Balkan Forum*, Vol. 1, No. 2, pp. 163-187.

4. L. Moisov, "Sur la question de la minorité nationale macédonienne en Grèce," *Revue balkanologie*, Paris, 1991.

5. Asim Mujkic, "Explaining the Success of Nationalist Parties in Bosnia and Herzegovina," *Politička Misao*, Vol. 47, No. 2, 2010.

6. I. Krastev, "The Balkans: Democracy Without Choices," *Journal of Democracy*, 13 (3), 2002, p. 43.

7. Dorian Jano, "From Balkanization to Europeanization: The Stages of Western Balkans Complex Transformations," *Social Science Electronic Publishing*, 2008 (3), pp. 349-350, http://www.cairn.info/resume.php?ID_

ARTICLE=EUFOR_349_0055，访问时间：2014年12月9日。

8. R. Preibe, "Western Balkans European Perspective," SAGE, http://europa.eu/legislation_summaries/enlargement/western_balkans/index_en.htm, 访问时间：2014年12月9日。

9. Božo Repe, "Slovenians and the Federal Yugoslavia," *Balkan Forum*, 1995, 3 (1), March, Skopje, pp.139-153.

10. D. Rusinow, "Facilis Decensus Averno," *Politička Misao*, Vol. 49, No. 3, 2012.

11. Anton Bebler, "Slovenia's Smooth Transition," *Journal of Democracy*, Vol.13, No.1, 2002.

12. Janez Drnovsek, "The Political Reasons for the Dissolution of SFR Yugoslavia in: Slovenia: From Socialist Yugoslavia to European Union," Roje Mrak, eds., *Slovenia: From Yugoslavia to the European Union*, World Bank, Washington, 2004.

13. Ivo Banac, "War before the War: Break up in Yugoslav Historiography," *American Historical Review*, Bloomington, 1993.

14. Allain Pellet, "The Opinion of Badinter Arbitration Committee: A Second Breath for the Self-Determination of Peoples," *European Journal of International Law*, 1992, 3 (1).

15. Peter Radan, "Post-Secession International Borders: A Critical Analysis of the Opinions of the Badinter Arbitration Commission," *Melbourne University Law Review*, 2000, 24 (1).

16. R. Badinter, "Report of the Arbitration Committee—15 January 1992," AVIS 4, 5, 6 and 7, *Review of International Affairs*, 1992, 43 (1001), pp.15-21.

17. European Community, "Guidelines on the Recognition of New States in Eastern Europe and the Soviet Union (17 December 1991)," *Review of International Affairs*, 1991, 42 (998-1000).

18. B. Milanovic, "Nations, Conglomerates and Empires: Trade Off between Income and Sovereignty," in S. Dominick, M. Svetlicic, and J. P. Damijan, eds., *Small Countries in a Global Economy*, Houndmills, U.K.: Palgrave, 2001, p. 57.

19. Christopher Hill, "What Is to Be Done? Foreign Policy as a Site for Political Action," *International Affairs*, 2003 (79) 2, pp.233-255.

20. Christos Kassimeris, "The Foreign Policy of Small States," *International Politics*, 2009 (46) 1, pp.84-101.

21. Bronislaw Misztal, "Social Movements, Protest Cycles, and the Collapse of Communism," *Polish Sociological Review*, 1995, 1 (109), pp.15-30.

22. J. Mencinger, "From Socialism to Capitalism and from Dependence to Independence (Double Transition of Slovenia)," *Est-Ovest*, 22, December, 1991, pp.57-92.

23. Vojmir Franičević, "Political Economy of the Unofficial Economy: The State and Regulation," in E. Feige, Katarina Ott, eds., *Underground Economies in Transition: Unrecorded Activity, Tax Evasion, Corruption and Organized Crime*, Aldershot: Ashgate Publishing, 1999, pp. 117-137.

24. Vojmir Franičević, "Political and Moral Economy in the First Decade of Transition in Croatia," Transitional Economies in Central-Eastern Europe and East Asia, ICSEAD Workshop, Budapest, 2000, November, pp.24-25.

25. Richard Katz, Mair Peter, "Changing Models of Party Organization and Party Democracy," *Party Politics*, 1995 (1) 1, pp. 5-27.

26. Richard Katz, Mair Peter, "The Cartel Party Thesis: A Restatement," *Perspectives on Politics*, 2009 (7)4, pp.753-766.

27. D. Fink-Hafner, "Slovenia," *European Journal of Political Research Political Data Yearbook*, 2009, 48 (7-8), pp.1106-1113.

28. Vernon V. Aspaturian, "The Non-Russian Peoples," in Allen Kassof, eds., *Prospects for Soviet Society*, New York: Prager, 1968.

29. S.P. Ramet, "Sabrina, Trajectories of Post-Communist Transformation: Myths and Rival Theories about Change in Central and Southeastern Europe," *Perceptions*, Summer 2013, Vol. 18, No. 2, pp. 57-89.

30. Jim Seroka, "Assessment of the Transformation of Civil-Military Relations in Serbia and Croatia since 2000," *Politička Misao*, Vol. 45, No. 5, 2008, pp. 135-151.

31. G. Cular, "Political Development in Croatia 1990-2000: Fast Transition–Postponed Consolidation," *Politička Misao*, Vol. 37, No. 5, 2000, pp. 30-46.

32. Melissa McConnell, "Serbia's Foreign Policy Capacity," *Mediterranean Quarterly*, Vol. 20, No. 4, Fall 2009, pp. 71-82

33. Rick Fawn, "Kosovo—and Montenegro—effect," *International Affairs*, 84: 2 (2008), pp. 269-294.

34. Darmanovic Srdjan, "Montenegro: Dilemma of the Small Nation," *Journal of Democracy*, Vol.14, No.1, January 2003, pp. 145-153.

35. Marc Plattner, et al., "Reconsidering the Transition Paradigm," *Journal of Democracy*, 2014, 25 (1), pp.86-100.

36. Adam Przeworski, "Some Problems in the Study of the Transition to Democracy," in Guillermo O'Donnell, Philippe C. Schmitter and Laurence Whitehead, eds., *Transitions from Authoritarian Rule: Comparative Perspectives*, Baltimore and London: John Hopkins University Press, 1986, pp. 47-63.

37. Dubravka Stojanovic, "The Traumactic Circle of the Serbian Opposition," in Nebojsa Popov, eds., *The Road to War in Serbia*, Budapest: Central European University Press, 2000, pp. 470-480.

38. Ivan Vejvoda, "Democratic Despotism," in Geoffrey Pridham, Tom Gallagher, *Experimenting with Democracy: Regime Change in the Balkans*, London: Routledge, 2000.

39. Damjan de Krnjevic Miskovic, "Serbian Prudent Revolution," *Journal of Democracy*, Vol.12, No.3, July 2001, pp.96-110.

40. Joseph Stiglitz, "Project Syndicate: Serbia's Advantages in Coming Late," June 25, 2001.

41. Gerald Knaus, Felix Martin, "Travails of The European Raj," *Journal of Democracy*, Vol.14, No. 3, July 2003, pp. 60-74.

42. Edin Sarcevic, "Ethnic Segregation as a Desirable Constitutional Position," Bosnian Institute, Sarajevo, 2008.

43. Ulf Brunnbauer, "Fertility, families and ethnic conflict: Macedonians and Albanians in the Republic of Macedonia, 1944-2002," Nationalities Papers, 2004.

44. Darko Trifunovic, Milan Mijalkovski, "Therorist Threats by Balkans Radical Islamist to International Security," *Politics and Religion*, No.2, Vol.7, 2014.

45. Lise Morjé Howard, "Ethnocracy Trap," *Journal of Democracy*, Vol. 23, No. 4, October 2012, pp.155-169.

46. Kevin Adamson, Dejan Jovic, "The Macedonian-Albanian political frontier: the rearticulation of post-Yugoslav political identities," *Nations and Nationalism*, 2004, 10 (3), pp. 293-311.

47. Henry M. Jackson, "The Soviet invasion of Czechoslovakia and its impact on NATO: Does the Leopard change his skin," *Cornell International Law Journal*, Vol.2, Issue 1, Spring 1969, Article 3.

48. Wolfgang Merkel, "Restriktionen und Chancen demokratischer Konsolidierung in postkommunistischen Gesellschaften: Ostmitteleuropa in Vergleich," Berliner Journal für Soziologie, 1994, (3) 4, pp.463-484.

49. Wolfgang Merkel, "Transformationsstrategien: Probleme, Erfahrungen, Grenzen," *Internationale Politik*, 1995, (50) 6, pp.3-8.

50. Klaus Von Beyme, "Transition to Democracy—or Anschluss? The Two Germanies and Europe," *Government and Opposition*, 1990, 25 (2), pp. 170-190.

51. M. Mrak, "Slovenia: Creating Its Own Identity in the International Financial Community," Government of the Republic of Slovenia, Ljubljana, 1993.

52. Bruno Schönfelder, "The Impact of the War 1991-1995 on the Croatian Economy: A Contribution to the Analysis of War Economies," *Economic Annals*, Jul.-Sept. 2005.

53. Ivana Miljkovic, "Serbian Economy in Transitional, European and Global Economic Crisis," *European Scientific Journal*, March 2013, Vol. 9, No. 7.

54. Klaus Von Beyme, Dieter Nohlen, "Politische Theorien: Systemwechsel," in Deiter Nohlen, Hg., *Lexikon der Politik, Begriffe, Theorien, Methoden, Fakten*, Berlin: Directmedia Publishing, 2004, Bd.1, S. 1548.

55. P.G. Hare, "Institutional Change and Economic Performance in the Transition States," Paper prepared for the UNECE Spring Seminar, Geneva, 2001.

56. Wolfgang Merkel, "Plausible Theory, Unexpected Results: The Rapid

Democratic Consolidation in Central and Eastern Europe," *International Politics and Society*, 2008, No. 2, pp.11-29.

57. Adam Przeworski, et al., "What Makes Democracies Endure?" *Journal of Democracy*, 1996, 7:1, pp.39-55.

58. Thomas Ambrosio, "Beyond the transition Paradigm: A Research Agenda for Authoritarian Consolidation," *Demokratizatsya*, 2014, 22.

59. Richard Rose, Christian Haerpfer, "Mass Response to Transformation in Post-Communist Societies," *Europe-Asia Studies*, Vol. 46, No.1, 1994, pp. 3-28.

60. Nina Caspersen, "The Thorny Issue of Ethnic Autonomy in Croatia: Serb Leaders and Proposals for Autonomy," London School of Economics and Political Science, London, 2003, http: www.ecmi.de，访问时间：2015年12月4日。

三、中文资料

1. 马细谱:《南斯拉夫兴亡》，北京：社会科学文献出版社，2010年。

2. 马细谱:《巴尔干纷争》，北京：北京大学出版社，2011年。

3. 孔寒冰:《东欧史》，上海：上海人民出版社，2009年。

4. 孔寒冰:《科索沃危机的历史根源及大国背景》，成都：四川人民出版社，1999年。

5. 赵乃斌、洪丽敏编:《南斯拉夫的变迁》，广州：广东人民出版社，2002年。

6. 石继成:《动荡中的南斯拉夫》，成都：四川人民出版社，1992年。

7. 苑洁主编:《后社会主义》，北京：中央编译出版社，2007年。

8. 薛君度主编:《转轨中的中东欧》，北京：人民出版社，2002年。

9. 潘德礼主编:《原苏联东欧国家政治转轨比较研究》，北京：社会科学文献出版社，2015年。

10. 朱晓中主编:《中东欧转型20年》，北京：社会科学文献出版社，2015年。

11. 杨元恪:《铁托传奇》，北京：当代世界出版社，2013年。

12. 项佐涛:《米洛万·吉拉斯的政治思想演变研究》，北京：中央编译出版社,2012年。

13. 金雁:《从"东欧"到"新欧洲"20年转轨》,北京:北京大学出版社,2011年。

14. 人民日报编辑部编:《南斯拉夫是社会主义国家吗?三评苏共中央的公开信》,北京:人民出版社,1963年。

15. 孙慕天、刘玲玲:《西方社会转型理论研究的历史与现状》,《哲学动态》1997年第4期,第40页。

16. 余建华:《民族主义、国家结构与国际化——南斯拉夫民族问题研究》,博士学位论文,华东师范大学,2003年。

致　谢

我来自克罗地亚，在萨格勒布学过政治哲学，这对我理解前南地区政治、经济和社会情况具有一定帮助。但是，在写作本书的过程中，我深感自己中文水平有限，一些表达方式不够到位，用中文来分析与阐述前南地区社会转型等深度问题还有很大的难度。所以，本书还有待进一步的完善。

2010年秋，我来中国在北京大学学习中文和准备读博士时，除了"你好"之外，中文的词汇量差不多只有十多个日常用语。经过一年汉语强化课程、五年博士生学习，我中文水平和我的知识都有了很大的提高，用中文写成了17万多字的博士论文，本书即是我在博士论文基础上完成的。我之所以有这样大的进步，除了自己的刻苦努力之外，与许多人的支持和帮助分不开。

感谢中国政府提供奖学金使我能来北京读博士。

感谢北京大学各位对外汉语教师帮助我学习汉语。

当然，我特别感谢导师孔寒冰教授。他不仅指点我确定论文题目，而且在写作过程中反复指导我修改。感谢项佐涛副教授，他在我学习和论文写作过程中给了我非常大的帮助。

感谢黄宗良教授、许振洲教授、朱晓中研究员和高歌研究员，他们在我论文开题、预答辩中提出了许多非常有益的建议。

我还要感谢我的父母和妻子的支持和耐心。

白伊维

2018年5月于北京